나만의 진로 가이드북

: 직업을 알면 학과가 보인다

교육계열

머리말

'좋아하는 일을 할까요, 잘하는 일을 할까요?'

많은 학생들이 진로 상담을 할 때 하는 질문입니다. 물론 좋아하는 일을 잘 할 수 있다면 더할 나위 없이 좋겠지만, 그것이 아니라면 누구나 진로를 선택할 때 이와 같은 고민을 할 것입니다. 이런 학생들을 만날 때마다 '우선 너의 적성과 흥미에 맞는 일을 찾아라. 그러면 열심히 하게 되고, 비록 당장은 아니더라도 결국에는 잘하게 될 거야.'라고 답을 합니다. 그런데 자신이 좋아하는 일이 무엇인지 알고 있는 학생이라면 그나마 다행입니다. 그러나 많은 학생들은 자신이 무엇을 좋아하고, 어떤 일을 하고자 하는지조차 파악하지 못한 채, 자신의 성적에 맞춰 대학이나 학과를 선택하는 경우가 허다합니다.

'선생님, 제가 꿈꾸었던 학과가 아니에요. 전공을 바꿔야겠어요.'

자신의 적성과 흥미에 적합할 것으로 예상되는 학과에 무난하게 진학한 경우라도 한 학기가 지나면 전공 적합성으로 고민하는 학생들이 많습니다.

이는 진학한 학과에 대한 정확한 정보가 아닌, 피상적인 지식과 선입견으로 학과를 선택한 결과입니다.

입시 준비에 열중하느라 바쁜 학생이 혼자서 학과에 대한 구체적인 정보를 찾기에는 어려움이 있을 분만 아니라, 비록 찾았다고 하더라도 진학을 위해 어떤 노력을 해야 할지 막막한 것이 사실입니다.

이 책은 자신에게 적합한 전공 선택을 하고자 하는 중·고등학생들의 고민과 어려움을 해결하는 데 조금이라도 도움을 주기 위해 만들어졌습니다.

대학 전공을 인문, 사회, 자연, 공학, 의약, 예체능, 교육 등 7개 계열로 나누고, 계열별로 20개의 대표 직업과 그 직업에 연관된 학과를 제시하여, 총 140개의 직업과 학과를 안내하고 있습니다. 해당 직업의 특성은 무엇인지, 하는 일은 무엇인지, 어떤 적성과 흥미를 지닌 학생에게 적합한지, 어떻게 진출할 수 있는지, 미래의 직업 전망은 어떤지, 어떤 자격증이 필요한지 등을 상세히 풀어놓았습니다.

또한, 직업과 연관성이 큰 대표 학과에 대해 소개하면서 학과의 교육 목표, 학과에 적합한 인재상, 취득가능 자격증, 배우는 교과목, 졸업 후 진출 가능 직업을 제시하였습니다. 더불어 진로를 선택하는 데 도움이 되는 도서와 전공에 도움이 되는 고등학교 과목을 안내하였습니다. 마지막으로 원하는 학과에 진학하기 위해 중·고등학교 시절에 무엇을 어떻게 준비해야 하는지 알 수 있도록 수상, 자율, 동아리, 봉사, 진로, 교과, 독서 등의 항목으로 나누어 구체적으로 정리하였으니 이를 바탕으로 '학교생활기록부'를 잘 관리한다면 '학생부 종합 전형'을 대비하는 데 많은 도움이 될 것입니다.

진로 계획을 잘 세우려면 시대의 변화에 관심을 가지고 그 흐름을 잘 파악해야 합니다. 평생직장의 개념이 사라진 현 시점에서는 자신에게 필요한 경험, 지식, 자격증, 학위를 쌓아가는 것이 좋습니다. 사회적으로 어떤 직업이 유망하고 안정적일 것인가에 초점을 두고 직업과 학과를 좇기보다는 자신이 어떤 일을 가장 즐겁게 할 수 있는가를 먼저 살피고, 그에 맞는 직업을 선택하여 꾸준히 능력을 개발하는 것이 중요합니다.

'일을 즐기면 일의 완성도가 높아진다.'라고 한 아리스토텔레스의 말처럼, 좋아하는 일을 하게 되면 스스로 열심히 하게 되고, 어느 순간 그 분야의 전문가가 되어 있는 자신을 발견하게 될 것입니다. 그러나 그 과정이 순탄하지만은 않을 것입니다. 열심히 노력하더라도 극복해야 할 어려움들은 분명히 찾아올 것입니다. 그때마다 자신의 꿈에 대해 확신을 갖길 바랍니다. 간절히 원하는 만큼 노력한다면 무엇이든 이룰 수 있습니다. 그러한 여러분들을 열렬히 응원하겠습니다.

끝으로, 이 책이 자신에게 적합한 진로를 찾아, 성공적인 직업 생활, 나아가 행복한 삶을 살아가는 데 조금이라도 도움이 되길 진심으로 기원합니다.

– 저자 일동

이 책의 구성

책은 인문, 사회, 자연, 공학, 의약, 예체능, 교육 등 총 7개 계열로 구성되어 있으며, 계열별 20가지 대표 직업과 각 직업과 관련된 학과를 소개하고 있습니다.

각 직업과 학과에 대해 보다 심도 있게 이해할 수 있으며, 실질적인 직업 진출 계획을 세우는 데 도움이 될 수 있도록 구성하였습니다.

Jump Up

직업 관련 토막 상식,
세부 직업 소개,
자격시험(자격증),
용어 해설 등
다양한 관련 정보를
자유롭게 다루는 코너입니다.

직업

직업의 유래와 정의는
물론, 우리 주변에서
볼 수 있는 직업의 모습과
직업이 하는 일
등을 관련 이미지와 함께
소개합니다.

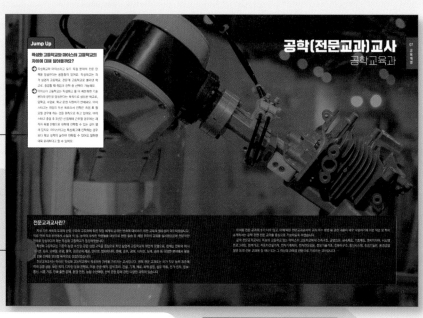

커리어맵(1p)

준비 방법, 관련 교과, 적성과 흥미, 흥미 유형, 관련 학과, 관련 자격,
관련 직업, 관련 기관 등 직업 진출을 위해 점검해야 할 요소들을
맵 형태를 활용하여 소개하였습니다.

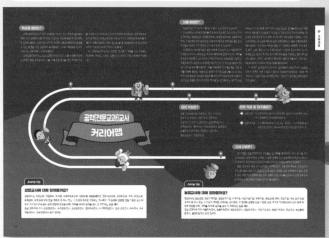

커리어맵(2p)

직업에 요구되는 적성과 흥미, 관련 학과와 자격증,
관련 직업, 직업의 진출 방법과 미래 전망을
객관적인 시각에서 상세하게 다루었습니다.

학과 전공 분석

각 직업과 관련되는 학과의
역할과 성격, 상세한 교육
목표와 교육 내용 등을
소개합니다.

주요 교육 목표

학과의 인재상을 통해
학과의 주요 교육 목표를
살펴봅니다.

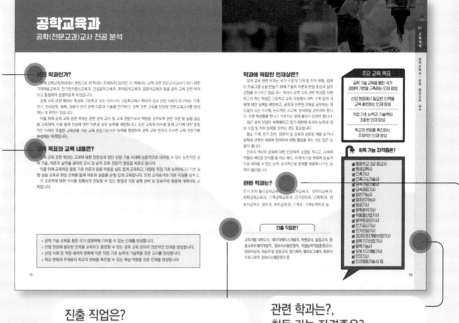

추천 도서는?

학과 공부에 도움이 되는
주요 추천 도서 목록을
제시하였습니다.

진출 직업은?

학과 졸업시 실제 진출할 수 있는 직업과 분야를
보다 폭넓게 생각해 볼 수 있도록
다양하게 제시하였습니다.

관련 학과는?, 취득 가능 자격증은?

관련 학과나 유사 학과, 각 학과에서 취득
할 수 있는 자격증 등을 제시하였습니다.

학교 주요 교과목은?

각 학과 진학 시에 배우게 되는 다양한
교과목을 기초 과목과 심화 과목으로
분류하여 제시하였습니다.

학교생활기록부 관리는?

희망 학과 진학과 희망 직업 진출을 위해
중·고등학교 학교생활에서 어떠한
계획을 수립하고 실천해야 할지를
항목별로 정리하여 제시하였습니다.

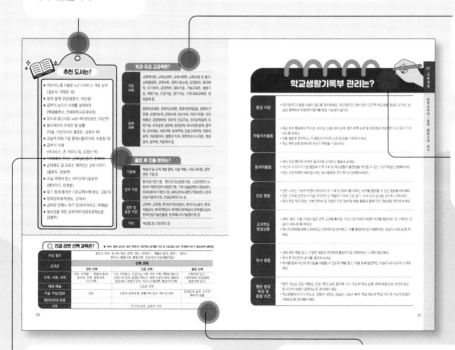

졸업 후 진출 분야는?

학과 졸업시 실제 진출할 수 있는 직업과 분야를
보다 폭넓게 생각해 볼 수 있도록
다양하게 제시하였습니다.

전공 관련 선택 과목은?

희망 학과 진학을 위한 전공 관련 선택 과목에는
무엇이 있는지 확인할 수 있도록
표로 정리하였습니다.

Contents 교육계열

국어교사
국어교육과

기술교사
기술교육과

미술교사
미술교육과

42

52

62

보육교사
아동보육학과

72

역사교사
역사교육과

수학교사
수학교육과

사회교사
일반사회교육과

102

92

82

초등교사
초등교육과

특수교사
특수교육과

한문교사
한문교육과

환경교사
환경교육과

172

182

192

202

PART 07

교육계열 소개

1. 교육계열은?

교육계열은 교육과 관련된 학문을 연구하고 가르치는 분야로, 사람을 가르치고 돕는 일에 관심이 있는 사람들에게 적합합니다. 교사나 교육 전문가 양성을 목표로 하며, 이외에도 교육 관련 연구, 행정, 상담 등의 분야에서 일할 수 있습니다. 교육계열에는 다양한 분야가 있으며, 각 분야는 특정 교육 목적과 대상에 맞추어져 있습니다.

2. 교육계열의 분야는?

교육계열은 유아교육, 초등교육, 중등교육, 특수교육, 교육행정, 교육심리, 평생교육, 교육공학, 교육사회학, 교육철학 등의 분야로 분류됩니다.

3. 무엇을 배울까?

교육계열에서는 다양한 교육 이론과 실제를 배우며, 교육 현장에서 필요한 지식과 기술을 배웁니다. 주요 학습 내용으로는 교육철학, 교육심리학, 교육사회학, 교육과정, 교육행정, 교육평가, 특수교육, 평생교육, 교육공학 등이 있습니다.

4. 졸업 후 진로는 어떨까?

교육계열을 졸업한 후의 진로는 다양합니다. 대표적인 것으로는 교사, 교육 정책을 수립하고 시행하는 교육 행정가, 대학원에 진학하여 교육 관련 연구를 수행하거나, 기업의 인사 부서에서 직원 교육을 담당하는 교육 전문가, 평생교육 기관에서 일하는 평생교육사 등이 있습니다. 이 외에도 교육 관련 출판, 교육 콘텐츠 개발, 교육 기술 분야 등에서 활동할 수 있습니다.

교육계열의 분야

가. 유아교육

주로 유치원과 어린이집에서 유아의 발달과 학습을 지원하는 교육을 합니다.

나. 초등교육

초등학생을 대상으로 한 교육으로, 기초 학습 능력과 사회성을 기르는 데 중점을 둡니다.

다. 중등교육

중학교와 고등학교 학생을 대상으로 한 교육으로, 특정 과목에 대한 심화 학습과 진로 탐색을 돕습니다.

라. 특수교육

장애를 가진 학생들을 위한 교육으로, 개별화된 교육 프로그램과 지원 서비스를 제공합니다.

마. 교육행정

교육 기관의 운영과 관리에 관한 분야로, 교육 정책, 학교 경영, 교육 재정 등을 다룹니다.

바. 교육심리

학습자의 심리적 특성과 학습 과정에 대한 연구로, 학습 동기, 학습 전략, 교육 평가 등을 포함합니다.

사. 평생교육

성인 학습자와 직업 교육을 포함한 모든 연령대의 학습을 지원하는 교육으로, 평생 학습 사회를 지향합니다.

아. 교육공학

교육의 효과를 극대화하기 위해 다양한 기술과 방법을 연구하고 적용합니다.

자. 교육사회학

교육과 사회의 상호 작용을 연구합니다.

차. 교육철학

교육의 본질, 목적, 방법 등을 철학적으로 탐구합니다.

전공 관련 선택 교과 활용의 유의점

    본 책에서 제시된 학과의 선택 과목 추천은 2022 개정 교육과정 고등학교 보통교과에 한정되어 있습니다. 광주광역시교육청 발간 〈2024 진로연계 과목 선택을 위한 학과안내서〉, 부산광역시교육청 발간 〈청소년을 사로잡는 진로디자인5〉 자료집과 2024학년도 서울대 권장 이수과목 목록, 고려대 외 5개 대학이 제시한 자연계열 핵심 권장과목, 부산대에서 제시한 2024 이후 학생부위주전형 모집단위별 인재상 및 권장과목 자료를 참고로 2022 개정 고등학교 교육과정 교과에 맞게 재구성하였습니다.

    본 책에서 **국어 교과와 영어 교과의 일반 선택 과목은 도구 교과(다른 과목을 학습하기 위한 기본적인 수단이 되는 교과 과목)인 성격을 고려하여 모든 학과 선택 과목에 포함하지 않았음을** 안내합니다. 아울러 **수능 필수 지정 교과인 국어(화법과 언어, 독서와 작문, 문학), 수학(대수, 미적분I, 확률과 통계), 영어(영어I, 영어II), 한국사, 사회(통합사회), 과학(통합과학), 성공적인 직업생활(직업) 교과는 필수 선택 과목 영역으로 구분하여 제시**하였습니다.

    본 책에 제시된 학과 관련 선택 권장 과목은 절대적인 것이 아니라 하나의 예시 자료입니다. 본 자료가 절대성을 의미하는 것은 아니므로 최종 과목 선택시 단순 참고자료로 활용하기를 바라며, 학생 개인의 희망과 진로 등을 고려하여 최종 선택하는 것이 바람직합니다

학생들의 이해를 돕기 위해 〈직업과 학과〉 시리즈 영상을 제작하고 있습니다. QR코드를 스캔하여 유튜브 페이지에서 영상을 확인하세요.

현직 교사가 알려주는
찰나의 예술을 만드는 직업
#사진작가
#내 마음속에 저장

07

교육계열

직 업	학 과
공학(전문교과)교사	공학교육과
과학교사	과학교육과
교육학연구원	교육학과
국어교사	국어교육과
기술교사	기술교육과
미술교사	미술교육과
보육교사	아동보육학과
사회교사	일반사회교육과
수학교사	수학교육과
역사교사	역사교육과
영어교사	영어교육과
유치원교사	유아교육과
음악교사	음악교육과
정보교사	컴퓨터교육과
제2외국어 교사	제2외국어교육과
체육교사	체육교육과
초등교사	초등교육과
특수교사	특수교육과
한문교사	한문교육과
환경교사	환경교육과

특성화 고등학교와 마이스터 고등학교의 차이에 대해 알아볼까요?

➡️ 특성화고와 마이스터고 모두 특정 분야의 전문 인력을 양성한다는 공통점이 있어요. 특성화고는 과거 실업계 고등학교, 전문계 고등학교로 불리던 학교로, 졸업할 때 취업과 진학 중 선택이 가능해요.

➡️ 마이스터 고등학교는 특성화고 중 더 세분화한 기술 분야의 장인을 양성한다는 목적으로 설립된 학교로, 입학금, 수업료, 학교 운영 지원비가 면제돼요. 마이스터고는 취업이 우선 목표라서 진학은 취업 후 필요할 경우에 하는 것을 원칙으로 하고 있어요. 마이스터고 졸업 후 3년간 산업체에 근무할 경우에는 재직자 특별 전형으로 대학에 진학할 수 있는 길이 열려 있지요. 마이스터고는 특성화고에 진학하는 경우보다 학교 성적이 높아야 진학할 수 있어요. 잘하면 더욱 유리하다고 할 수 있어요.

전문교과교사란?

지식 기반 사회의 도래와 산업 구조의 고도화에 따른 직업 세계의 급격한 변화에 대비하기 위한 교육의 필요성이 대두되었습니다. 이로 인해 특정 분야에서 소질과 적성, 능력이 유사한 학생들을 대상으로 현장 실습 등 체험 위주의 교육을 실시함으로써 전문적인 인재로 양성하고자 하는 특성화 고등학교가 등장하였습니다.

특성화 고등학교는 기존의 농업·수산업·공업·상업 교육을 중심으로 하던 실업계 고등학교의 대안적 모형으로, 현재는 만화와 애니메이션, 요리, 모바일, 관광, 통역, 금은보석 세공, 인터넷, 멀티미디어, 원예, 골프, 공예, 디자인, 도예, 승마 등 다양한 분야에서 활동할 전문 인재를 양성할 목적으로 설립되었습니다.

공학(전문교과)교사
공학교육과

전문교과교사는 이러한 특성화 고등학교에서 특성화된 과목을 가르치는 교사입니다. 현재 전문 교과로는 국가 직무 능력 표준에 따라 경영·금융, 보건·복지, 디자인·문화 콘텐츠, 미용·관광·레저, 음식 조리, 건설, 기계, 재료, 화학 공업, 섬유·의류, 전기·전자, 정보·통신, 식품 가공, 인쇄·출판·공예, 환경·안전, 농림·수산해양, 선박 운항 등에 관한 다양한 과목이 있습니다.

이처럼 전문 교과의 수가 너무 많고, 이에 따른 전문교과교사의 교직 이수 방법 등 관련 내용이 매우 다양하기에 이번 직업 및 학과 소개에서는 공학 관련 전문 교과를 중심으로 기술하도록 하겠습니다.

공학 전문교과교사는 특성화 고등학교 또는 마이스터 고등학교에서 건축구조, 공업입문, 금속재료, 기초제도, 멀티미디어, 시스템 프로그래밍, 염색가공, 자동차건설기계, 전자기계제어, 전자전산응용, 정보기술기초, 컴퓨터구조, 통신시스템, 항공기일반, 환경공업 일반 등의 전문 교과목 중 하나 또는 그 이상의 과목을 전문으로 가르치는 교사입니다.

공학(전문교과)교사가 하는 일은?

공학(전문교과)교사는 공학 분야 교사 및 교육 전문가로서 학생들에게 공학 전반에 대한 이론 및 실험 실습 교육을 제공함으로써 학생들이 실무 능력을 배양할 수 있도록 합니다.

공학(전문교과)교사는 교사로서 기본 업무인 교과 교육 과정 수립 및 수업을 전개하며, 이를 위해 교과 연구 및 교재 개발을 합니다. 또한 각 분야에 관련된 전문 기술을 실험 실습을 통해 습득하게 함으로써 실기 능력 배양에 중점을 두며, 이를 위해 교과서 및 시청각 자료 등 다양한 학습 자료를 활용하여 수업을 진행합니다. 그 외에도 3학년 때는 현장 실습을 하도록 계획하며, 학생들의 진로 지도 및 취업 후에도 상담이나 생활 지도를 실시하여 교육에 반영하는 후속 조치도 진행합니다.

공학(전문교과)교사는 끊임없이 발전하는 현장 기술에 뒤처지지 않기 위해 현장 연구와 연수에 꾸준히 참여하고 교육 과정을 현장에 적합하도록 개선하기 위해 노력합니다.

이외에도 학생들의 진로 및 취업을 위해 산학 협동 사업 계획, 실행 및 지역 사회와 학교의 유대 강화를 위한 다양한 일을 합니다.

> » 공학(전문교과)교사는 자신이 맡고 있는 분야의 내용을 다양한 교수 학습 방법을 활용하여 지도합니다.
> » 수업을 설계·운영한 결과를 평가하고, 학생의 생활 태도와 진로 선택을 지도하며, 이 과정을 취합하여 학교생활기록부에 기록합니다.
> » 학생 교육 및 안전과 관련된 학습 지도, 생활 지도, 행정 업무를 수행합니다.
> » 학생들에게 다양한 기계 및 기술을 설명하고 시범을 보입니다.
> » 학교 교육과 산업 사회의 요구에 부합하는 교육 과정을 계획·운영합니다.
> » 학생이 체득할 수 있도록 다양한 직업 현장과 연계된 소재를 활용하여 직업 기초 능력별 적용 및 향상 방법을 실습하도록 합니다.
> » 학생이 희망하는 기업의 구직 정보 등을 분석하고, 학생이 자기소개서 및 이력서 작성, 면접 준비, 관련 직업 자격 탐색 등을 실습해 볼 수 있도록 지도합니다.
> » 창업의 다양한 사례를 통해 창업의 의미, 기업가 정신의 개념과 의미를 학습할 수 있도록 지도합니다.
> » 산업 사회의 요구에 대해 지속적으로 공부합니다.

Jump Up

과학, 기술, 공학의 의미에 대해 알아볼까요?

과학은 체계적이고 합리적인 방법을 이용해 자연이나 자연 현상을 대상으로 원리나 법칙을 탐구하는 과정이나 혹은 그 과정에서 얻어진 지식을 의미해요. 기술은 인간의 욕구나 욕망이 충족되도록 대상을 변화시키는 인간의 모든 행위들을 말하고, 공학은 과학적 지식이나 기술적 수단을 이용해 가장 경제적인 방법으로 인간의 욕구를 충족시키는 체계적인 학문 분야를 말해요.

이런 의미에서 과학자는 이유나 원인에 대한 답을 찾으려고 하고, 공학자는 문제 해결을 위한 구체적인 행위를 고민하지요.

공학(전문교과)교사
커리어맵

• 교육부 www.moe.go.kr
• 창의인성교육넷 www.crezone.net
• 학교알리미 www.schoolinfo.go.kr
• 하이파이브 www.hifive.go.kr

• 관련 분야의 지식 및 기능 역량 익히기
• 해당 분야 관련 신문 및 도서 읽기
• 자신의 생각을 타인에게 전달하는 능력 함양
• 관련 분야의 학과 탐방 및 선배 인터뷰
• 관련 분야 직업 체험 활동

• 성실함
• 리더십
• 사회성
• 인내
• 책임감
• 논리적 사고력

관련기관

준비방법

**적성과
흥미**

관련학과

• 전기·전자·통신
  공학교육과
• 건설공학교육과
• 컴퓨터교육과
• 기계교육과
• 농업교육과
• 식물자원과
• 기계공학교육과
• 화학공학교육과

공학(전문교과)
교사

흥미유형

관련교과

• 진취형
• 현실형

• 영어
• 수학
• 과학
• 기술·가정
• 정보

관련자격

관련직업

• 중등학교
  1급·2급 정교사

• 공업교사
• 상업교사
• 농업교사

적성과 흥미는?

공학전문교과교사가 되기 위해서는 자신의 전공 과목을 좋아해야 하며, 담당 분야에서 필요로 하는 기술이나 이론에 대한 지식을 가지고 있어야 합니다. 논리적인 사고력, 수리력, 사물을 예리하게 관찰할 수 있는 능력을 가진 사람에게 유리합니다. 그리고 학생들을 만나고 가르치는 일에 흥미가 있어야 합니다.

공학전문교과교사는 산업 현장의 동향을 읽고, 이를 수업에 적용하는 능력도 매우 중요합니다. 이를 위해 최신 정보를 학교 교육에 적용

할 수 있도록 지속적으로 탐구하는 능력이 필요합니다. 또한 학생들의 진로 및 취업을 위해 산학 협동 사업 및 지역 사회와의 관계 유지를 위해서 노력해야 합니다. 실험, 실습을 할 때 학생들에게 시범을 보여야 하므로 기능적인 능력이 뛰어나야 합니다.

즉, 공학전문교과교사는 진취형, 현실형의 흥미를 가진 사람에게 적합하며, 리더십, 사회성, 인내 등의 성격을 가진 사람에게 적합합니다.

공학(전문교과)교사
커리어맵

Jump Up

상업교사에 대해 알아볼까요?

상업교사는 경영실무, 기업회계, 마케팅, 사무자동화실무, 상업경제, 유통관리일반, 전자계산실무, 컴퓨터일반, 프로그래밍실무, 회계실무, 회계원리 등의 전문 교과목 중 하나 또는 그 이상의 과목을 교육하는 교사예요. 각 분야와 관련된 전문 기술을 실습 위주로 가르침으로써 실무 능력 배양에 중점을 두며, 과제를 내주고 결과를 검토 및 지도하는 일을 해요.
전문 교과목에 따라 경영정보교사, 회계정보교사, 통상정보교사, 정보처리교사, 시각디자인교사, 관광 경영교사, 비서교사, 사무자동화교사, 유통경영교사 등이 있어요.

진출 방법은?

전문교과교사가 되기 위해서는 다음과 같은 방법이 있습니다.

첫 번째로는 사범계열 학과를 졸업하여 중등학교 2급 정교사 자격을 취득하는 방법입니다. 컴퓨터교육과, 화학공학교육과, 건축교육공학과, 기계공학교육과 등과 같은 사범계열 학과에 진학하면 해당 전공 과목분만 아니라 교직 과목을 동시에 이수할 수 있습니다.

두 번째로는 비사범계열의 관련 학과에 진학하여 3, 4학년 때 교직 과목을 이수하거나 대학 졸업 후 교육 대학원에 진학하여 석사 학위를 취득하여 중등학교 2급 정교사 자격을 취득하는 방법입니다. 대학 3, 4학년 때 교직 과목을 이수하려면 통상적으로 각 과의 한 학년의 5% 내의 성적을 유지해야 합니다. 이를 위해 대학 1, 2학년 때는 학점 관리를 잘해야 합니다. 최근 산업 현장의 우수한 전문가를 교사로 초빙하기 위해 특성화 고등학교 졸업자를 대상으로 산업체 근무 경력이 3년 이상인 자에게 교사 자격증을 취득할 수 있도록 하는 제도가 신설

되었는데, 이는 현재 교원 자격이 없는 신산업 분야를 중심으로 제한적으로 운영되고 있습니다. 국공립 중·고등학교의 교사가 되려면 중등학교 2급 정교사 자격 취득 후 각 시도 교육청에서 시행하는 '국공립 중등학교 교사 임용 후보자 선정 경쟁시험(교원 임용 시험)'에 합격해야 합니다. 교원 임용 시험은 매년 11~12월에 시행되며, 시험 내용은 필기, 논술, 면접 등으로 이루어집니다. 사립 중·고등학교의 교사가 되려면 2급 정교사 자격은 취득하되 교원 임용 시험에는 합격하지 않아도 됩니다. 결원이 생기면 각 학교별로 채용 공고를 내고, 학교장의 제청에 따라 이사회의 의결을 통해 채용합니다.

이 외에도 산학협력교사라 하여 산업체에서 담당 과목과 관련된 분야의 경력이 3년 이상인 사람으로 전문성이 인정되는 사람을 학교장이나 사립의 경우 학교법인 또는 경영자가 필요에 의해 임용하기도 합니다.

관련 직업은?

전문 교과목에 따라 기계교사, 전자·기계교사, 금속교사, 자원교사, 전기교사, 전자교사, 통신교사, 토목교사, 건축교사, 산업디자인교사, 화학공업교사, 세라믹교사, 식품공업교사, 섬유교사, 인쇄교사, 자동차교사, 조선교사, 항공교사, 환경공업교사, 기술교사 등

관련 학과 및 자격증은?

➡ 관련 학과 : 특수교육학과, 유아특수교육학과, 초등특수교육학과, 중등특수교육학과, 특수체육교육과 등

➡ 관련 자격증 : 특수학교(유치원) 1급·2급 정교사, 특수학교(초등) 1급·2급 정교사, 특수학교(중등) 1급·2급 정교사 등

미래 전망은?

향후 5년간 전문교과교사의 고용률은 현 상태를 유지하거나 다소 감소할 것으로 보입니다. 정부의 학급 당 학생 수 감축 정책에 따라 중등학교의 학교 및 학급수가 증가하고 있어 중등교사의 일자리에 긍정적인 영향을 미치고 있습니다.

반면, 중등학교 학생 수가 감소되기 시작하였고, 그에 따라 특성화 고등학교의 수도 줄어들고 있습니다. 또한 신규 교사들은 대체로 산업 현장에서의 실무 경험이 없는 반면, 학교 현장에서는 실무 경험이 있는 교사를 선호하고 있어 중등교사로 취업하는 데 경쟁이 치열할 것으로 예상됩니다.

Jump Up

농업교사에 대해 알아볼까요?

농업교사는 농업경영, 농업기계기술, 농업토목기술, 사육기술, 식품가공기술, 원예기술, 유통관리, 재배, 조경기술, 축산 등의 전문 교과목 중 하나 또는 그 이상의 과목을 교육하는 교사예요. 각 분야에 관련된 전문 기술을 실습 위주로 가르침으로써 실무 능력 배양에 중점을 두며, 과제를 내주고 결과를 검토 및 지도하는 일을 해요.
전문 교과목에 따라 식물자원교사, 동물자원교사, 농업경영교사, 농업토목교사, 식품가공교사, 농업기계교사, 조경교사, 농산물유통교사, 환경보존교사 등이 있어요.

공학교육과
공학(전문교과)교사 전공 분석

어떤 학과인가?

현재 공학교육학과라는 명칭으로 된 학과는 존재하지 않지만, 이 책에서는 공학 관련 전문교과교사가 되기 위한 기계재료교육과, 전기전자통신교육과, 건설공학교육과, 화학공학교육과, 컴퓨터교육과 등을 공학 교육 관련 학과라고 통칭하여 설명하도록 하겠습니다.

공학 교육 관련 학과는 특성화 고등학교 또는 마이스터 고등학교에서 현대의 정보 산업 사회가 요구하는 기계, 전기, 전자공학, 화학, 컴퓨터 분야 관련 이론과 기술을 연구하고, 공학 관련 교육을 담당할 전문교과교사를 양성하는 데 목적이 있습니다.

이를 위해 공학 교육 관련 학과는 관련 분야 교사 및 교육 전문가로서 역량을 갖추도록 관련 이론 및 실험 실습을 교육하며, 이를 통해 전공에 대한 이론과 실무 능력을 배양합니다. 또한 교육학 이수를 통해 교직에 대한 종합적인 이해와 투철한 교육관을 가진 교육 전문가로서의 능력을 함양하여 공학 교육 분야의 우수한 교육 전문가를 육성하는 학과입니다.

교육 목표와 교육 내용은?

공학 교육 관련 학과는 교과에 대한 전문성과 첨단 산업 기술 시대에 능동적으로 대처할 수 있는 실천적인 공학 기술, 이론과 실무를 겸비한 교사 및 공학 교육 전문가 양성을 목표로 합니다.

우리나라 산업구조에서 제조업이 차지하는 비중이 약 30%정도입니다. 최근 서비스산업의 비중이 점차 증가 추세에 있으나 아직까지 우리나라 수출 부문에 있어 제조업이 차지하는 비중이 가장 높습니다. 따라서 제조업 분야의 양질의 기능, 기술 인력을 양성, 공급하는 교육기관에 근무할 교원 양성 기관의 책무는 매우 중요하다고 할 수 있습니다. 공학교육과는 기술 교육을 통한 훌륭한 교사 양성이 바로 국가 경쟁력 제고를 위한 기반 구축과 직결된다고 할 수 있기에 공학교육과는 이러한 신념하에 우리나라 기간산업 분야인 공학 분야의 기능·기술 인력 양성에 필요한 교사 양성을 목표로 하고 있습니다.

이를 위해 교육학은 물론 기초 학문과 응용 학문을 심도 있게 교육하고, 다양한 직업 기초 능력(NCS) 기반 실험·실습 교육과 현장 견학을 통해 이론과 실습을 균형 있게 교육합니다. 또한 교사로서의 기본 자질을 갖추고, 각 교과목에 대한 지식을 정확하게 전달할 수 있는 방법과 각종 실험 장비 및 컴퓨터의 활용에 대해서도 교육합니다.

> » 공학 기술 교육을 통한 국가 경쟁력에 기여할 수 있는 인재를 양성합니다.
> » 산업 현장에 필요한 인력을 교육하고 훈련할 수 있는 공학 교육 분야의 전문적인 인재를 양성합니다.
> » 산업 사회 및 직업 세계의 변화에 따른 직업 기초 능력과 기술력을 갖춘 교사를 양성합니다.
> » 학교 변화의 주체로서 학교의 변화를 촉진할 수 있는 핵심 역량을 갖춘 인재를 양성합니다.

학과에 적합한 인재상은?

공학 교육 관련 학과는 국가 수준의 기계 및 전자 부품, 컴퓨터 프로그램 등을 만들기 위해 기술적 이론과 현장 중심의 실무 경험을 요구하고 있습니다. 따라서 공학 교육 관련 학과를 지원하고자 하는 학생은 고등학교 교육 과정에서 과학, 수학 등의 과목에 대한 실력을 배양하고, 공학과 관련된 과목을 공부하는 데 도움이 되는 수리력, 논리적인 사고력, 분석력을 갖추어야 합니다. 또한 학생들을 만나고 가르치는 일에 흥미가 있어야 합니다.

최근 공학 산업이 세계화되고 있기 때문에 외국어 능력과 정보 수집 및 처리 능력을 갖추는 것도 중요합니다.

평소 기계, 전기 전자, 컴퓨터 등 공학과 관련된 책을 보거나 공학과 관련된 대회에 참여하여 체험 활동을 하는 것도 많은 도움이 됩니다.

인류의 역사와 문화에 대한 인문학적 소양을 지니고, 사회적 역할과 책임을 인식할 줄 아는 태도, 미래의 기술 변화에 능동적으로 대처할 수 있는 능력, 논리적으로 문제를 해결해 나가는 능력이 필요합니다.

관련 학과는?

전기·전자·통신공학교육과, 건설공학교육과, 컴퓨터교육과, 화학공학교육과, 기계공학교육과, 전기전자과, 건축학과, 컴퓨터공학과, 화학과, 화학공학과, 기계과, 기계설계학과 등

주요 교육 목표

공학 기술 교육을 통한 국가
경쟁력 기반을 구축하는 인재 양성

산업 현장에서 필요한 인력을
교육·훈련하는 인재 양성

직업 기초 능력과 기술력이
조화된 인재 양성

학교의 변화를 촉진하는
주체적인 인재 양성

취득 가능 자격증은?

☑ 평생교육사 ☑ 위험물산업기사
☑ 건축기사 ☑ 화약류관리기사
☑ 건축구조기술사 ☑ 전기공사기사
☑ 금속가공기술사 ☑ 전기산업기사
☑ 금속재료기사 ☑ 광학기기산업기사
☑ 압연기능사 ☑ 광학기능사
☑ 열처리기능사 ☑ 로봇기구개발기사
☑ 화공기사 ☑ 전자기사
☑ 화학분석기사
☑ 전자응용기술사 등
☑ 3D프린터개발산업기사
☑ 중등학교 2급 정교사

진출 직업은?

교육계열 대학교수, 데이터베이스개발자, 학원강사, 실업교사, 응용소프트웨어개발자, 정보시스템운영자, 직업능력개발훈련교사, 컴퓨터강사, 학습지 및 방문교사, 웹기획자, 웹프로그래머, 컴퓨터프로그래머, 정보시스템운영자 등

추천 도서는?

- 아두이노를 이용한 IoT 디바이스 개발 실무
  (광문각, 박현준 외)
- 창의 설계 코딩(광문각, 박신성)
- 공학의 눈으로 미래를 설계하라
  (해냄출판사, 연세대학교공과대학)
- 모두의 알고리즘 with 파이썬(길벗, 이승찬)
- 물리학자의 은밀한 밤 생활
  (더숲, 라인하르트 렘포트, 강영옥 역)
- 교실의 미래 구글 클래스룸(프리렉, 박종필 외)
- 공부의 미래
  (어크로스, 존 카우치 외, 김영선 역)
- 10대에게 권하는 공학(글담출판, 한화택)
- 공대생도 잘 모르는 재미있는 공학 이야기
  (플루토, 한화택)
- 교실 밖에서 듣는 바이오메디컬공학
  (엠아이디, 임창환)
- 알기 쉽게 풀어쓴 기초공학수학(생능, 김동식)
- 창의공학설계(생능, 김대수)
- 공학은 언제나 여기 있어(우리학교, 박재용)
- 청소년을 위한 공학이야기(한국경제신문, 김형주)

학과 주요 교과목은?

기초 과목	교육학개론, 교육심리학, 교육사회학, 교육과정 및 평가, 교육행정학, 공학수학, 공학기초소양, 공업물리, 물리화학, 유기화학, 공업역학, 정보기술, 기술교육론, 생물기술, 제조기술, 건설기술, 전기기술, 기계·재료교육론, 화학공학 등
심화 과목	컴퓨터교육론, 컴퓨터교재론, 컴퓨터언어응용, 컴퓨터구조론, 선형대수학, 공학수학, 이산수학, 자료구조론, 데이터통신, 경영정보론, 암호학, 인공지능, 창의공학설계, 토목기술, 토목설계, 생화학, 환경공학, 에너지와 동력, 열역학, 금속재료, 재료역학, 유체역학, 응용고체역학, 자동차공학, 재료열처리, 발명과 특허, 메카트로닉스개론, 정밀공학, 동역학, 자동제어 등

졸업 후 진출 분야는?

기업체	학습지 및 교재 개발 업체, 사설 학원, 사회 교육원, 공학 관련 기업 등
연구 기관	한국전기연구원, 한국전기산업연구원, LS산전연구소, 한국기계전기전자시험연구원, 기계·건설공학연구정보센터, KIMM한국기계연구원, 화학공학소재연구정보센터, 한국건설기술연구원, 건설공학연구소 등
정부 및 공공 기관	교육부, 교육청, 한국전기안전공사, 한국가스공사, 한국석유공사, 한국전력공사, 한국토지주택공사, 한국철도공사, 한국산업기술진흥원, 한국에너지기술평가원 등
기타	국공립 중·고등학교 등

전공 관련 선택 과목은?

▶ 국어, 영어 교과는 모든 학문의 기초적인 성격을 가진 도구교과로 모든 학과에 이수가 필요하여 생략함.

수능 필수	화법과 언어, 독서와 작문, 문학, 대수, 미적분Ⅰ, 확률과 통계, 영어Ⅰ, 영어Ⅱ, 한국사, 통합사회, 통합과학, 성공적인 직업생활(직업)		
교과군	선택 과목		
	일반 선택	진로 선택	융합 선택
수학, 사회, 과학	대수, 미적분Ⅰ, 확률과 통계, 현대사회와 윤리, 물리학, 화학, 생명과학, 지구과학	기하, 미적분Ⅱ, 인공지능 수학, 직무 수학, 역학과 에너지, 전자기와 양자, 물질과 에너지, 화학 반응의 세계, 세포와 물질대사, 생물의 유전, 지구시스템과학, 행성우주과학	수학과제 탐구, 윤리문제 탐구, 기후변화와 지속가능한 세계, 과학의 역사와 문화, 기후변화와 환경생태, 융합과학 탐구
체육·예술			
기술·가정/정보	기술·가정, 정보	로봇과 공학세계, 생활과학 탐구, 데이터 과학	창의공학 설계, 소프트웨어와 생활
제2외국어/한문			
교양	생태와 환경	인간과 심리, 교육의 이해	

공학교육과 ─ 공학(전문교과) 교사

학교생활기록부 관리는?

출결 사항	• 미인정(무단) 출결 사항이 없도록 관리하세요. 　미인정(무단) 결석 등이 있으면 학교생활 충실도나 인성, 성실성 영역에서 부정적인 평가를 받을 가능성이 높아요.
자율·자치활동	• 학급 자치 활동에서 적극성, 리더십, 상황대처 능력, 대인관계 능력 및 창의성과 개성적인 사고 등이 드러나도록 하세요. • 자율 활동에 참여하고, 이 활동의 의미와 느낀 점 등을 기록해 두세요. • 학급 멘토링에 참여하여 자신의 역량을 키워보세요.
동아리활동	• 관심 전공 분야와 관련된 동아리를 조직하고 활동해 보세요. • 자신의 지식과 특기를 활용해 지역 사회 및 학교생활의 불편함을 개선할 수 있는 프로젝트를 진행해보세요. • 학교 교육계획에 의해 실시하는 봉사활동에 주도적으로 참여해 보세요.
진로 활동	• 전문 교과는 기능적 측면이 중요하므로 기계 및 컴퓨터를 다루는 능력을 함양할 수 있는 활동을 해보세요. • 전문 교과와 관련된 지식을 지속적으로 개발하기 위해 신문 읽기, 독서 등의 습관을 갖도록 노력하세요. • 관심 전공 학과 탐방, 선배 인터뷰 등 다양한 진로 탐색 및 체험 활동을 통해 진로 적합성을 확인해 보세요.
교과학습 발달상황	• 과학, 정보, 기술·가정과 같은 관련 교과에 흥미를 가지고 탐구하여 다양한 의견을 발표하는 등 노력하는 모습이 나타나도록 하세요. • 하나의 문제에 대해 논리적이고 과학적으로 분석하고, 이를 통합적으로 이해하려는 모습이 나타나도록 하세요.
독서 활동	• 공학 관련 책을 읽고, 인접한 학문과 연계하여 통합적으로 이해하려는 노력이 필요해요. • 독서 후 자신만의 생각을 정리해 보세요. • 독서를 통해 자신의 호기심을 해결할 수 있도록 책을 찾고, 이를 통해 발전적인 모습이 나타나도록 노력하세요.
행동 발달 특성 및 종합 의견	• 발전 가능성, 전공 적합성, 인성, 학업 능력, 창의력, 자기주도적 학습 능력, 문제 해결 능력, 발전된 모습 등 자신의 장점이 표현되도록 관리해야 해요. • 학교생활에서 자기 주도성, 경험의 다양성, 성실성, 나눔과 배려, 학업 태도와 학업 의지 등 자신의 장점이 기록되도록 관리해야 해요.

21

과학과 공학의 차이에 대해 알아볼까요?

→ 과학과 공학은 실과 바늘처럼 밀접한 분야면서도 그 역할은 서로 달라요. 과학은 자연 현상을 탐구하거나 탐구해 얻은 지식을 체계적으로 쌓아 놓은 것을 말해요. 이를 위해 과학자는 자연에 대한 정보를 얻거나 수집하는데, 그 과정에서 어떤 자연현상을 관찰하고, 그것이 일어나는 이유에 대해 가정을 세우며, 다시 이 가정이 맞는지를 실험을 통해 검증함으로써 과학 법칙을 수립해요.

→ 반면, 공학은 과학자들이 도출한 과학적 지식에 기초를 두고, 인간의 현실적 문제를 해결하면서 그 과정에서 이윤을 추구하는 학문이에요. 예를 들어 '사계절'이라는 과학적 지식을 기초로 하여, 여름에 두꺼운 옷을 준비해 두었다가 겨울에 판매함으로써 사회 구성원들에게는 도움을 주고, 자신은 돈을 버는 것이 공학의 영역이죠.

과학교사란?

현대 사회는 과학적 탐구의 산물로 가득 차 있기 때문에 우리는 일상생활에서 발생하는 일들을 해결하기 위해 과학적 소양을 갖추는 것이 필수조건이 되었습니다.

뿐만 아니라 이 사회는 창의적으로 생각하고, 합리적으로 사고하며, 스스로 의사를 결정하고, 문제를 해결할 수 있는 능력을 요구하고 있습니다.

과학은 이러한 능력과 직접적으로 관련 있는 분야이기 때문에 세계 각국에서는 과학 기술적 소양을 지닌 인력을 확보하기 위해 많은 투자를 하고 있습니다. 이러한 투자의 가장 기본적인 방법이 교육이며, 과학 교육을 하여 과학적 소양을 가르치는 사람이 과학 교사입니다.

2022 개정 교육 과정에서 과학교사는 중학교에서는 과학을, 고등학교에서는 통합과학 1, 2 및 과학탐구실험을 가르칩니다.

과학교사
과학교육과

그리고 고등학교 일반선택과목, 진로선택 과목 및 융합선택 과목인 물리학, 화학, 생명과학, 지구과학, 역학과 에너지, 전자기와 양자, 물질과 에너지, 화학반응의 세계, 세포와 물질대사, 생물의 유전, 지구시스템과학, 행성우주과학, 과학의 역사와 문화, 기후 변화와 환경생태, 융합과학 탐구 과목을 담당합니다.

중학교 과학과 고등학교 통합과학은 기본적인 물리학, 화학, 생명과학, 지구과학의 내용을 담고 있으며, 선택 중심 과정에서는 공통 과정보다 심화된 내용을 가르칩니다. 과학교사는 학생들에게 강의, 실험, 토의, 조사, 프로젝트, 과제 연구, 과학관 견학 등의 다양한 교수·학습 방법을 활용하여 새로운 것을 창조하고 성취감을 맛보게 함으로써 탐구하는 능력을 신장시키는 역할을 합니다.

과학교사가 하는 일은?

과학교사는 중등학교에서 과학, 물리학, 화학, 생명과학, 지구과학을 가르치는 일을 합니다. 과학교사는 학생들이 자연 현상과 사물에 대한 흥미와 호기심을 가지고, 과학의 핵심 개념에 대한 이해와 탐구 능력을 함양함으로써 개인과 사회의 문제를 과학적이고 창의적으로 해결하도록 과학적 소양을 가르치는 일을 합니다.

또한 과학의 핵심 개념 이해 및 과학적 사고력, 과학적 탐구 능력, 과학적 문제 해결력, 과학적 의사소통 능력, 과학적 참여와 평생 학습 능력 등과 같은 과학과 관련된 역량을 기를 수 있도록 지도합니다. 과학적 창의성을 계발하고 인성과 감성을 함양하기 위해 과학교과 내용과 관련된 기술, 공학, 예술, 수학 등의 다른 교과와 연계하여 지도합니다.

» 학습 지도 계획 수립 시 학교의 실정이나 지역의 특성, 학생의 능력, 자료의 준비 가능성 등을 고려하여 학습 내용과 지도의 시기를 조정합니다.

» 학습 내용, 실험 여건, 지도 시간 및 학생의 능력과 흥미 등 개인차를 고려하여 적절한 학습 방법을 활용합니다.

» 기초 탐구 과정(관찰, 분류, 측정, 예상, 추리, 의사소통 등)과 통합 탐구 과정(문제 인식, 가설 설정, 변인 통제, 자료 해석, 결론 도출, 일반화 등), 수학적 사고와 컴퓨터 활용, 모형의 개발과 사용 등의 기능을 학습 내용과 관련시켜 지도합니다.

» 과학 및 과학과 관련된 사회적 쟁점을 활용한 과학 글쓰기와 토론을 통해 과학적 사고력, 과학적 의사소통 능력을 함양할 수 있도록 지도합니다.

» 과학 지식의 각 분야를 전 학년에 걸쳐서 연계성 있게 교육 하며, 과제를 내주고 시험을 출제하여 학생들의 성적을 평가합니다.

» 학생의 생활 태도와 진로 선택을 지도하며, 이 과정을 취합하여 학교생활기록부에 기록합니다.

» 학생 교육 및 안전과 관련된 학습 지도, 생활 지도, 행정 업무를 수행합니다.

Jump Up

융합 인재 교육에 대해 알아볼까요?

지금까지의 과학 교육은 과학 교과를 쉽고 재미있게 구성하여 학생들의 이해와 관심을 높이는 것이 목적이었지만, 과학을 다양한 학문과 융합하여 교육하는 것에는 한계가 있었어요.

실생활에서 발생하는 대부분의 문제들은 어느 한 과목의 지식이 아닌, 여러 학문의 지식을 활용해야 해결할 수 있는 복합적인 문제예요. 이러한 문제를 해결하기 위해서는 단순히 많은 지식을 쌓는 것보다 여러 교과의 지식을 융합하여 다양한 분야에서 활용하는 방법을 익혀야 해요.

융합 인재 교육은 미래 사회를 살아갈 학생들에게는 '지식 암기 능력'이 아닌 '지식 활용 능력'이 필요하다는 인식에서 출발하여 실생활의 문제를 다양한 학문적 지식을 융합하여 해결하는 데 초점을 맞춰요.

과학교사 커리어맵

- 한국과학창의재단 www.kofac.re.kr
- 교육부 www.moe.go.kr
- 창의인성교육넷 www.crezone.net
- 에듀넷 www.edunet.net
- 학교알리미 www.schoolinfo.go.kr
- 교육과정평가원 www.kice.re.kr

- 교육에 대한 역량 및 책임감 익히기
- 교육 및 봉사 관련 동아리 활동
- 과학 교육 관련 멘토링 활동
- 교사 관련 학과 탐방 및 직업 체험 활동
- 과학 교육 관련 독서 및 실습·실험 활동

- 통제력
- 리더십
- 분석적 사고
- 언어구사 능력
- 갈등관리 능력
- 문제 해결 능력
- 과학적 사고력

적성과 흥미

관련기관

준비방법

관련학과
- 교육학과
- 과학교육과
- 물리교육과
- 화학교육과
- 생물교육과
- 지구과학교육과

과학교사

흥미유형

- 사회형
- 탐구형

관련교과
- 수학
- 과학
- 기술·가정
- 정보
- 환경

관련자격

관련직업

- 중등학교 1급·2급 정교사

- 교감, 교장, 장학관
- 교육연구사
- 기술교사
- 환경교사
- 농업교사
- 출판물기획자
- 교육계열 연구원
- 과학큐레이터

25

적성과 흥미는?

과학교사는 학생들을 가르치고 지도하는 것이 가장 중요한 업무이므로 교육자로서 투철한 사명 의식과 책임감이 필요합니다. 학생에 대한 통제력, 리더십, 판단력, 분석적 사고력이 필요하고, 원만한 수업 진행을 위한 정확한 언어 구사 능력이 필요합니다. 또한 교육에 대한 열정과 학생에 대한 애정이 필요합니다.

특히 과학적 사고력과 탐구 능력, 문제 해결 능력, 의사소통 능력과 과학 교과를 수학, 예술, 기술, 공학 등의 다른 교과와 융합할 수 있는 능력이 필요합니다.

과학교사는 교육사 및 교육심리학 등의 교직 과목뿐만 아니라 날로 발전하는 과학 기술을 이해해야 하며, 새로운 과학 학습 지도 방법에도 능숙해야 하기에 항상 학문에 대해 탐구하는 자세를 가져야 합니다.

그 외에도 인간을 대상으로 하는 학문이므로 인간에 대한 이해와 관심, 교육 문제를 작은 것부터 해결해 나갈 수 있는 진취적이고 적극적인 태도가 필요합니다.

과학교사 커리어맵

관련 직업은?

기술교사, 농업교사, 환경교사, 출판물기획자, 교육계열 연구원, 학원강사, 과학큐레이터, 과학콘텐츠개발자, 과학해설사, 학교 밖 과학교실강사, 방과 후 과학탐구강사, 과학저술가, 과학연극인 등

Jump Up

과학커뮤니케이터에 대해 알아볼까요?

과학커뮤니케이터는 과학의 대중화를 위해 일반인이나 학생들에게 과학을 쉽고 재미있게 전달하는 일을 해요.
이들은 학교와 과학관, 과학 전시 업체 등에서 유머, 스토리텔링, 은유 등을 사용해 일반인에게 과학을 이해하기 쉽고 재미있게 설명해 주는 역할을 해요. 이러한 역할을 하는 과학큐레이터, 과학콘텐츠개발자, 과학해설사, 학교 밖 과학교실강사, 방과 후 과학탐구강사, 과학저술가, 과학연극인 등이 모두 과학커뮤니케이터에 속해요.

진출 방법은?

과학교사가 되기 위해서는 과학교육학과, 물리교육학과, 화학교육학과, 생물교육학과, 지구과학교육학과 등과 같은 사범계열의 과학 관련 학과를 졸업하거나 사범계열의 교육학과 전공자가 생물학이나 물리학(과학교육학) 등을 부전공으로 이수하여 중등학교 2급 정교사 자격증을 취득해야 합니다.

그 외에 물리학과, 화학과, 생물학과 등 비사범계열 학과일 경우에는 교직 과목을 이수하거나 졸업 후 교육대학원에 진학하여 석사 학위를 취득하여 2급 정교사 자격증을 취득해야 합니다. 과학교육학과의 경우 사회 교과와 같이 표시 과목이라 하여 자신이 담당할 수 있는 과목이 교원자격증에 명시되는데, 표시 과목이 과학 관련 과목이라면 중학교 과학과 고등학교 통합과학을 가르칠 수 있습니다. 반면, 고등학교 선택 과목인 물리학, 화학, 생명과학, 지구과학은 교원자격증에 해당 표시 과목이 명시되어야만 가르칠 수 있습니다. 이 때문에 학과 선택 시 물리교육학과, 화학교육학과, 생물교육학과, 지구과학교육학과 등의 세부 전공에 신중할 필요가 있으며, 과학교육학과에 진학한 후 세부 전공을 정할 수도 있습니다.

국공립 중등학교 교사가 되기 위해서는 중등학교 2급 정교사 자격 취득 후 매년 11월~12월에 각 시도 교육청에서 시행하는 '국공립 중등학교 교사 임용 후보자 선정 경쟁시험(교원 임용 시험)'을 통과해야 합니다. 사립 중·고등학교는 결원이 있을 때 대학의 추천, 채용 사이트, 신문 공고 등을 통해 채용 공고가 나며, 사립 중·고등학교 채용 절차에 따라 별도의 임용 시험을 치러야 합니다. 이후 사립 중·고등학교장의 제청과 이사회의 의결을 통해 채용됩니다.

관련 학과 및 자격증은?

- 관련 학과 : 과학교육과, 생물교육과, 화학교육과, 물리교육과, 지구과학교육과, 농업교육과 등
- 관련 자격증 : 중등학교 1급·2급 정교사, 생물공학기사, 화공기사, 화공기술사, 화학분석기능사, 화학분석기사, 대기환경기사, 수질환경기사, 소음진동기사, 토양환경기사, 자연생태복원기사, 환경영향평가사, 환경측정분석사 등

미래 전망은?

향후 5년간 과학교사의 고용률은 현 수준을 유지하거나 다소 감소할 전망입니다. 중등학교 교사의 고용에 영향을 미치는 요인으로는 학생 수의 감소와 교육 정책의 변화 등을 꼽을 수 있는데, 이는 긍정적·부정적인 영향을 모두 미칠 것으로 보입니다. 먼저 긍정적인 영향으로는 교육부가 공교육의 내실화를 목표로 교원 1인당 학생수를 줄이기 위한 노력을 지속하고 있다는 점을 들 수 있습니다. 이에 교원 1인당 학생 수는 꾸준히 감소하여 2015년 현재 중학교 교사는 1인당 14.3명의 학생을, 고등학교 교사는 1인당 13.2명의 학생을 담당하고 있습니다. 교원 1인당 학생 수를 감소시키기 위한 정부의 정책이 지속될 것으로 예상되며, 이는 중등교사의 일자리에 긍정적인 영향을 미칠 수 있습니다.

반면, 부정적인 영향으로는 사범대학 등 중등 교원 양성 기관을 통해 배출되는 인력은 증가하는 데 반해, 중등학교 학생 수는 급격히 줄어들고 신규 채용 예정 교원 수는 제한되어 있다는 점을 들 수 있습니다.

하지만 최근 이공계 기피 현상을 타계하기 위한 정책 중 하나인 과학 교육 현장을 개선시킴으로써 과학교사의 사기를 진작시킨다는 정책이 가속화될 것이라는 것은 긍정적인 요인으로 작용하고 있습니다.

Jump Up

과학해설사에 대해 알아볼까요?

과학해설사는 국공립 과학관이나 과학 박물관 등에서 과학 교육 프로그램을 개발·운영하고, 프로그램을 통해 대중들이 특정 분야의 과학 지식이나 정보를 쉽게 이해할 수 있도록 수업을 진행해요. 과학해설사의 주요 업무는 초·중·고등학생부터 일반인까지 다양한 교육 연령층이 과학에 흥미를 느낄 수 있도록 연령대와 수준을 고려해 프로그램을 기획·구성하는 것이에요.

과학교육과
과학교사 전공 분석

어떤 학과인가?

현대 사회가 정보 산업 사회, 지식 기반 사회로 발전해 가면서 과학의 역할이 점차 커지고 있어 과학교사 양성도 그 어느 때보다 주목받고 있습니다.

이러한 흐름에 맞춰 과학교육학과에서는 학생 지도 능력과 올바른 인성을 갖춘 과학교사를 양성하고 있습니다. 이를 위해 물리학, 생물학, 화학, 지구과학 등 과학의 기초 전공 지식과 학교 현장에서 과학을 지도하는 방법에 대해 교육합니다. 또한 단순히 이론적 지식만 제공하는 데 그치지 않고, 실험, 실습 등을 통해 창조적이고 활동적인 과학교사를 양성하고 있습니다.

그 외에도 최근 통합 과학, 융합 과학을 중시하는 시대 흐름에 맞춰 물리학, 화학, 생명과학, 지구과학, 기술·가정, 사회, 정보 등의 교과 간 연계분만 아니라 일상생활과의 통합에 대한 연구를 통해 종합적인 이해와 탐구 능력을 배양하고 있습니다.

보통 과학교육학과는 과학교육학부 또는 과학교육학과로 입학하여 1학년 때 공통 과목을 이수하고, 2학년 때부터 물리교육, 화학교육, 생물교육, 지구과학교육 중 세부 전공을 선택하거나 입학 때부터 물리교육과, 화학교육과, 생물교육과, 지구과학교육과 등과 같이 전공을 선택합니다.

교육 목표와 교육 내용은?

과학교육학과는 21세기 첨단 과학 시대가 요구하는 과학 교육의 발전에 기여할 수 있는 전문적 지도 능력과 건전한 인성을 갖춘 중학교 과학교사와 고등학교 물리학, 화학, 생명과학, 지구과학 교사 및 과학 교육 전문가를 양성하는 데 목표를 두고 있습니다.

이를 위해 자연 현상과 사물에 대해 호기심과 흥미를 가지고, 과학의 핵심 개념에 대한 이해와 탐구 능력을 통해, 자연 현상과 현대 사회의 문제에 대한 이해와 미래 생활 예측에 필요한 합리적인 판단 능력을 기르는 등 미래 사회에 필요한 통합 과학적 소양을 갖춘 교사를 양성합니다.

» 사명감과 헌신적 태도를 가지고, 국가와 사회 발전에 공헌하는 과학교사를 양성합니다.
» 학습자의 특성을 고려하고, 교육 현상을 폭넓게 이해할 수 있는 능력을 지닌 인재를 양성합니다.
» 과학 교육의 이론 및 방법에 대한 지식과 현장 적용 능력을 갖춘 인재를 양성합니다.
» 미래 사회에서의 교육 환경 변화에 능동적으로 대처할 수 있는 능력을 갖춘 인재를 양성합니다.
» 과학 교육자로서 학생들에게 감화를 줄 수 있는 인격 함양과 폭넓은 교양을 갖춘 인재를 양성합니다.
» 정보, 사회, 예술분만 아니라 일상생활에서 과학의 원리를 통합적으로 적용할 수 있는 교육 전문가를 양성합니다.
» 급변하는 과학 기술 사회에서 교육 변화에 능동적으로 대처할 수 있는 창의적이고 비판적인 과학자를 양성합니다.

학과에 적합한 인재상은?

과학교육학과는 학생들에게 과학적 흥미를 전달하는 언어 능력과 학급을 운영하는 생활 지도 능력을 요구합니다. 이에 따라 과학교육학과를 지원하고자 하는 학생은 고등학교 교육 과정에서 과학에 대한 지식 및 교육학에 대한 관심을 가지고 있어야 합니다.

과학 교육의 목표는 자연 현상에 대한 이론과 지식을 학생들이 쉽게 이해하고 흥미를 가질 수 있도록 창의적으로 교육하는 데 있습니다. 따라서 과학교육학과에 진학하려면 자연현상에 대한 호기심과 관심, 관찰력과 창의력, 논리적·분석적인 사고력, 다른 사람의 견해를 받아들일 수 있는 포용성 등을 갖추는 것이 도움이 됩니다.

이와 함께 늘 무엇이든 배우려는 탐구 자세와 교사로서 갖추어야 할 소명 의식, 책임감, 아이들에 대한 애정 등을 갖추어야 합니다.

이외에도 교육 현장에서 발생하는 다양한 문제를 해결하기 위한 문제 해결 능력과 갈등 관리 능력, 상황대처 능력, 의사소통 능력이 필요합니다.

관련 학과는?

과학교육학부 물리교육전공, 물리교육과, 화학교육과, 생물교육과, 지구과학교육과, 생물학과, 생명과학과, 신소재화학과, 분자생물학과, 화학과, 응용화학과, 물리학과, 응용물리학과, 지질학과, 지구과학과, 대기과학과 등

주요 교육 목표

국가와 사회 발전에 공헌하는
과학교사 양성

- -

학습자 이해를 통해 교육 현상을
폭넓게 이해하는 인재 양성

- -

전문 지식과 함께 현장 적용
능력을 갖춘 과학교사 양성

- -

교육 환경 변화에 능동적으로
대처할 수 있는 인재 양성

 ### 취득 가능 자격증은?

- ☑ 중등학교 2급 정교사
- ☑ 생물공학기사
- ☑ 화공기사
- ☑ 화공기술사
- ☑ 화학분석기능사
- ☑ 화학분석기사
- ☑ 대기환경기사
- ☑ 수질환경기사
- ☑ 소음진동기사
- ☑ 토양환경기사
- ☑ 자연생태복원기사
- ☑ 환경영향평가사
- ☑ 환경측정분석사 등

진출 직업은?

중등교사, 과학교육기관 교사, 과학교육학연구원, 과학교육정책 및 관리책임자, 과학방송 PD, 과학큐레이터, 방과 후 과학탐구강사, 과학작가, 과학연극인, 출판물기획자 등

추천 도서는?

- 진정일 교수의 교실 밖 화학 이야기(궁리, 진정일)
- 수학, 문명을 지배하다
  (경문사, 모리스 클라인, 박영훈 역)
- 생각하는 십대를 위한 토론 콘서트 : 과학
  (꿈결, 서강선)
- 자기주도학습 코칭 메뉴얼(성안당, 정현권)
- 과학이란 무엇인가
  (사회평론, 버트런드 러셀, 장석봉 역)
- 최무영 교수의 물리학 강의(책갈피, 최무영)
- 코스모스 : 가능한 세계들
  (사이언스 북스, 앤 드류얀, 김명남 역)
- 에듀테크의 미래(책밥, 홍정민)
- 내 몸 안의 작은 우주 분자생물학
  (전나무숲, 하기와라 기요후미, 황소연 역)
- 세상을 바꾼 과학 세트(리베르스쿨, 원정현)
- 쿤의 과학혁명의 구조(작은길, 박영대)
- 한 세대 안에 기후위기 끝내기(글항아리, 폴 호컨)
- SDSs 교과서(도서출판선인, 이창언)

학과 주요 교과목은?

기초 과목	교육학개론, 교육심리학, 교육사회학, 교육과정 및 평가 교육행정, 일반물리학, 일반생물학, 일반지구과학, 일반 화학, 과학실험 등
심화 과목	통합과학교육론, 과학교과교재연구 및 지도법, 환경과 과학교육, 과학사와 과학철학, 교육실습, 과학문화와 과학교육, 위기학생교육의 실제, 인공지능교육환경과 미래 교사, 초연결사회와과학교육 등

졸업 후 진출 분야는?

기업체	일반 학원, 언론사, 과학 콘텐츠 개발 업체, 방송국, 출판사, 박물관, 화장품업체, 정유 회사 등
연구 기관	한국교육개발원, 한국교육과정평가원, 한국과학창의재단, 육아정책연구소, EBS미래교육연구소, 한국과학기술연구원, 기초과학연구원, 한국지질자원연구원, 한국해양연구원, 한국해양과학기술원 부설 극지연구소, 한국천문연구원, 국립과학기상원, 한국생명과학연구소, 한국표준과학연구원 등
정부 및 공공 기관	교육청, 과학부, 기상청, 과학영재교육원, 과학 정책 기관, 국립과학수사연구원, 한국발명진흥회, 국립해양발물관, 국립낙동강생물자원관, 한국해양진흥공사, 산림청, 식품 의약품안전처, 농촌진흥청, 특허청 등
기타	국립·공립·사립 초등학교, 특수학교 등

🔍 전공 관련 선택 과목은?

▶ 국어, 영어 교과는 모든 학문의 기초적인 성격을 가진 도구교과로 모든 학과에 이수가 필요하여 생략함.

수능 필수	화법과 언어, 독서와 작문, 문학, 대수, 미적분 I, 확률과 통계, 영어 I, 영어 II, 한국사, 통합사회, 통합과학, 성공적인 직업생활(직업)		
교과군	**선택 과목**		
	일반 선택	진로 선택	융합 선택
수학, 사회, 과학	대수, 미적분 I, 확률과 통계, 물리학, 화학, 생명과학, 지구과학	기하, 미적분 II, 역학과 에너지, 전자기와 양자, 물질과 에너지, 화학 반응의 세계, 세포와 물질대사, 생물의 유전, 지구시스템과학, 행성우주과학	수학과제 탐구, 기후변화와 지속가능한 세계, 과학의 역사와 문화, 기후변화와 환경생태, 융합과학 탐구
체육·예술			
기술·가정/정보	기술·가정, 정보		
제2외국어/한문			
교양	생태와 환경	인간과 심리, 교육의 이해	

학교생활기록부 관리는?

출결 사항	• 미인정(무단) 출결 사항이 없도록 관리하세요. 미인정(무단) 결석 등이 있으면 학교생활 충실도나 인성, 성실성 영역에서 부정적인 평가를 받을 수 있어요.
자율·자치활동	• 학급 자치 활동 등에 적극 참여하고, 이를 통해 자신이 배운 점, 느낀 점을 기록해 보세요. • 교내외의 과학 관련 자율 활동에 적극적으로 참여하세요. • 학급 및 학교의 멘토링 활동에 적극 참여하고 이 과정이 기록되도록 노력하세요.
동아리활동	• 실험, 프로젝트 및 독서 활동을 위한 과학 동아리를 만들고, 다양한 활동에 적극 참여하세요. • 동아리 활동으로 습득한 과학적 지식을 타인과 나눌 수 있는 멘토링 활동, 부스 운영 활동을 해 보세요. • 교과 시간에 배운 호기심을 동아리 활동을 통해 심화 하여 과학적 호기심을 해결하는 탐구를 진행해 보세요.
진로 활동	• 과학 관련 이슈들에 관심을 가지고, 신문 읽기, 독서 활동을 권장해요. • 관심 전공 학과 탐방 및 학과 선배 인터뷰를 통해 지속적으로 진로 정보를 얻어야 해요. • 물리학, 화학, 생명과학, 지구과학에 대한 교과 이해를 통해 자신의 적성과 흥미에 맞는 과목이 무엇인지 탐구해 보세요.
교과학습 발달상황	• 과학 관련 교과에서 학업 성취도를 올릴 수 있도록 관리하고, 수업 활동에서 자기주도성과 발전 가능성의 역량이 발휘되도록 하세요. • 과학 현상과 관련된 교과에 흥미를 가지고 탐구하고, 이를 해결하고자 다양한 활동을 해 보세요. • 하나의 현상에 대해 논리적·과학적으로 분석하고, 이를 통합적으로 이해하려는 모습을 보이세요.
독서 활동	• 과학에 대한 호기심을 해결할 수 있도록 관련 도서를 주도적으로 찾아 읽고, 그 내용을 토대로 발전적인 모습이 나타나도록 하세요. • 과학 관련 책을 읽고, 인접 학문과 연계하여 통합적으로 이해하는 노력이 필요해요. • 독서 후 느낀 자신만의 생각을 적어 보세요.
행동 발달 특성 및 종합 의견	• 발전 가능성, 전공 적합성, 인성, 학업 능력, 창의력, 자기주도적 학습 능력, 문제 해결 능력, 발전된 모습 등 자신의 장점이 표현되도록 관리해야 해요. • 학교생활에서 자기 주도성, 경험의 다양성, 성실성, 나눔과 배려, 학업 태도와 학업 의지 등 자신의 장점이 기록되도록 관리해야 해요.

교육과 관련된 대학교 전공에 대해 알아 볼까요?

➡️ 교육관련 전공에는 교육이론, 교육행정, 평생교육 등
이 있어요.

교육이론은 교육 이론에 대해 연구하고 새로운 이론과
기존 이론을 융합하여 교육 발전에 이바지할 수 있는
방법에 대해 탐구해요. 관련학과로는 교육학과, 교육
공학과, 교육심리학과, 교육과학 계열이 있고, 진로로
는 교육학연구원, 대학교수, 교재 및 교구개발자, 출판
사, 교육청, 교육부 등의 교육 관련 공공기관 관련 직
업이 있습니다. 만일 교사가 되고 싶다고 할 때, 대부
분의 교육과는 교직 이수가 되지 않기 때문에 복수전
공을 하는 등의 노력이 더 필요해요.

➡️ 교육행정은 교육행정 분야에 대해 연구하고 더 나은
교육 환경을 만드는 행정가로서 활동하기 위한 학문
을 탐구해요. 관련학과로는 행정학과, 교육공학과, 교
육학과 등이 있고, 진로로는 공무원, 교육행정직 공무
원, 교육부나 교육청 등의 공공기관 근무나 교육컨설
팅 관련 회사 등의 관련 직업이 있어요.

➡️ 평생교육은 교육의 기간이라는 것이 유초중등에 국한
된 것이 아니기 때문에 성인과 노년기까지도 포함한
다양한 교육 분야들이 최근 많이 발전하고 있고, 그에
따른 수요도 증가하고 있어 더욱 필요한 분야랍니다.
이에 관련된 학과나 자격증도 많아지고 있는 추세에
요. 관련 학과로는 평생직업교육학과, 평생교육융합
학과, 심리학과 등이 있고, 진로로는 사이버교육운영
자, 심리상담사, 직업상담사, 직업능력개발훈련교사,
평생교육사, 전문 강사 등의 관련 직업이 있어요.

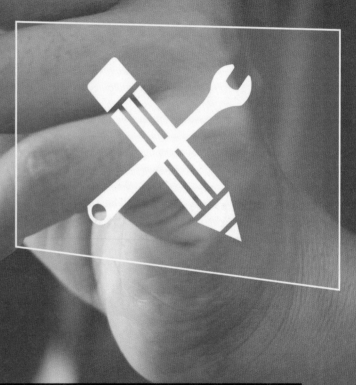

교육학연구원
교육학과

교육학연구원이란?

교육이란 인간이 삶을 영위하는 데 필요한 모든 행위를 가르치고 배우는 과정이자 수단을 가리키는 교육학용어로 인간 사회의 지식·기술·규범 등을 가르치고 배우는 탐구과정을 뜻한다고 할 수 있습니다. 그렇기 때문에 보다 체계적인 교육을 실시하기 위해서는 교육 행위와 현상 자체에 대한 학문적 연구가 필수입니다. 또 교육은 우리 삶 전체에 걸쳐 이뤄진다고 볼 수 있습니다. 학교 교육을 마친 후에도 성인교육, 기업교육을 받는 것은 물론 이제는 연령에 관계없이 학습하는 평생교육의 시대가 열렸습니다. 또한 다문화 교육, 세계시민 교육 등 새로운 분야에 대한 교육 연구도 필요한 시대가 되었습니다.

교육학연구원은 이러한 오늘날 교육학의 교육 목적, 내용, 방법 등에 관한 종합적이며 과학적인 연구를 실시하고, 합리적인 교육체제 및 방법을 설계하고 개발하는 일을 합니다. 또한 교육체제 및 방법 등 교육 전반에 관련된 문제를 분석하고 평가합니다. 교육학연구원이란 우리나라 교육체계가 당면하고 있는 제반 문제들을 합리적으로 해결할 수 있는 혁신적이고 선진화된 교육체제 및 교육방법에 대해 연구하고 개발하는 직업이라고 할 수 있습니다.

교육학연구원이 하는 일은?

철학, 심리학, 사회학, 행정학, 경제학 등의 전문지식을 응용하여 교육을 주제로 한 연구 방법 및 절차를 개발하는 일을 합니다. 교육제도 및 환경개선, 교육과정의 조직 및 개편, 교수방법 개발, 교육격차 해소, 학교의 교육계획, 교육평가 등에 대한 자료를 조사·수집·분석합니다. 교육철학, 교육심리학, 교육사회학, 교육행정학, 교육과정, 교육공학 등의 연구 분야의 연구결과를 작성하여 출판하거나 관련기관 또는 학교에 각종 개선안을 제언하기도 하고, 정부기관이나 전문단체에 전문적인 지식을 제공하기도 하며 자문을 하기도 합니다. 최근에는 온라인 교육과 같은 교육에 관련한 것을 개발하기도 하고, 콘텐츠 위주의 교육이라면 콘텐츠를 개발하고 대상 학습자에게 맞는 강의, 교재, 온라인 콘텐츠 등을 기획하고 제작하는 일을 합니다. 주로 원고 작성, 감수, 연구 등 교육과 관련된 일을 연구하고 개발합니다.

> » 철학, 심리학, 사회학, 행정학, 경제학 등의 전문지식을 응용하여 교육을 주제로 한 연구 방법 및 절차를 개발합니다.
> » 교육 제도 및 환경개선, 교육과정의 조직 및 개편, 교수 방법 개발, 교육격차 해소, 학교의 교육계획, 교육 평가 등에 대한 자료를 조사·수집·분석합니다.
> » 연구 결과를 작성하여 출판하거나 관련기관 또는 학교에 각종 개선안을 제언합니다.
> » 정부 기관이나 전문단체에 전문적인 지식을 제공하기도 하며 자문합니다.
> » 교육철학, 교육심리학, 교육사회학, 교육행정학, 교육과정, 교육공학 등을 전문으로 연구합니다.
> » 그 외에 연구원(일반)이 수행하는 일반적인 업무를 수행합니다.

Jump Up

교육연구사와 교육행정가와 차이를 알아볼까요?

교육연구사(장학사)는 교육과정의 연구, 개발, 실행과 교육행정기관의 중견 실무를 담당하는 교육공무원으로, 특정직 공무원입니다. 주로 교육부, 교육부 소속기관, 시도교육청, 교육지원청 및 교육청 산하기관에서 일합니다. 교육부 및 교육부 산하기관에서 근무할 경우 국가직 교육공무원, 시도 교육청 및 시도 교육청 소속기관에서 근무할 경우 지방직 교육공무원이 된다는 점에서 소속 및 근무지와 관계없이 국가직 신분을 갖는 교사와 신분상의 차이가 있습니다. 교육연구사(장학사)는 행정상의 지휘·명령·감독권은 가지고 있지 않으나 학교 시찰 등을 통해 교육현장에서의 교육 관련 지도, 조언 등의 업무를 수행할 수 있습니다.

교육행정가는 일반적으로 과장 이상의 직급을 가지고 하나의 교육기관 단위를 책임지고 있는 사람을 의미합니다. 지방교육행정조직에서는 교육감·교육장과 그 참모 혹은 보조역을 담당하는 교육전문직이나 국·과장급의 관리직을 포함합니다. 대학에서는 총·학장을 비롯한 기관장, 이들을 보좌하는 실·국·처장, 부설 기관의 장, 단과대학의 실·과장 등이 교육행정가에 포함되고, 일선 유치원, 초등학교, 중고등학교의 원장 및 교장과 원감 및 교감 등이 교육행정가의 범주에 포함됩니다. 교육행정가는 공무원의 신분을 가진 교육행정가와 사립교육기관의 직원으로서의 신분을 가진 교육행정가로 구분됩니다.

교육학연구원

커리어맵

- 교육부 www.moe.go.kr
- 창의인성교육넷 www.crezone.net
- 에듀넷 www.edunet.net
- 학교 알리미 www.schoolinfo.go.kr
- 교육과정평가원 www.kice.re.kr
- 한국교육개발원 www.kedi.re.kr
- 한국교육학회 www.ekera.org

- 대인관계 능력 키우기
- 교육관련 멘토링 활동
- 다양한 교수학습방법 탐구활동
- 교육 관련 학과 탐방
- 교육 관련 직업 체험활동
- 교육관련 독서 활동

관련기관

준비방법

관련학과
- 교육학과
- 교육공학과
- 초등교육과
- 행정학과
- 교육심리학과

적성과 흥미
- 공감능력
- 배려심
- 리더십
- 성실성
- 통찰력
- 분석적 사고
- 의사소통 능력
- 상황대처 능력
- 갈등관리 능력

교육학연구원

흥미유형
- 사회형
- 탐구형

관련교과
- 국어
- 영어
- 사회
- 정보

관련자격

관련직업

- 중등학교
  1급·2급 정교사

- 장학사
- 초중고등학교교사
- 교육행정사무원
- 교재 및 교구 개발자
- 입학사정관

적성과 흥미는?

교육학연구원은 사람과 사회에 대해 폭넓은 관심과 지적호기심이 많은 사람일수록 유리합니다. 또한 인접 학문과 관계를 맺으며 폭넓은 연구를 해야 하기 때문에 자신의 전공뿐 아니라 인접 학문의 관련 지식도 함께 쌓는 것이 중요합니다. 연구원이라는 직업이 끊임없이 연구하고 전공 분야에 대해 깊이 공부해야 하므로 항상 꾸준한 자기계발과 관련 지식을 배우려고 하는 자세, 그리고 장기적으로 이루어지는 연구과제에 대해 끝까지 수행할 수 있는 꾸준함, 집중력과 성실한 마음가짐도 필수입니다. 교육에 대한 사명감을 가지고 있어야 하며 다른 연구원들의 의견을 존중하고 건설적으로 비판할 수 있는 능력과 통찰력이 요구됩니다. 또한 자신의 의견을 논리적으로 설명할 수 있는 논리적 사고력과 의사소통 능력, 문서작성능력 등을 갖추는 것이 좋습니다.

마지막으로 팀을 이루어 연구하는 경우가 많으므로 팀원 간 원만한 대인관계를 유지하는 능력과 각종 해외 문헌자료 등을 참고하며 연구해야 하므로 그에 요구되는 외국어 능력을 키우는 것도 도움이 됩니다.

교육학연구원
커리어맵

미래 전망은?

향후 10년간 교육학연구원의 일자리는 다소 증가할 것으로 전망됩니다. 교육은 일정 기간으로 한정되어 마무리 되는 것이 아니라 다양한 형태로 전 생애에 걸쳐 지속되기 때문에 학교 교육에 대한 연구에 제한되지 않고, 전 생애의 교육 주제와 과정에 대한 탐구가 필요하게 되었습니다. 물론 저출산으로 인한 학령인구 감소라는 부정적인 영향도 있으나 맞춤형 교육에 대한 수요는 오히려 증가하고 있는 추세이므로 긍정적인 전망도 가능합니다. 또한 취업이나 자격증, 평생교육 등 다양한 분야로의 교육학연구원의 진출은 더 늘어날 것으로 보입니다.

또한 2020년 이후 코로나19로 인한 팬데믹 상황을 겪으며 온라인 교육시장의 급격한 성장과 급증으로 진보하게 된 에듀테크 기술에 대한 수요가 앞으로도 증가할 것으로 예상됩니다. 따라서 온라인 플랫폼이나 콘텐츠 개발 및 전달매체 등에 대한 이해와 교육에 대한 빅데이터 분석 수요 또한 폭증하고 있어 그 전문성이 절실히 요구되고 있습니다. 따라서 텍스트 마이닝, 머신러닝, 인공지능, 딥러닝 등의 연구를 수행할 수 있는 연구원의 경우 취업경쟁력 부분에서 상당히 유리할 것으로 예상됩니다.

또한 앞으로의 교육시장은 국가 교육뿐만 아니라 기업에서도 기업 경쟁력을 높이고, 직원의 역량을 높이는 교육에 관심이 많아지면서 기업교육을 전공한 연구원의 수요도 늘어날 전망입니다. 마지막으로 인구의 많은 부분을 차지하고 이는 실버세대의 고령화로 인한 교육의 수요는 꾸준히 늘어날 것이므로 이 계층에 대한 교육연구도 병행하는 것이 취업 경쟁에서도 긍정적인 영향을 미칠 것입니다.

진출 방법은?

교육학연구원이 많이 진출하고 있는 정부 출연 연구소나 규모가 크고 연구 활동이 많은 연구소에서는 대부분 석사나 박사학위 소지자를 채용하는 추세이므로, 진출을 위해서는 교육학, 사회학, 심리학 관련 분야 석사 이상의 학위가 필요합니다. 교육학연구원은 교육학과 관련된 인접 학문과 관계를 맺으며 폭넓은 연구를 해야 하기 때문에 자신의 전공뿐 아니라 인접 학문의 관련 지식을 연구하여 결과물을 만드는 것이 매우 필요합니다. 끊임없이 연구하고 자기의 전공 분야에 대해 깊이 공부해야 하므로 단기간의 교육과 훈련으로는 어려움이 많을 수 있습니다.

교육학연구원이 되기 위해 별도로 요구되는 직업훈련과정이나 국가공인자격증 등 관련 자격증은 없기 때문에 무엇보다도 항상 꾸준히 자기계발을 하고 관련 지식을 유연하게 받아들여 배우려고 하는 자세가 필요합니다.

관련 직업은?

사회학연구원, (인문계열, 사회계열, 교육계열)교수, 장학사, 초중고 교사, 교육행정 사무원, 교재 및 교구 개발자, 이러닝 교수설계자, 입학사정관, 교육자문 및 검토관, 교육학연구원, 심리검사 개발원, 심리학연구원, 학원 강사 등

관련 학과 및 자격증은?

➡ 관련 학과 : 교육공학과, 교육학과, 아동교육과, 초등교육과, 행정학과, 교육심리학과, 교육미디어학과 등

➡ 관련 자격증 : 중등학교 1급·2급 정교사, 사회조사분석사1급, 아동심리상담사 등
　　　　　　　(요구되는 국가공인자격증은 따로 없음)

Jump Up

교육학과와 교육공학과의 차이에 대해 알아볼까요?

교육학과는 교육학 지식과 교원 연구능력 및 교육실천능력을 기반으로 교육학계 및 교육현장에서 한국 교육의 발전을 이끌어갈 교육전문가 양성을 목적으로 하고 있어요.

교육공학과는 교육에 대한 다양한 이론에 테크놀로지를 적용하여 학습자들의 학습을 증진시키는 방안을 마련하여 교육현장의 문제를 해결할 수 있는 공학적 교육전문가 양성을 목적으로 하는 학과랍니다.

물론 교육학 안에 교육공학이 포함되어 있어요. 교육학은 교육에 관한 전반적인 이론을 포괄하는 개념이고, 교육공학은 교육학의 영역 중 'Technology(공학)' 기술과 교육의 이론을 기반으로 하여, 교육상황에서 발생하는 문제를 진단하고 처방하는 학문이에요. 쉽게 말해 학교에서의 교육공학 영역은 수업의 내용을 잘 전달하기 위해 청사진을 그리는 수업 설계, 실질적으로 현실화시키는 수업 개발, 내용 및 기술, 태도를 명확하게 전달하기 위한 수업 방법이라고 할 수 있어요.

교육학과
교육학연구원 전공 분석

어떤 학과인가?

교육이란 인간 형성의 과정이며, 인간은 교육을 통해 바람직한 인격을 형성하고 행복을 영위할 수 있게 됩니다. 이러한 교육을 가르치는 사람은 어떤 사람이어야 하는지, 가르치는 일에 무엇이 필요한지, 교육내용은 어떻게 구성되는지에 대해서 고민해야 합니다. 더불어 교육을 둘러싼 여러 환경들을 어떻게 조성하며, 제도와 행정은 어떻게 연계되어야 하는지 모색하는 과정이 필수입니다.

교육학은 결국 "최선의 교육과 학습이란 무엇인가? 그리고 그것은 우리와 어떻게 관계를 맺고 있는가?"에 대해 질문하는 학문이고, 이러한 질문에 답하기 위해 여러 학문의 방법을 차용하면서도 또한 스스로의 동력을 가지고 연구하는 사회과학 분야라고 할 수 있습니다.

따라서 교육학과에서는 다양한 분야에서 교육 활동을 담당하며, 교육 현장의 각종 문제를 해결하는 교육 전문가를 양성합니다. 이에 교육에 대한 학문적 이론과 학교 현장에서의 실습을 병행하여 탐구합니다. 교육학과는 교육 현상들을 과학적으로 탐구하고 다양한 분야에서 응용가능한 교육의 기초 학문을 학습하는 학과이기 때문에 교사 뿐만 아니라 다양한 교육 분야로의 진출이 가능합니다.

교육학과에서는 학습자의 발달 과정에 맞는 교육과정과 평가 방법을 배우고 교육심리학자의 이론을 바탕으로 교육현장에서 발생할 수 있는 현상들을 교육심리학적으로 분석하기도 합니다. 또한 현 교육 이슈에 대한 토론과 교육철학 등의 수업을 통해 바람직한 교육관을 정립하는 인재 양성에 힘쓰고 있습니다.

교육 목표와 교육 내용은?

교육학과의 교육목표는 교육에 대한 학문적 이해를 바탕으로 광범위한 교육 실천을 위하여 효과적인 기술과 방법을 연구하는 것입니다. 교육학 전반에 걸친 이론과 실제를 가르침으로써 장차 중등교원, 교육전문가 등 교육계의 지도자로서 활동할 수 있는 지식인을 양성하는 데 목적이 있습니다.

교육의 목적, 내용, 방법에 관한 철학적·과학적 교육관을 수립하고, 사회구조, 문화의 역동성, 인간·행동, 발달학습에 관한 사회학적, 심리학적 통찰력과 인간에 대한 깊은 이해와 건전한 사고방식을 배양하는 데 중점을 둡니다. 인간에 대한 깊은 이해와 바람직한 가치관을 확립하여 장래의 교사나 교육행정가·학자로서 갖추어야 할 기본 소양을 기르는 것을 목표로 하고 있습니다.

마지막으로 인류사회에 기여할 수 있는 창의적인 인재 양성을 위한 필수요소로서 도전, 창의, 융합, 소통, 신뢰 역량을 바탕으로 학생 개인의 능력과 흥미, 잠재력 개발과 사회적 자아실현을 돕고, 미래사회를 선도할 교육전문가 양성을 돕습니다.

» 교육전문가로서 갖추어야 할 건전한 인성과 교육적 사명감 및 윤리 의식을 지닌 인재를 양성합니다.
» 교육학을 이론적으로 탐구하고, 실제적으로 적용할 수 있는 전문 지식을 지닌 인재를 양성합니다.
» 교육현장에서 요구되는 교육 실천 능력을 지닌 인재를 양성합니다.
» 교육현상을 다양한 관점에서 총체적으로 이해하고 비판적으로 분석할 수 있는 인재를 양성합니다.
» 교육 개혁을 능동적으로 이끌어갈 수 있는 교육 리더십을 지닌 인재를 양성합니다.

학과에 적합한 인재상은?

심리학, 철학, 사회학 등 다양한 학문에 대한 폭넓은 학습이 필요합니다. 교육학은 기업 교육, 상담 교육, 영재 교육, 사이버 교육 등 사회의 여러 분야에 적용되기 때문입니다. 교육은 가르치고 배우는 과정을 통해 인간의 성장·발달을 돕는 활동이기 때문에 인간에 대한 이해와 애정, 타인의 가치와 잠재력을 존중하는 자세가 중요합니다. 또, 원활한 교육 활동을 위한 정확한 언어 구사 능력 및 정직성과 리더십을 갖춘 학생에게 적합한 분야입니다.

사람에 대한 이해와 애정을 바탕으로 타인의 가치와 잠재력을 존중하는 자세를 가지고 평소 교육 정책을 비롯한 교육 문제와 청소년 문제에 대해 관심을 가지고 있는 학생에게 유리합니다. 또한 교육을 통하여 사람을 변화시키고자 하는 목표를 가지거나 학생의 발달적 특성과 인성적 특성을 이해할 수 있으면 좋습니다. 마지막으로 교육 변화에 능동적으로 대처할 수 있는 창의적인 사고력과 급변하는 미디어 정보사회에서 적절한 정보 활용 능력을 갖춘다면 효과적입니다.

관련 학과는?

교육공학과, 교육심리학과, 교육학부, 청소년 교육상담학과, 평생교육상담학과, 교육행정학과, 글로벌교육학부, 글로벌아동교육학부 등

주요 교육 목표

교육 현상을 이론적으로
탐구하는 인재 양성

- -

교육 현상을 총체적으로
이해하는 인재 양성

- -

교육적 사명감과
윤리 의식을 지닌 인재 양성

- -

교육 문제를 창조적으로
해결하는 인재 양성

- -

전문적인 지식으로
교육계를 이끄는 인재 양성

- -

교육 개혁을 능동적으로
이끄는 인재 양성

진출 직업은?

중등교사, 대안학교 교사, HRD 전문가, 교육관련 연구소 연구원, 특수교사, 교육관련 웹개발자, 학원 강사, 교재개발원, 대학 교수, 응용소프트웨어 개발자, 사회교육 전문가, 평생교육사 등

 ### 취득 가능 자격증은?

☑ 사회조사 분석사
☑ 직업상담사
☑ 상담심리사
☑ 청소년지도사
☑ 중등정교사 2급
☑ 평생교육사 등

추천 도서는?

- 교육사회학(교육과학사, 김신일)
- 사회복지 사상과 사회복지 교육(코람데오, 이준우)
- 미래세대를 위한 인성교육(학지사, 강선보)
- 에밀(책세상, 장자크 루소, 황성원 역)
- 미래교육의 불편한 진실(EBS BOOKS, 박제원)
- 교육사상의 역사
  (고려대학교교육사철학 연구모임, 집문당)
- 페다고지(그린비, 파울로 프레이리, 남경태 역)
- 다시 읽는 민주주의와 교육
  (교육과학사, 존 듀이, 심성보)
- 교사생활 월령기(에듀니티, 경기교육연구소)
- 교육학개론(공동체, 정미경)
- 왜 잘사는 집 아이들이 공부를 더 잘하나?
  (한울아카데미, 신명호)
- 에듀테크의 미래(책밥, 홍정민)
- 스마트 시대의 교육방법 및 교육공학
  (학지사, 백영균)
- 에듀테크 활용 상호작용 교수법(학지사, 최명숙)
- 우당퉁탕 프로젝트 수업
  (에듀니티, 배움의숲나무 학교PBL센터)

학과 주요 교과목은?

기초 과목	교육의 이해, 교육의 심리적 기초, 교육통계, 교육논술, 교수학습이론, 교육평가, 교육과정, 발달심리학, 상담이론, 교육의 사회적 기초, 교육조직행동론, 학교폭력예방 및 학생의 이해 등
심화 과목	인적자원개발개론, 고등사고력평가, 성격심리, 인지심리, 학습과학, 성인교육, 심리검사, 사회심리학의 이해, 평생교육론, 교육프로그램개발 및 평가, 셀프리더십, 교육현장연구, 뇌기반교육과 상담, 교육연구와 통계 등

졸업 후 진출 분야는?

기업체	각 지역 인력개발원, 지역의 여성인력개발센터, 한국지역사회교육협의회, 문화센터, 청소년 상담실, 학원, 교원 단체 및 교육 관련 회사 등
연구소	한국교육개발원, 국가평생교육진흥원, 한국교육학술정보원, 한국교육과정평가원, 한국청소년상담복지개발원, 한국대학교육협의회 등
정부 및 공공 기관	각 시도교육청, 교육부의 교육행정전문가 및 공무원, 입학사정관 등
기타	국립·공립·사립 초등학교, 특수학교 등

🔍 전공 관련 선택 과목은?

▶ 국어, 영어 교과는 모든 학문의 기초적인 성격을 가진 도구교과로 모든 학과에 이수가 필요하여 생략함.

수능 필수	화법과 언어, 독서와 작문, 문학, 대수, 미적분Ⅰ, 확률과 통계, 영어Ⅰ, 영어Ⅱ, 한국사, 통합사회, 통합과학, 성공적인 직업생활(직업)		
교과군	선택 과목		
	일반 선택	진로 선택	융합 선택
수학, 사회, 과학	세계시민과 지리, 사회와 문화, 현대사회와 윤리	윤리와 사상, 인문학과 윤리	사회문제 탐구, 윤리문제 탐구
체육·예술			
기술·가정/정보	정보	생활과학 탐구	아동발달과 부모
제2외국어/한문			
교양		인간과 철학, 인간과 심리, 교육의 이해	

학교생활기록부 관리는?

출결 사항	• 출결사항에 미인정 출결사항이 없도록 관리하세요. 미인정 기록이 있으면 인성 및 성실성에서 부정적인 평가를 받을 가능성이 있어요. • 학교폭력과 관련된 내용이 있을 시 대학 입학에 불이익이 있으니 출결 및 학적사항에 기록되지 않도록 하세요.
자율·자치활동	• 다양한 교내 활동에서 자기주도적 참여를 통해서 전공 분야에 대한 학업 역량, 진로 역량 등이 드러나도록 하세요. • 학급 및 학교 활동으로 진행하는 멘토링이 참여하여 자신과 멘토의 학업 역량을 함양하고 이 내용이 학교생활기록부에 기록될 수 있도록 하세요.
동아리활동	• 교육관련 동아리를 만들어 멘토링 및 교육관련 프로젝트를 진행하고, 이를 통해 다양한 지식을 효율적으로 전달할 수 있는 다양한 방법을 탐구하여 적용해 보세요. • 동아리 가입동기, 본인의 역할, 배우고 느낀 점, 한문 교육과 진학을 위해 기울인 활동과 노력이 나타날 수 있도록 참여하세요.
진로 활동	• 교육관련 분야의 직업 관련하여 하는 일 관련 자격증 및 미래 전망과 같은 자료를 탐색하여 발표해보세요. • 진로관련 홈페이지를 찾아 최근 이슈 및 시사점에 대해 토론하는 활동을 진행해 보세요. • 최근 대두되고 있는 교수학습 방법 및 에듀테크 기술에 대해 심화탐구하고 이를 발표하여 학교생활기록부에 기록될 수 있도록 노력해보세요.
교과학습 발달상황	• 언어 및 사회, 정보와 관련된 교과 성적은 상위권으로 유지시키고, 관련 교과 수업에서 학업 역량, 진로 역량, 공동체 역량이 발휘될 수 있도록 수업에 적극 참여하세요. • 교과 시간에 배운 내용 및 교수학습방법에 대한 호기심을 해결하고자 학교 프로그램 및 교과 연계 독서를 활용하여 남구하여 호기심을 확장하는 내용이 기록되도록 하세요.
독서 활동	• 인문학, 역사, 교육학 및 교육공학 관련 다양한 분야의 책을 읽으세요. • 교수학습방법 및 에듀테크 관련 독서 활동을 통해서 교육 관련 기본적인 지식을 쌓는 것이 중요해요.
행동 발달 특성 및 종합 의견	• 동아리, 학급, 학교 등의 대표를 맡아 리더십 능력을 키우세요. • 교내 활동을 통해 협동, 갈등관리, 배려, 나눔 등의 능력을 향상시키세요. • 학교생활기록부에 나만의 이야기를 채워 작성하는 것이 중요해요.

교사, 교수, 선생의 차이에 대해 알아볼까요?

➡ 교사, 교수, 선생의 단어들은 모두 비슷해 보이나 제각기 다른 뜻을 가지고 있어요.

➡ 먼저 교사는「가르치는 스승」, 교수는「가르쳐 주는 사람」의 뜻을 가졌어요. 교사가 학생의 학업뿐만 아니라 인격, 생활 등의 제반 사항을 두루 지도하는 전인적 스승의 역할이라고 한다면, 교수는 학문을 전수하는 기능적 구실이 더 중심이 된다고 할 수 있어요.
일반적으로 교사는 일정 수준의 자격을 가지고 유치원, 초등학교, 중학교, 고등학교 등에서 학생을 가르치거나 돌보는 사람을 뜻하고, 대학교 이상의 기관에서 학생을 가르치는 사람을 교수로 지칭해요.

➡ 마지막으로 선생은 어떤 일에 대한 경험이 많거나 아는 것이 많아 남을 가르칠 수 있는 사람을 뜻하는 격조 높고, 존경받는 교육자를 칭하는 말이랍니다.

국어교사란?

국어는 대한민국의 공용어로서 사람들의 사고와 의사소통의 도구입니다. 우리나라의 학교 안과 밖에서 일어나는 학습과 상호작용 대부분이 국어를 통해 이루어지므로 국어라는 언어는 생활 전반에 매우 중요한 토대이기도 합니다. 따라서 기본적인 언어 능력의 습득은 학습의 성패를 결정하는 중요한 요인이 됩니다. 언어능력이 부족하면 효과적인 학습이 어렵고, 결과적으로 안정적인 삶을 영위하기도 어렵습니다. 또한 학습자는 국어를 활용하여 자아를 인식하고, 타인과 교류하며, 세계를 이해하고, 다양한 국어 활동을 통해 문화를 향유하며, 문화의 발전에도 참여하게 됩니다. 최근에는 세계 각국에서 한류 열풍이 불면서 한국 문화를 선도적으로 알리는 데 한국어와 국어교육의 역할이 중요해지고 있습니다. 뿐만 아니라 국어를 학습하는 중요한 시기에 있는 초중고 학생들의 언어 능력과 문해력에 대한 우려의 목소리가 커지면서 국어교사의 중요성이 더욱 필요해지고 있습니다.

국어교사
국어교육과

따라서 국어교사는 대한민국의 공용어인 국어를 가르치는 사람으로, 학습자가 국어를 매개로 자아를 인식하고 타인과 교류하며 국어 활동을 통해 다양한 문화를 이해할 수 있도록 돕는 직업입니다. 학습자에게 폭넓은 언어 경험을 쌓도록 도와 일상생활과 학습에 필요한 실직적인 언어 능력을 기를 수 있게 가르치고, 이를 통해 학습자는 더 깊이 있는 사고와 효과적인 소통, 발전적인 문화 창조 능력을 갖출 수 있게 합니다. 나아가 이를 위해 교육과정에 제시된 성취기준과 효과적인 교수학습 방법 및 평가 방향을 연구하여 다양한 학습자에게 적합한 수업을 진행하여 자신의 말이나 글에 책임지는 태도를 갖추고, 바람직한 인성과 공동체 의식을 기름으로써 언어 교육의 목적을 달성할 수 있게 돕습니다.

국어교사가 하는 일은?

국어교사의 역할은 먼저 언어교육의 목표와 내용을 분석하고, 지역 및 학교, 학습자의 특성에 맞게 구체화하는 것입니다. 또한 교육과정을 고려해 교과서를 중심으로 학습 특성에 적합한 교재를 구성하며, 이를 통해 언어 교육의 목표, 다른 교과와의 관련성, 교육의 질과 양, 속도에 관한 프로그램을 설계합니다.

다음으로 설계한 프로그램을 토대로 단원의 학습 목표에 맞추어 학습의 특성 및 개별 학습자의 사전 지식 및 기능, 태도를 진단하여 학습자의 특성에 맞는 학습 목표와 학습방법을 결정하게 됩니다. 이후 실제 수업을 진행하며 그 과정을 통해 학습자 평가와 수업평가를 하고, 그 결과를 확인합니다. 결국 국어교사는 학생들의 국어 사용 양상을 관찰하고 진단하여 학생 스스로 국어 사용에 관한 자신의 문제점을 깨달을 수 있도록 돕는 역할을 합니다. 이로 인해 학생은 효과적으로 듣고, 말하고, 읽고, 쓸 수 있는 언어 능력이 향상될 수 있습니다. 또한 문학작품을 생산하고 다양한 인간의 삶을 이해하며 바람직한 가치관과 태도를 가질 수 있도록 수업하고 학생을 상담합니다.

교육현장에서 국어교사는 듣기, 말하기, 읽기, 쓰기, 국어 지식, 문학 등의 국어 교과 내용을 국어 생활, 화법, 독서, 작문, 문법, 문학 등으로 나누어 가르칩니다. 이를 위해 언어 표현과 창작 실습을 지도하고, 교과서 및 시청각 자료 등 다양한 학습 자료를 활용하여 수업을 진행합니다. 이후 운영 결과를 평가하고, 학생의 생활 태도와 진로 선택을 지도하며, 이 과정을 취합하여 학교생활기록부에 기록합니다.

> » 듣기, 말하기, 읽기, 쓰기, 국어 지식, 문학의 영역으로 구성되며 구체적으로 국어 생활, 화법, 독서, 작문, 문법, 문학 등을 교육합니다.
> » 국어사용의 실천적 능력을 신장시키기 위해서 언어표현과 창작 실습을 지도합니다.
> » 교과서 및 시청각자료 등 다양한 학습 자료를 활용하여 수업을 진행합니다.
> » 과제를 내주고 결과를 검토 및 지도합니다.
> » 시험을 출제하고 학생의 성적을 평가합니다.
> » 학생의 생활 태도와 진로 선택을 지도하며, 이 과정을 취합하여 학교생활기록부에 기록합니다.

Jump Up

한국어 강사에 대해 알아볼까요?

요즘 국내 대학의 어학당에 한국 문화와 한글을 배우려는 외국인이 늘고 있고, K-POP의 영향으로 한국어의 인기가 점점 높아지고 있음을 알 수 있어요.

한국어 강사는 한국어교원으로도 불리며, 한국어를 모국어로 사용하지 않는 외국인과 다문화가정을 대상으로 한국어를 가르치는 사람을 말해요. 어디에서 한국어를 가르치느냐에 따라 한국어 강사, 한국어교원, 한국어 교육지도사 등으로 나뉘어요. 자격을 갖추기 위한 교사 임용고시는 없으며, 학교에서 국어를 가르치는 '초등학교 및 중고등학교 국어 정교사'와도 구분되어요.

한국어교원이 되려면 국가자격증인 한국어교원 자격증을 취득해야 해요. 자격은 1, 2, 3급으로 구분되며 학위과정(대학, 학점은행제)과 비학위과정(양성 과정)이 있고, 학위과정은 1, 2급, 비학위과정은 2, 3급 자격증을 취득할 수 있어요. 국어국문과 등 한국어 전공자에게는 영역별 필수 학점을 이수할 경우 별도의 시험 없이 한국어교원 2급 자격이 주어지고, 비전공자는 국립국어원에서 지정한 교육기관에서 120시간의 한국어교원 양성 과정을 수료한 뒤 한국어교육능력검정시험을 통과해야 3급의 자격이 부여되어요. 3급 자격을 취득한 뒤 한국어 교육 경력 5년 이상, 강의 시간 2,000시간 이상의 경력을 쌓으면 2급 자격을 신청할 수 있어요. 한국어 강사는 주로 대학의 부설 어학원이나 평생 교육원, 복지관 등에서 한국어를 전문적으로 지도할 수 있어요. 수강생이 대부분 외국인이므로 한국 생활에 대한 상담을 하거나 도움을 제공하여 한국 문화를 이해할 수 있도록 돕는 활동도 병행하게 되어요.

국어교사

커리어맵

- 교육부 www.moe.go.kr
- 창의인성교육넷 www.crezone.net
- 에듀넷 www.edunet.net
- 학교 알리미 www.schoolinfo.go.kr
- 교육과정평가원 hwww.kice.re.kr
- 한국교육개발원 www.kedi.re.kr
- 국어교육학회 www.koredu.net
- 국어문화학교 edu.korean.go.kr
- 국립국어원 www.korean.go.kr

- 언어 능력 키우기
- 교육에 대한 역량 및 책임감 기르기
- 교육관련 동아리 활동
- 국어 교육 관련 멘토링 활동
- 국어 교육 관련 학과 탐방
- 국어 교육 관련 직업 체험 활동
- 국어교육 관련 독서 활동

- 공감능력
- 배려심
- 리더십
- 갈등관리 능력
- 의사소능 능력
- 문제 해결 능력
- 상황대처 능력

적성과 흥미

관련기관

준비방법

관련학과

- 국어교육과
- 국어국문학과
- 한국어교육학과
- 문예창작학과
- 교육학과
- 국어국문학전공

국어교사

흥미유형

관련교과

- 국어
- 영어
- 정보
- 한문

- 사회형
- 탐구형

관련자격

관련직업

- 중등학교
  1급·2급 정교사

- 교감, 교장
- 장학사
- 교육연구사
- 교구 및 교재 개발자
- 입학사정관
- 학원강사
- 교육행정가

적성과 흥미는?

국어에 관한 지식은 물론 다양한 방법으로 가르칠 수 있는 교수 능력이 필요합니다. 이를 위해서는 학습자가 흥미를 느끼고 몰입하여 유의미한 언어 사용 경험을 쌓을 수 있도록 학습자의 수준, 관심과 흥미, 적성과 진로, 언어와 문화 배경에 대한 개인차를 다각적으로 이해할 수 있는 공감 능력이 요구됩니다. 또한 학생들과 함께 생활하면서 발생할 수 있는 다양한 문제를 해결하기 위해 성실성, 의사소통 능력, 문제 해결 능력, 상황대처 능력을 함께 갖추고 있다면 더욱더 좋습니다.

더하여 중등교사는 청소년기의 학생들을 대하므로 솔직하고 도덕적인 성격, 다른 사람들과 즐거운 관계를 유지하기 위한 협조적 태도를 갖추는 것이 중요합니다. 또한 학생들의 욕구나 느낌에 민감하게 반응하고, 이들을 이해하고 도와주는 등 타인에 대한 배려심을 갖추는 것도 포함할 수 있습니다. 질풍노도의 시기인 청소년기 학생들을 올바른 길로 이끌고 바람직한 삶의 자세를 일깨워주기 위해서는 책임감과 리더십이 무엇보다 필요한 덕목입니다.

국어교사 커리어맵

관련 직업은?

중등학교 국어교사, 교육청 장학사, 교육부 행정가, 교육학 연구원, 교육기관 연구원, 신문기자, 방송작가, 출판 관련 직업, 시인, 작가, 공연예술가 등

관련 학과 및 자격증은?

→ 관련 학과 : 국어교육과, 한국어교육과, 국어국문학과,
　　　　　　　문예창작과, 국제한국어교육학과, 글로벌한
　　　　　　　국어과, 한국어문학과 등

→ 관련 자격증 : 중등학교 1·2급 정교사, 사서, 독서논술
　　　　　　　　지도사, 언어치료사, 평생교육사 등

진출 방법은?

중등학교 국어교사가 되기 위해서는 대학교나 대학원에서 중등학교 2급 정교사 자격증을 취득해야 합니다. 그러기 위해서는 사범계열 국어교육학과를 졸업하거나 비사범계열 관련 학과인 경우는 재학 중 교직 과목을 이수하거나 졸업 후라면 교육대학원에 진학하여 석사 학위를 취득해야 합니다.

2급 정교사 자격증 취득 후 각 시도 교육청에서 시행하는 '국공립 중등학교 교사 임용 시험 후보자 선정 경쟁시험(교원임용 시험)'에 합격해야 합니다. 교원 임용 시험은 매년 11~12월에 시행되며, 시험 내용은 필기, 논술, 면접 등으로 이루어집니다. 사립 중고등학교의 교사가 되려면 2급 정교사 자격증을 취득하되 교원 임용 시험에 합격하지 않아도 됩

니다. 결원이 생기면 각 학교별로 채용 공고를 내고, 학교장의 제청에 따라 이사회의 의결을 통해 채용합니다. 최근 사립학교 교사 채용은 채용의 투명성 및 공정성 제고를 위해 희망 법인을 대상으로 위탁채용을 실시하는 방향으로 변화하고 있습니다. 사립학교 법인으로부터 위탁받아 공립학교교사 임용시험과 동일하게 1차 필기시험을 실시하고, 선발 인원의 5배수 이내로 합격자를 결정하여 법인에 통보 후 최종합격자는 법인별로 시행하는 2차 시험을 거쳐 채용을 결정하게 됩니다. 출산 및 육아휴직 등으로 일정 기간 휴직하는 교사를 대체하기 위한 기간제교사의 경우에도 교원 임용 시험의 합격 여부와 관계없이 중등학교 2급 이상 정교사 자격증이 있다면 채용 가능합니다.

미래 전망은?

국어교육학과 졸업 후에는 교육 분야를 비롯하여 다양한 진로로의 진출이 가능합니다. 국어교사로의 진출 외에도 국어교육학과 졸업자는 교육 연구 분야 및 교육 기관, 교육 단체에서 연구원으로 일할 수 있습니다. 국어교육학과 졸업자는 교육 기획 분야에서도 일할 수 있습니다. 국어 교육에 대한 지식과 노하우를 바탕으로 새로운 교육 프로그램을 개발하는 일이 가능합니다. 국어교육학과 졸업자는 언론인으로도 일할 수 있습니다. 국어 교육의 전문성을 바탕으로 교육 관련 분야에 대한 리포트나 논설을 쓰는 작업 등에 많은 기회가 제공됩니다. 국어교육학과 졸업자는 교육과 관련한 다양한 공무원으로 일할 수 있습니다. 교육부나 교육청에서 교육기획관, 교육행정관, 교육지원관 등으로 일할 수 있습니다. 취업현황을 보면, 국어교육학과 졸업자의 대부분이 교사나 교육 연구 분야에서 근무하며, 교육 연구 분야에서는 측정·평가 연구나 교육대학원 지도 등이 일반적입니다.

향후 전망으로는 정부의 교육 정책이 바뀌거나 사회적 분위기에 따라 수요가 변동될 수 있지만, 항상 국어 교육 분야는 중요한 분야를 유지해 왔습니다. 따라서 국어교육학과 졸업자는 교육 분야에서 높은 전문성과 인문학적 영역에서 갖춘 미적 감각, 논리성 등을 토대로 높은 수준

의 창의성과 능력을 가진 복잡한 사회 환경에서 존재감을 발휘할 수 있으며, 교육 분야를 인간다움, 공존, 협력의 범주에서 선도할 수 있는 가능성이 높습니다.

국어교사의 고용에 있어서 영향을 미치는 긍정적인 요인으로 교육부는 공교육의 내실화를 목표로 교원 1인당 담당 학생 수를 줄이기 위한 노력을 지속해 왔습니다. 이에 교원 1인당 학생 수는 꾸준히 감소하는 추세입니다. 또한 베이비부머 세대들의 퇴직이 시작되고 있고, 육아휴직을 하는 교사들이 증가하고 있기 때문에 이는 신규 일자리 창출에 긍정적인 영향을 미칠 것으로 보입니다. 반면 부정적 영향으로는 저출산 현상으로 인하여 학령인구가 점차 줄어들고 있고, 이는 향후 중·고등학교 교사 수 감소에 큰 영향을 미칠 것으로 전망되고 있습니다. 휴직 교원이나 결원 교원에 대한 대책으로 신규 임용보다는 계약제 교사로 보충하는 경향이 증가하고 있습니다. 교육부는 매년 과목별 교원 수요 변동, 교원증원 상황 등을 반영하여 임용 시험을 통해 선발할 중등교사의 수를 정하고 있는데, 교사에 지원하는 사람은 많고, 신빌 인원은 제한되어 있어 중등교사로 취업하는데 경쟁이 매우 치열할 것으로 예상됩니다.

Jump Up

인문과학연구원(언어학연구원, 교육학연구원)에 대해 알아볼까요?

인문과학연구원은 철학, 역사학, 언어학, 교육학, 심리학 등 인문과학 분야의 전문지식을 바탕으로 연구 활동을 하며, 인문과학에 대한 개념, 이론 및 운영 기법을 개발하고, 각종 현안에 대해 조사 분석해 정책 입안을 지원하며, 학술적 논문이나 보고서를 작성하는 일을 해요. 연구 분야에 따라 언어학연구원, 교육학연구원, 철학연구원, 역사학연구원, 심리학연구원 등으로 구분해요.
이 중 언어학연구원은 특정한 언어의 구조와 변천, 발달을 연구하여 언어 사용자들의 언어생활을 향상시키는 일을 해요.
교육학연구원은 교육 문제의 개선과 발전을 위해 교육 제도, 교육 과정, 교수 방법, 교육 평가 등에 관한 체계적인 연구 활동을 하는 사람을 말해요.

국어교육과
국어교사 전공 분석

어떤 학과인가?

국어능력은 우리의 일상생활이나 학습 활동은 물론, 전문 직업 활동의 모든 분야에 필수적이고 핵심적인 기본 능력입니다. 그리고 한국어는 한국인의 과거와 현재, 그리고 미래를 연결해주는 핵심적인 소통의 통로이자 문화의 근원에 있습니다. 이러한 언어와 문화를 연구하고 교육하는 학과가 바로 국어교육과입니다. 우리말과 우리말로 된 문화유산을 연구하여 민족 문화를 창조적으로 계승하고 발전시키고, 국어 능력의 배양과 향상을 교육 목표로 하는 국어교육과는 국어 전문가 양성을 비롯하여 국어교육, 국어 문화와, 언론, 광고, 홍보, 출판, 창작 등 매우 다양한 분야에서 꿈을 펼칠 수 있는 기회를 만들 수 있는 학과입니다.

국제화, 다문화 시대의 핵심 요소는 바로 우리의 언어와 문화를 세계로 펼쳐 나가는 한편, 해외의 사고방식이나 문화도 원활하게 이해하며 소통하는 것이므로 국어교육과는 21세기 지식 정보 사회의 교육 현장에서 교육자로서의 전문적인 소양을 갖춘 유능하고 진취적인 국어교육을 이끌어 갈 국어교사를 양성하는 것을 목표로 합니다.

교육 목표와 교육 내용은?

올바르고 정확한 국어 사용 능력을 익히고, 다양한 한국 문학의 세계를 탐구하며, 학습자와 소통할 수 있는 전인적 교사를 양성합니다. 국어교과에 관한 전문적인 지식을 갖추고, 국어교과의 교수·학습 내용과 효과적인 교수·학습 방법을 익혀 적용할 수 있게 하고, 국어교육학의 연구 흐름을 파악하게 하여 국어교과 관련 교육 현장에 대한 지속적인 관심과 이해를 갖춘 인재의 양성에 그 목표가 있습니다.

국어교육 연구에 필요한 심화이론에 이르는데 필요한 다양하면서도 전문적인 과목을 학습하여 차세대 교육자로서 올바른 언어관과 문학관 그리고 교육관을 갖춘 교사를 양성합니다.

국어교육과에서는 국어와 국문학과 관련된 전공과목과 국어 과목을 가르치는 교육법을 공부합니다. 전공과목으로는 '현대어 문법, 중세어 문법, 현대 소설, 현대시, 고전산문, 고전시가, 국어사' 등을 배우며, 그 과목에 따른 교육론과 국어 교재 연구에 대한 강의를 수강합니다. 각 수업에서는 교수학습 지도안이나 학생 활동을 계획하기도 합니다.

또한 사범대학인 만큼 교직 과목을 이수하며 교육심리, 교육사회, 교육철학, 교육공학등과 같은 교육에 대한 여러 이론들과 학교 현장에서 필요한 교직 실무등을 공부합니다.

» 언어 교육을 위한 교과 내용과 이론을 바탕으로 교육 현장에 적용할 수 있는 언어지도 능력을 갖춘 인재를 양성합니다.
» 고전문학, 현대문학, 국어학의 교육 방법을 모색하여 특징, 발달 과정 등을 연구할 수 있는 인재를 양성합니다.
» 사명감이 투철하고, 바람직한 교육윤리 의식을 갖춘 인재를 양성합니다.
» 언어 교육에 대한 능동적이고, 유연한 대처능력을 지닌 인재를 양성합니다.
» 우리말과 우리글에 대한 긍지와 애정을 지닌 교육인을 양성합니다.

학과에 적합한 인재상은?

중·고등학교에서 배우는 국어 관련 여러 과목을 즐겨 공부했거나, 책 읽는 것을 좋아하고 우리 문화와 예술에 관심과 흥미가 있다면 이 학과의 문을 두드려 볼 만합니다. 국어학에 대해 배우므로 언어적 구조를 공부할 수 있는 기본적인 언어 감각과 논리적 사고력, 분석력을 갖추면 도움이 됩니다. 또, 문학 작품을 비평적으로 읽고 분석하는 능력도 필요합니다. 물론 국어교육을 전공하고자 하는 학생이기에 언어와 문학에 대한 관심과 소질이 있어야 하며, 인문·사회교육 분야도 공부한다면 정치, 경제, 사회, 문화 등 다양한 분야에 관심을 가져두는 것이 좋습니다.

무엇보다도 바람직한 중·고등학교 교사 양성에 목적이 있으므로 누군가를 가르치는 것이나 사람에게 애정을 가질 수 있어야 합니다. 상대방에 대한 배려와 공감, 이해 능력이 높으면 도움이 됩니다. 작가, 웹문화콘텐츠, 국어 관련 연구직 등 국어 전공을 바탕으로 미래를 꿈꾸는 학생 분만 아니라 교육 계열 공무원을 진로로 생각하는 학생도 관심을 가지고 꾸준히 노력한다면 유리합니다.

관련 학과는?

한국어교육과, 국어국문과, 국어국문·창작학과, 문예창작학과, 국어국문학과, 국제학부(글로벌한국어학과), 국제한국어교육과, 국어국문한국어교육과, 국제한국어학과, 글로벌복지한국어학과, 글로벌한국어과, 글로벌한국어전공, 다문화복지한국어학과, 인문학부 한국어문화전공, 인문학부 국어국문학전공 등

주요 교육 목표

국어에 대한 기초 지식과
실제적인 언어 능력을 갖춘
교육인 양성

교과 지식, 지도·평가 방법 등을
교육 현장에 적용할 인재 양성

이론과 실천 능력을 겸비한
국어교사 양성

투철한 사명감과 건전한 윤리
의식을 갖춘 언어교사 양성

투철한 사명감과 건전한
윤리 의식을 갖춘 국어교사 양성

외국의 문학, 철학, 예술 등
다양한 분야에 식견을 갖춘
인재 양성

진출 직업은?

교사, 교수, 장학사, 독서 및 논술지도사, 사회 및 기업교육자, 교육행정직 공무원, 교재 및 교구 개발원, 입학사정관, 문화예술계 종사자, 시인, 소설가, 전통문화·예술인, 문화·문명 비평가, 방송·언론인, 출판·편집인, 홍보·광고 제작자, 방송기사, 번역가, 평론가, 학원 강사 등

취득 가능 자격증은?

☑ 중등학교 2급 정교사
☑ 평생교육사 등

추천 도서는?

- 2022 개정 국어과 교육과정을 담은 국어 교육의 이해
  (사회평론아카데미, 최미숙)
- 우리말 문법론(집문당, 고영근)
- 언어 이론과 그 응용(한국문화사, 김진우)
- 가르칠 수 있는 용기(한문화, 파커 J. 파머, 이종인 역)
- 내 문장이 그렇게 이상한가요?(유유, 김정선)
- 생각, 세 번(지식과감성, 김교상)
- 멋진 신세계(소담출판사, 올더스 헉슬리, 안정효 역)
- 뼛속까지 내려가서 써라
  (한문화, 나탈리 골드버그, 권진욱 역)
- 떠먹는 국어문법
  (쏠티북스, 서울대 국어교육과 페다고지 프로젝트)
- 에밀(책세상, 장자크 루소, 황성원 역)
- 독서 교육론(역락, 천경록)
- 한글의 최전선, 지구촌 한글학교 스토리
  (푸른사상, 박인기)
- EBS 교육 인사이트 학교 속 문해력 수업
  (EBS BOOKS, 박제원)
- 교사 어떻게 되었을까?(캠퍼스멘토, 한승배)

학과 주요 교과목은?

기초 과목	국어학개론, 국문학개론, 학교문법론, 고전시가교육론, 현대소설교육론, 국문학사, 국어사, 언어와 언어교육, 한국현대문학사, 국어과교육과정 및 평가론, 문학교육론 등
심화 과목	음운교육론, 현대소설작품지도론, 고전소설교육론, 현대시교육론, 시가작품지도론, 희곡·연희지도론, 문학비평론, 국어통사교육론, 산문교육론, 의미교육론, 현대시작품지도론, 매체언어교육론, 독서교육론 등

졸업 후 진출 분야는?

기업체	방송국, 출판사, 대기업 및 공기업, 방송국, 학습지 관련 업체 등
연구소	각 시도교육청, 교육부, 외교부, 해외문화홍보원, 출입국 심사관, 국립국어원 등
정부 및 공공 기관	한국교육개발원, 한국교육과정평가원, 국어연구기관, 한국교육정책연구소, 언어학 연구원 등

🔍 전공 관련 선택 과목은?

▶ 국어, 영어 교과는 모든 학문의 기초적인 성격을 가진 도구교과로 모든 학과에 이수가 필요하여 생략함.

수능 필수	화법과 언어, 독서와 작문, 문학, 대수, 미적분Ⅰ, 확률과 통계, 영어Ⅰ, 영어Ⅱ, 한국사, 통합사회, 통합과학, 성공적인 직업생활(직업)		
교과군	선택 과목		
	일반 선택	진로 선택	융합 선택
수학, 사회, 과학	사회와 문화, 현대사회와 윤리	동아시아 역사 기행, 윤리와 사상, 인문학과 윤리	사회문제 탐구, 윤리문제 탐구
체육·예술			
기술·가정/정보	정보		
제2외국어/한문	한문	한문 고전 읽기	언어생활과 한자
교양		인간과 철학, 인간과 심리, 교육의 이해	논술

학교생활기록부 관리는?

출결 사항	• 출결사항에 미인정 출결사항이 없도록 관리하세요. 미인정 기록이 있으면 인성 및 성실성에서 부정적인 평가를 받을 가능성이 있어요. • 학교폭력과 관련된 내용이 있을 시 대학 입학에 불이익이 있으니 출결 및 학적사항에 기록되지 않도록 하세요.
자율·자치활동	• 다양한 교내 활동에서 자기주도적 참여를 통해서 전공 분야에 대한 학업역량, 진로역량 등이 드러나도록 하세요. • 교과서 배운 내용에 대해 호기심을 가지고 학교 프로그램을 통해 지식을 확장, 심화하는 모습을 학교생활기록에 기록될 수 있도록 하세요.
동아리활동	• 교육관련 동아리를 만들어 멘토링 및 교육관련 프로젝트 활동에 참여를 통해서 국어교육 전공에 대한 준비를 하세요. • 학교 교육계획에 의해 수행하는 봉사활동에 주도적으로 참여하여 공동체 역량을 함양하고 느낀점과 그 과정을 기록해 보세요.
진로 활동	• 국어 및 교육관련 분야의 직업 정보 탐색 활동을 권장해요. • 국어교육 관련 학과 홈페이지 탐색 및 고등학교에서 진행하는 대학 체험 활동에 참여해보세요. • 국어교육과에서 최근 연구 분야 및 시사 문제 탐색 활동을 통해서 자신의 학업 역량, 진로 역량, 공동체 역량 등이 나타날 수 있도록 하세요.
교과학습 발달상황	• 국어와 관련된 교과 성적은 상위권으로 유지시키고, 관련 교과 수업에서 학업역량, 진로 역량, 공동체 역량이 발휘될 수 있도록 수업에 적극 참여하세요. • 교과 시간에 배운 내용에 대한 호기심을 교사 및 스스로에게 연계 질문하고 새로운 문제 해결 방법을 학교 프로그램 및 교과 연계 독서를 활용하여 탐구하고 그 내용이 기록되도록 하세요.
독서 활동	• 인문학, 철학, 역사, 교육관련 다양한 분야의 책을 읽으세요. • 문학 및 비문학, 교수학습방법 및 에듀테크 관련 독서 활동을 통해서 국어교육 관련 기본적인 지식을 쌓는 것이 중요해요.
행동 발달 특성 및 종합 의견	• 창의력, 문제 해결 능력, 의사소통 능력, 협업 능력, 리더십, 발전 가능성, 전공 적합성 등이 드러날 수 있도록 하세요. • 자기주도성, 경험의 다양성, 성실성, 나눔과 배려, 학업 태도와 학업 의지에 대한 자신의 장점이 학교생활기록부에 기록되도록 관리하세요.

기술이 빠르게 발전하는 미래에도 교사는 필요할 것인가?

➡ 우리나라의 직업군은 대체로 400여개로 분류된다고 하는데, 그 중에서 AI의 자동화로 대체될 확률이 높은 직업군은 단순하고 반복적이거나 정교함이 떨어지고 사람과 소통하는 일이 낮은 분야라고 합니다. 이런 상황에서 인공지능과 로봇, 빅데이터를 활용한 정보의 활용 등이 일상화되는 시기에 '과연 교사가 필요할 것이냐?'라는 고민이 필요한 시점입니다.

➡ 그러나 전문가들은 아무리 인공지능이 인간을 대신해도, 인간의 윤리적 선택의 문제를 인간만큼 잘 해결하지 못할 것이라고 말합니다. 더군다나 학교와 교사들은 인간을 교육하고, 그러한 교육은 인간들에게 올바른 윤리적 선택을 가능하게 하기 때문에 교사는 필요할 것이라 예상하고 있습니다.

➡ 또한 우리가 살아가는 지구촌에는 언제나 불평등, 불공정이 존재하고 있고, 그것들에 대한 비판의 강도가 점점 높아지고 있지만, 이를 쉽게 해결하기란 쉽지 않습니다. 더욱이 인공지능 시대에는 자본과 정보, 기술의 독점으로 국가 간, 지역 간, 개인 간의 다양한 영역에서 편차를 보이며 경제적 불평등이 심화될 것입니다. 따라서 약소국가, 소수민족, 경제적 빈곤층, 소외계층 등에 대한 배려는 더 필요할 것입니다. 우리의 교육 현장에서도 예외가 아닙니다. 교육에서도 소외된 자와 뒤처진 자 중심의 불평등 문제는 언제나 바람직한 해결방법이 과제였습니다. 그러한 교육 불평등을 극복해 나가는 것 또한 조화로운 인간 중심 교육이, 학교와 교사들에 의하여 이루어질 때 가장 효과적이기 때문에 교사는 미래사회에도 꼭 필요할 직업인 것입니다.

기술교사란?

기술교육은 현대 사회를 살아가는데 필수적인 기술적 지식, 태도 및 능력을 길러주기 위한 일반 교육입니다. 기술교사는 중고등학교에서 산업 사회에서 가장 중요한 기계, 전자, 컴퓨터 등의 기술을 연구하여 가르쳐주는 직업입니다. 구체적으로는 기술학(the study of technology)에 기초한 제조기술, 건설기술, 수송기술, 정보통신기술, 생명기술의 공학 기술에 관한 전반적인 기초 입문의 이해와 실천적 학습을 돕습니다.

기술과목 내에서 제조는 제조의 역사 및 금속재료 및 품질, 용도, 신제품, 기계 제도, 계산식 등의 내용이고, 건설은 토목 등 건설과 관련된 기초 과목을 배우고, 측량, CAD 등 이동수단 구조 및 건설 관련된 기술 등의 내용을 가르칩니다. 수송은 수송운송과정 및 형태에 따른 수송수단, 기관, 물동량, 수송 방안, 유통 등이고, 정보 통신은 정보통신의 역사 및 전기전자, 통신기술, 서비스, 구조, 망,

기술교사
기술교육과

부호화, DB, C언어, 논리회로 등의 내용 등으로 구성하여 가르칩니다.

추가적으로 기술교사는 기술적 교양을 가르치는 것뿐만 아니라 현대 사회에서 필요한 역량과 사고, 방법론 그리고 사회를 보는 인문학적 견해까지도 교육하는 역할을 합니다.

한편 현재 교원자격제도에는 교육과목이 기술과 가정이 나뉘어 있고 중등교원임용시험에서도 기술과 가정을 분리해 교원을 선발하고 있으나, 교육현장에서는 중고등학교의 교과목이 기술·가정이므로 기술 교사가 가정 영역을 지도하거나, 가정 교사가 기술 영역을 지도하는 경우도 있습니다.

기술교사가 하는 일은?

기술교사는 산업사회의 요구에 대해 지속적으로 공부하며 학생들에게 기술학 전반에 대한 이론 및 실험실습 교육을 제공함으로써 학생들이 실생활에서 꼭 필요한 실무 능력을 배양할 수 있도록 돕습니다. 우선 중고등학교 에서 실천적이고 문제 해결적인 학습 활동을 통하여 기술적 이해 능력, 기술적 조작 능력, 기술적 문제 해결 능력, 기술적 평가 능력 등을 길러 학생들이 기술적 소양(technological literacy)을 갖도록 교육 내용을 구성합니다. 지역과 학교 및 학생들의 요구와 눈높이에 맞추어 교육 내용을 강의 및 실습, 체험 등의 방법으로 활용해 계획하고, 실행하여 그 결과를 도출해내고 평가합니다. 이를 위해 교과서 외에도 시청각 자료, 컴퓨터와 인터넷 매체 등 다양한 교수학습 방법과 자료를 활용할 수 있어야 합니다.

종합적으로 기술교사는 학습자들의 공학적 소양을 함양하여 해당 분야의 심화된 진로로 확장될 수 있도록 역할을 하고, 교육자로서 학생들의 진로 지도 및 상담이나 생활지도를 실시하여 교육생활에 반영하는 일도 함께 수행합니다. 그렇게 하기 위해서는 교사들 간에 기술교육관련 정보 및 학습자료 공유, 연수를 통한 전문성 신장, 다양한 기술교육 관련 행사 참여 등의 노력이 필수적으로 요구됩니다.

> » 각 분야에 관련된 전문기술을 실험·실습을 통하여 습득하게 함으로써 실기 능력 배양에 중점을 둡니다.
> » 교과서 및 시청각자료 등 다양한 학습 자료를 활용하여 수업을 진행합니다.
> » 학생의 생활 태도와 진로 선택을 지도하며, 이 과정을 취합하여 학교생활기록부에 기록합니다.
> » 학생 교육 및 안전과 관련된 학습 지도, 생활 지도, 행정 업무를 수행합니다.
> » 시험을 출제하고 학생의 성적을 평가하며, 최소한의 성적을 달성하지 못한 학생들을 위해 보충 학습을 진행합니다.
> » 학생의 사고를 촉진하는 다양한 발문을 통해 상호작용이 활발한 학습 환경을 구축하고, 학생이 능동적으로 수업에 참여할 수 있도록 합니다.

Jump Up

왜 'STEM'(과학·기술·공학·수학) 교육이 필요할까?

교육은 사회가 나아가야 할 방향을 제시하는 나침반 역할을 담당합니다. 세계적인 추세로 볼 때 최근 STEM교육의 중요성이 대두되고 있습니다. STEM은 과학(Science), 기술(Technology), 공학(Engineering), 수학(Mathematics)을 지칭하는 약어로, 2001년 미국 국립과학재단(NSF)이 이를 채택하면서 널리 알려지게 되었습니다. 정의하자면 기존 교육 시스템에서는 각각의 학문 분야를 독립적으로 가르치는 것이 일반적이었지만, 상호 연관된 현대 사회의 문제를 해결하는 데에는 어려움이 있었습니다. 그에 따라 과학, 기술, 공학, 수학이라는 핵심 분야를 통합적으로 가르치는 것이 실제 현실 세계의 문제를 효과적으로 해결하는 데 필요한 능력을 키울 수 있다는 인식이 확산되면서 STEM에 대한 관심이 커졌다고 할 수 있습니다. 이를 통해 현재 학교에서는 이론과 실제를 연결하는 STEM교육을 통해 학생들에게 실제 발생할 수 있는 문제를 해결하는 능력과 창의적 사고력을 개발하는 데 필수적인 경험을 제공하기 위해 노력하고 있습니다.

기술교사

커리어맵

- 교육부 www.moe.go.kr
- 창의인성교육넷 www.crezone.net
- 에듀넷 www.edunet.net
- 학교 알리미 www.schoolinfo.go.kr
- 교육과정평가원 www.kice.re.kr
- 한국교육개발원 www.kedi.re.kr
- 한국기술교육학회 www.ktea.or.kr
- 국가과학기술연구회 www.nst.re.kr

- 해당분야의 지식 및 역량 익히기
- 기술 및 과학 분야 최신 이슈 관련 신문 및 독서 활동
- 타인과 합리적인 의사소통 능력 함양하기
- 기술교육 관련 학과 탐방
- 기술교육 관련 직업 체험 활동

- 공감능력
- 배려심
- 리더십
- 성실성
- 통찰력
- 분석적 사고
- 의사소통 능력
- 상황대처 능력

관련기관

준비방법

적성과 흥미

관련학과

- 기술교육과
- 기술·가정교육과
- 건설공학교육과
- 기계공학교육과
- 전기전자통신교육과
- 화학공학교육과
- 농업교육과

기술교사

흥미유형

관련교과

- 수학
- 과학
- 기술·가정
- 정보

- 사회형
- 탐구형
- 진취형
- 현실형

관련자격

관련직업

- 중등학교
  1급·2급 정교사

- 장학사
- 초중고등학교교사
- 교육행정사무원
- 교재 및 교구 개발자
- 입학사정관

적성과 흥미는?

기술교사가 되기 위해서는 먼저 기술과 관련된 과목이나 분야에 관심이 많고, 흥미를 느껴야 합니다. 특히 과학, 수학 등의 이공계 기초 과목을 공부하는 것을 좋아해야 합니다. 논리적 사고 능력, 수리력, 사물을 예리하게 관찰할 수 있는 능력을 갖춘 사람에게 더 유리합니다. 또한 교사로서 학생들을 만나고 가르치는 일에 흥미가 있고, 그에 맞는 적성과 품성이 있어야 합니다. 기술교사도 생활 지도, 진로 지도, 학급 담임, 교과 지도에 있어서 가르치는 역할 외에도 학생들을 존중하고 공감하려는 기본적인 자세가 중요하기 때문입니다. 그리고 공학과 기술에 대한 호기심과 적성을 바탕으로 기본적인 과학적 상식도 필요합니다. 또한 교양으로 가르치는 기술은 단순히 공학 기술뿐만 아니라 그 기술의 인간적·사회적·환경적 영향을 탐구하므로 인문학적인 공부도 해야 합니다. 따라서 기술교육과는 다양한 교양, 공학 기술 지식, 교육학적 지식 등의 다소 융합적인 연구에 관심이 있거나 소질이 있다면 효과적일 것입니다.

마지막으로 실험실습을 할 때 학생들에게 시범을 보여야 하므로 기능적인 수행 능력과 더불어 실패하더라도 꾸준히 도전하고, 시도해 보는 끈기와 인내심도 필요합니다.

기술교사
커리어맵

Jump Up

기술·가정은 기술교육과 가정교육을 병행하고 있는 것인가요?

기술·가정의 병행은 2003년부터 시행된 7차 교육과정이 1999년에 고시되면서, 국민공통 10개 기본교과가 지정되고, 기술·가정이 고등학교 1학년의 필수 교과로 병합되면서부터에요. 그러나 기술과 가정은 학문의 근본부터 다른 교과이며, 기술·가정교육과는 기술과 교육, 가정과 교육의 두 가지 교과 교육 성격을 동시에 지니고 있어요.

기술교육에서는 기술학이라는 지식 체계에 근거한 교양 교육으로서 실천적이고 문제 해결적인 학습 활동을 통하여 학생들이 기술적 소양을 갖도록 기술적 이해 능력, 기술적 조작 능력, 기술적 문제 해결 능력, 기술적 평가 능력 등을 길러요. 반면 가정과 교육에서는 가정학의 지식 체계에 근거한 교양 교육으로서 개인과 가족, 사회 그리고 이들과 관련된 환경의 상호 작용에 관심을 가지고, 건강한 개인 및 가정생활을 영위하고 이웃과 더불어 생활하며 궁극적으로는 전체 사회 구성원의 삶의 질을 향상시킬 수 있는 능력의 함양에 중점을 두고 있어요.

또한, 교원양성 과정에서도 대부분 기술교육과 가정교육으로 분리해서 양성하고 있으며, 임용시험조차도 기술과 가정을 분리하여 선발하고 있어요. 이처럼 전혀 다른 성격의 교과임에도 불구하고 교사로 임용이 되면 중고등학교에서 기술교과와 가정교과가 '기술·가정'이라는 하나의 과목으로 묶여있어 서로 전공하지 않은 교과를 가르치고 있는 실정이에요.

진출 방법은?

사범계열의 기술교육과를 졸업하면 중등교사 2급 정교사 자격증을 취득하고, 대부분이 임용 시험을 치르거나 사립학교 채용 방법에 따라 중고등학교에서 기술교사로 임용되어 일하게 됩니다.

비사범계열의 관련 학과를 졸업한 경우에는 교직 이수를 하거나 교육대학원에 진학하여 석사 학위를 취득함으로써 중등교사 2급 정교사 자격증을 취득할 수 있습니다. 그리고 기술교사를 하면서 자기 계발과 공부를 더하여 장학사, 장학관, 연구관 등으로 교육청과 교육부에서 근무할 수도 있고, 대학원에 진학해 박사 학위를 취득하여 연구원, 교수로도 진출이 가능합니다. 기술 교과가 아니더라도 본인의 희망에 따라 관련 공학 분야나 교육과 관련된 직업을 선택하는 경우도 있습니다.

관련 직업은?

가정교사, 기계교사, 재료교사, 전기전자교사, 화학공업교사, 농림축산 전문교사, 수산해운 전문교사, 장학사, 교육행정직 공무원, 교재 및 교구 개발원, 입학사정관, 학원 강사 등

관련 학과 및 자격증은?

➡ 관련 학과 : 기술교육과, 건설공학교육과, 기계공학교육과, 전기전자통신공학교육과, 화학공학교육과 전기공학과, 전기제어공학과, 전자재료공학과. 건설공학과 등

➡ 관련 자격증 : 중중등학교 1급·2급 정교사, 교과별 해당 자격증(기계, 건축, 전기, 전자, 통신 등)

미래 전망은?

기술 교과는 다른 사범계열 학과와는 달리 임용 시험 경쟁률이 비교적 낮아 기술교사로 임용되는 비율이 높은 편입니다. 구체적으로 말해, 매년 기술 임용 시험 선발 인원이 100명인 선(최근 3년간)을 보이고, 전국의 기술교육과가 있는 4개 대학(충남대, 한국교원대, 세한대, 공주대)의 졸업생은 80여 명이므로 수요와 공급이 비슷한 구조입니다. 복수 전공 학생, 교육대학원생, 임용 재수생 등이 같이 지원하기 때문에 실제 임용 경쟁률은 3:1 정도 됩니다.

또한 앞으로 제4차 산업혁명 시대의 기술은 변화무쌍하게 발전하고 있습니다. 중·고등학교 학생들에게는 기술적 교양이 더더욱 필요하기 때문에 기술을 가르치는 교사의 진출 전망은 긍정적으로 보입니다. 여전히 기술교사는 가르치는 일의 전문성과 흥미로움, 임용 경쟁력이 높은 편이라 학과 전망은 밝은 편입니다. 기술에 대한 공학적·인문학적 흥미, 학생들에 대한 관심과 배려가 있는 학생들을 가르치는 보람 있는 직업을 준비하는데 좋은 기회를 제공하는 학과로 판단됩니다.

기술교육과
기술교사 전공 분석

어떤 학과인가?

기술교육과는 중·고등학교 기술교사(기술 가정교과의 기술 영역)가 되기 위한 사범계열 학과로 기술학(the study of technology)에 기초한 제조기술, 건설기술, 수송기술, 정보통신기술, 생명기술의 공학 기술에 관한 전반적인 이해와 실천적 학습을 통하여 유능한 기술교사, 기술교육 전문가를 양성하는 학과입니다.

따라서 전공과목은 정보 통신 기술, 제조 기술, 건설 기술, 수송 기술, 생명 기술, 디자인 및 발명 교육 등을 중심으로 한 전반적인 공학 기술 내용과 문제 해결 방법론을 공부합니다. 아울러 기술교사로서 필요한 기술을 잘 가르치기 위한 기술 교육론, 기술 교수·학습법 등의 교과 교육학 과목을 공부합니다.

기술교육과에서는 교육학 분야와 전공 분야를 심도 있게 다루어 기술 교사로서 전문 교과 지식을 갖출 수 있도록 돕습니다. 교육학 분야로는 일반 교육학과 기술교과 교육학을 다루며, 기술교과로는 제조 기술, 건설 기술, 수송 기술, 통신 기술, 생명 기술 등에서 현대와 미래의 핵심 기술 내용을 다루게 됩니다. 또한, 다양한 교육시설을 이용하여 여러 가지 실험·실습을 통해 장차 한국 기술교육을 이끌어 갈 선도적인 기술 교사의 양성을 목표로 합니다.

교육 목표와 교육 내용은?

기술교육과는 중·고등학교에서 현대 사회를 살아가는데 필수적인 기술적 지식, 태도 및 능력을 길러주기 위한 일반적 기술 교육을 담당하는 기술 교사 양성을 목적으로 합니다. 교육학 분야와 기술학 전공 분야를 심도 있게 다루어 기술 교사로서 교육과 전공 교과 지식을 갖추고, 여러 가지 실험·실습을 통해 미래 기술교육을 이끌어 갈 선도적인 기술 교사를 양성합니다.

기술교육과의 교육목표는 4차 산업혁명시대를 살아가는데 필요한 기술적 소양을 갖추게 하고, 기술교사에게 요구되는 지식과 실습 능력을 키워 유능한 기술교사로 성장할 수 있도록 도우며, 교단에 섰을 때 제자들로부터 존경받을 수 있는 교사로서의 인성과 자질을 갖추게 하는 것입니다. 폭넓은 교양과 건전한 가치관을 소유하여 사명감 있는 교육자로서의 자질과 급변하는 정보 사회 및 산업분야의 폭넓은 기술을 습득하여, 21세기의 인재양성을 책임질 수 있는 창의적이고 능동적인 중등학교 기술교사 양성에 중점을 두고 있습니다.

기술교육과에서는 4년 동안 교육학 분야와 전공 분야를 심도 있게 다루어 기술 교사로서 전문 교과 지식을 갖추게 하기 위해 다음과 같은 교육을 합니다.

교육학 분야로는 일반 교육학과 기술교과 교육학을 다루며 기술교과 내용학으로는 제조 기술, 건설 기술, 수송 기술, 통신 기술, 생명 기술 등에서 현대와 미래의 핵심 기술 내용을 배웁니다. 또한, 다양한 교육시설을 이용하여 여러 가지 실험·실습을 통해 장차 한국 기술교육을 이끌어 갈 선도적인 기술 교사에게 요구되는 여러 가지 체험을 합니다.

» 시대의 흐름에 맞춘 기술 교육을 통하여 국가 경쟁력에 기여할 수 있는 인재를 양성합니다.
» 현장에 필요한 인력이 될 수 있도록 교육하고 훈련할 수 있도록 돕는 전문교육인을 양성합니다.
» 산업 사회의 변화에 따른 직업 기초 능력과 기술력을 갖춘 교사를 양성합니다.
» 급속도로 변화하는 학교 사회에서도 그 변화의 흐름을 주도적으로 이끌 수 있는 역량을 지닌 인재를 양성합니다.
» 21세기 인재양성을 책임질 창의적이고 문제해결 능력을 갖춘 기술교사를 양성합니다.
» 전인적 인격을 함양하고 국가발전에 기여할 수 있는 기술교사를 양성합니다.

학과에 적합한 인재상은?

기술교사가 되기 위해서는 먼저 학교 공부를 충실하게 하는 것이 중요합니다. 전문성과 실력을 갖춘 기술교사가 되려면 고등학교 과정에서 교육과정의 성실한 이수와 성취를 보여줄 수 있어야 하고, 기술교육과를 입학하기 위해서도 어느 정도 수준의 학업 성취를 보여야 합니다. 동아리 등의 교과 외 활동은 발명, 디자인씽킹, 메이커 교육, 문제 해결, 프로젝트 등의 팀프로젝트를 하는 등의 연구 경험이 도움이 됩니다.

과학과 수학 등 이공계 과목에 관심이 많고, 가르치는 일에 흥미를 가진 학생이라면 유리합니다. 사물을 예리하게 관찰하는 능력이나 논리력, 사고력, 분석력, 창의성을 가진 학생, 첨단 기술 및 정보 매체를 활용할 수 있는 능력을 갖추는 것도 필요합니다. 그리고 교사로서의 품성과 청소년기의 학생을 따뜻하게 배려하고 공감하는 경험이 무엇보다도 우선되어야 합니다.

현대 사회를 살아감에 있어 필수적으로 요구되는 기술적 역량을 교육하는 역할이므로 교육 및 기술과 관련된 봉사 활동이 큰 도움이 될 수 있습니다. 무엇보다도 기술교사도 사람을 중심으로 한 공학 기술, 문제 해결을 배우고 가르치므로 다양한 청소년기의 경험도 필요합니다.

관련 학과는?

기술·가정교육과, 가정교육과, 건설공학교육과, 기계교육과, 전기·전자·통신교육과, 전자공학교육과, 화학공학교육과 등

주요 교육 목표

기술교육을 통한
국가 경쟁력 기반을
구축할 수 있는 인재 양성
- - - - - - - - - - - - - - - -
기술교육의 기초 능력과
향상된 기술력이 조화롭게
형성된 인재 양성
- - - - - - - - - - - - - - - -
첨단 기술 및 정보 매체를
기술교육에 활용 가능한
주도적 능력을 갖춘 인재 양성
- - - - - - - - - - - - - - - -
현장에서 필요한 인력을
교육하고 훈련하는 인재 양성
- - - - - - - - - - - - - - - -
학교 및 지역, 국가의
기술적 변화를 촉진하는
주도적인 인재 양성
- - - - - - - - - - - - - - - -
학생의 발달적 특성을 이해하고,
적합한 기술교육을 수행하는
교육적 인재 양성

진출 직업은?

국공립사립 중등교사, 대학교수, 교육학 연구원, 교육행정사무원, 교재 및 교구 개발자, 기업체 연구원 및 기술직, 직업능력개발훈련교사, 학원 강사 등

 ### 취득 가능 자격증은?

☑ 중등학교 2급 정교사
☑ 평생교육사 등

추천 도서는?

- 에듀테크의 미래(책밥, 홍정민)
- 세상을 뒤바꿀 미래기술 25
  (이데일리, 이데일리 미래기술 특별취재팀)
- 실험 KIT로 쉽게 배우는 아두이노로 코딩배우기
  (광문각, 이진우)
- 아두이노를 이용한 IoT 디바이스 개발 실무
  (광문각, 박현준)
- 과학 영재를 만드는 아두이노 교실
  (에이콘출판, 최재철)
- 스크래치 프로그래밍으로 배우는 창의설계 코딩
  (광문각, 박신성)
- Z세대를 위한 학습자 중심교육 진짜 공부를 하다
  (미디어숲, 박희진)
- 세상을 만드는 글자, 코딩(동아시아, 박준석)
- 프로그래머 수학으로 생각하라
  (프리렉, 유키 히로시, 안동현 역)
- 모두의 알고리즘 with 파이썬(길벗, 이승찬)
- 물리학자의 은밀한 밤 생활
  (더숲, 라인하르트 렘포트, 강영옥 역))
- 공학의 눈으로 미래를 설계하라
  (해냄출판사, 연세대학교 공과대학)
- 교사생활 월령기(에듀니티, 경기교육연구소)
- 공부의 미래(한겨레출판사, 구본권)
- 기술의 시대(한빛비즈, 브래드 시미스, 이지연 역)

학과 주요 교과목은?

기초 과목	공업물리, 공업수학, 미래설계상담, 설계제도, 공업역학, 정보기술실습, 창의공학설계입문, 기술교육론, 교육과 컴퓨터 등
심화 과목	기술교육 최신 동향, 컴퓨터프로그래밍, 생물기술, 컴퓨터기술, 교육통계와 전산자료분석, 기계기술, 발명과 특허, 지속가능발전과 기술교육, 건설기술, 인터넷기술 실습, 전기기술, 제조기술, 기술교육실천사례, 목재가공 실습, 열유체공학, 토목기술, 수송기술, 전자기술, 교육 로봇기술, 융합기술최근동향, 건설재료 및 시공학, 에너지와 동력, 정보통신기술 등

졸업 후 진출 분야는?

기업체	학원, 방송국, 출판사, 공기업, 학습지 및 교재 개발업체, 교구 개발업체 등
연구소	한국교육개발원, 한국교육과정평가원, 한국교육학술 정보원, 한국장학재단, 한국교육정책연구원, 한국공학 교육인증원 등
정부 및 공공 기관	각 시도교육청, 교육부 등
교육계	국립·공립·사립 초등학교, 특수학교 등

전공 관련 선택 과목은?

▶ 국어, 영어 교과는 모든 학문의 기초적인 성격을 가진 도구교과로 모든 학과에 이수가 필요하여 생략함.

수능 필수	화법과 언어, 독서와 작문, 문학, 대수, 미적분Ⅰ, 확률과 통계, 영어Ⅰ, 영어Ⅱ, 한국사, 통합사회, 통합과학, 성공적인 직업생활(직업)		
교과군	선택 과목		
	일반 선택	진로 선택	융합 선택
수학, 사회, 과학	대수, 미적분Ⅰ, 확률과 통계, 현대사회와 윤리, 물리학, 화학, 생명과학, 지구과학	기하, 미적분Ⅱ, 역학과 에너지, 전자기와 양자	수학과제 탐구, 윤리문제 탐구, 기후변화와 지속가능한 세계, 과학의 역사와 문화, 기후변화와 환경생태, 융합과학 탐구
체육·예술			
기술·가정/정보	기술·가정, 정보	로봇과 공학세계, 인공지능 기초, 데이터 과학	창의 공학 설계, 지식 재산 일반, 소프트웨어와 생활
제2외국어/한문			
교양	생태와 환경	인간과 심리, 교육의 이해	

학교생활기록부 관리는?

출결 사항	• 출결은 학생으로서 당연히 해야 하는 의무를 책임감 있게 수행하고 있는가를 판단하는 중요한 자료입니다. 미인정 출결사항이 있으면 부정적인 평가를 받을 수 있으니 미인정 출결이 없도록 관리하세요. • 학교폭력과 관련된 내용이 있을 시 대학 입학에 불이익이 있으니 출결 및 학적사항에 기록되지 않도록 하세요.
자율·자치활동	• 다양한 교내 활동에서 자기주도적 참여를 통해서 전공 분야에 대한 학업역량, 진로역량 등이 드러나도록 하세요. • 학교 생활 속에서 불편한 점을 찾아 개선하기 위한 활동에 적극적으로 참여하여 문제를 해결하는 모습을 보여주세요.
동아리활동	• 선생님들의 교수학습방법을 비교 분석하여 장단점을 알아보는 탐구활동을 진행하고 다양한 선행연구를 통해 자신의 생각을 정리하여 발표해 보세요. • 다양한 에듀테크를 활용한 교수학습방법에 대해 관심을 가지고 이를 동아리 활동에 적극 활용하여 장단점에 대해 발표하고 이를 학교생활기록부에 기록될 수 있도록 하세요.
진로 활동	• 기술교육 관련 직업 정보 및 미래 전망, 관련 자격증에 대해 탐색하고 이를 위해 필요한 역량을 학교 교육 과정에서 함양할 수 있도록 노력해 보세요. • 관련 학과 홈페이지 및 시사 문제 탐색하여 최근 이슈에 대해 관심을 가지고 심화 탐구하여 진로시간에 발표해보세요.
교과학습 발달상황	• 수학 및 과학, 기술 관련된 교과 성적은 상위권으로 유지시키고, 관련 교과 수업에서 학업역량, 진로 역량, 공동체 역량이 발휘될 수 있도록 수업에 적극 참여하세요. • 교과 시간에 배운 내용에 대한 호기심을 교사 및 스스로에게 연계 질문하고 학교 프로그램 및 교과 연계 독서를 활용하여 탐구하고 그 내용이 기록되도록 하세요.
독서 활동	• 기술, 과학, 컴퓨터, 공학, 교육관련 다양한 분야의 책을 읽으세요. • 4차 산업혁명, IT 관련, 인공지능, 교수학습방법 및 에듀테크 관련 독서 활동을 통해서 기술교육 관련 기본적인 지식을 쌓는 것이 중요해요.
행동 발달 특성 및 종합 의견	• 대인관계 능력과 문제 해결 능력, 의사소통 능력 및 비판적 사고 역량 등이 드러날 수 있도록 해요. • 학교생활에서 경험의 다양성, 성실성, 나눔과 배려, 학업태도와 학업의지에 대한 장점이 기록되도록 관리해야 해요.

미술교사와 음악교사는 어떤 차이가 있을까요?

미술교사와 음악교사는 모두 예술 교육을 통해 학생들의 창의력과 감성을 개발하는 역할을 해요. 학생들이 각자의 예술 분야에서 기술과 지식을 습득하고, 자신의 감정과 생각을 표현하는 능력을 키우도록 지도해요. 두 교사 모두 비판적 사고와 예술적 감상 능력을 함양시키는 데 중점을 두지요. 차이점으로 미술교사는 시각적 매체와 재료를 사용하여 학생들의 시각적 창의력과 미적 감각을 발달시키는 반면, 음악교사는 소리와 리듬을 통해 학생들의 청각적 능력과 음악적 소양을 키우는 역할을 해요.

미술교사란?

미술교사는 학생들에게 미술을 통한 자기 표현, 창의적 사고, 문화적 이해를 포함한 다양한 역량을 개발하도록 지도합니다. 미술교사의 역할은 학생들이 미적 감수성과 시각적 소통 능력을 키우는 것을 넘어, 창의적이고 융합적인 사고를 할 수 있도록 격려하는 데에 있습니다. 이는 학생들이 자신의 내면적 세계를 탐구하고, 다양한 문화적 맥락에서 자신의 위치를 이해하는 데 중요한 기초를 마련해줍니다. 따라서, 미술교사의 역할은 단순히 기술을 가르치는 것을 넘어서, 학생들이 복잡한 현대 사회에서 의미있는 삶을 영위할 수 있도록 지원하는 데에 있습니다.

2011년 미국의 오바마 대통령 시절 발표된 '예술 교육으로 재투자' 보고서는 예술 교육의 중요성을 강조합니다. 이 보고서는 현대 사회가 요구하는 인재상에 대해 언급하며, 기술과 지식을 넘어서는 생산적이고 혁신적인 능력의 필요성을 강조합니다. 특히, 창의적이고 상상력이 풍부한 인재의 양성에 있어 예술 교육의 역할을 강조하며, 창의성을 계발하는 최선의 방법으로 예술 교육을 지목합니

미술교사
미술교육과

다. 이러한 관점은 예술 교육이 단순한 기술의 전달을 넘어서, 학생들의 전인적 성장과 사회적 역량 개발에 기여할 수 있다는 인식을 반영합니다. 호주의 한 학교에서 진행된 예술교육 프로그램은 이러한 인식을 실천으로 옮긴 사례 중 하나입니다. 예술가, 교사, 학생이 협력하여 진행된 이 프로그램은 학생들에게 상상력, 자기 주도적 학습, 표현력, 공감 능력 등 다양한 역량을 강화시켰습니다. 더 나아가 학생들은 사회적 책임감과 같은 더 큰 가치관을 형성하는 데에도 도움을 받았다고 합니다. 이는 예술 교육이 개인의 내면적 성장뿐만 아니라, 사회적 관계와 커뮤니티에 대한 긍정적인 기여를 할 수 있음을 보여줍니다.

미술은 자신의 느낌과 생각을 시각적으로 표현하는 수단으로서, 개인과 사회 간의 소통을 용이하게 합니다. 또한, 시대의 문화를 기록하고 반영하는 매개체로서, 과거의 이해와 새로운 문화 창조에 기여합니다. 이는 미술이 단순한 예술 활동을 넘어서, 인간과 사회의 복잡한 관계를 이해하고 탐구하는 중요한 도구임을 의미합니다. 미술교사는 예술 교육을 통해 학생들이 자신과 세계를 보다 깊이 있게 탐색할 수 있도록 돕는 전문가입니다.

미술교사가 하는 일은?

미술교사는 바른 인성과 문화적 소양을 갖춘 창의적인 인재를 양성합니다. 학생들이 미술활동을 통해 느낌과 생각을 표현하면서 자신의 감정을 이해하게 하고, 시각적 이미지를 매개로 소통하며 타인의 감정과 서로에 대해 공감함으로써 자연스럽게 인성을 함양할 수 있도록 하는 역할을 합니다. 또한 다양한 시각적 작품을 창조하고 여러 분야와 융합함으로써 미적 가치를 창출하는 능력을 길러주는 일을 합니다.

> » 미술 교과의 핵심 역량인 미적 감수성, 시각적 소통 능력, 창의·융합적 능력, 미술 문화에 대한 이해, 자기 주도적 미술 학습 능력 등을 학생들에게 가르칩니다.
> » 학습자 체험 중심의 활동이 이루어질 수 있도록 생활 또는 타 분야 등과 연계·융합하여 수업을 계획합니다.
> » 관찰학습, 조사학습, 체험학습, 반응중심학습, 탐구학습, 프로젝트, 협력학습 등을 활용하여 수업을 진행합니다.
> » 수업을 설계한 후 운영한 결과를 평가하고 학생의 생활 태도와 진로 선택을 지도하며, 이 과정을 취합하여 학교 생활기록부에 기록합니다.
> » 시험을 출제하고 학생의 성적을 평가하며, 최소한의 성적을 달성하지 못한 학생들을 위해 보충학습을 진행합니다.
> » 학생교육 및 안전과 관련된 학습 지도, 생활지도, 행정 업무를 수행합니다.

미술교사는 일반적으로 공립학교에서는 교사의 경력과 교육 수준에 따라 정해진 공무원 급여 체계를 따르며, 사립학교나 학원 등에서는 기관의 정책과 계약 조건에 따라 결정됩니다. 미술교사의 근무환경은 창의력과 예술적 감각을 발휘할 수 있는 공간으로, 다양한 미술 도구와 재료를 이용해 수업을 진행합니다. 학교 내 전용 미술실에서 학생들과 함께 작품을 만들며, 시각적 소통과 창의적 표현을 중심으로 한 교육 활동이 이루어집니다.

Jump Up

미술심리치료사 직업에 대해 알아볼까요?

미술심리치료사는 미술활동을 통해 내담자의 감정과 생각을 표현하게 하여 심리적 스트레스를 완화할 수 있도록 돕는 직업이에요. 병원, 학교, 복지관 등에서 개인이나 집단에 대한 상담을 진행하며, 다양한 미술 활동을 통해 내담자의 문제를 분석하고 자아 성장을 촉진해요. 치료 과정과 결과를 기록하고 분석하여 다음 치료 계획 수립과 협의에 활용해요. 활동하는 사람들의 전공도 미술학과, 심리학과, 교육학과, 재활학과, 아동학과 등으로 다양해요.

미술교사
커리어맵

관련기관

- 교육부 www.moe.go.kr
- 창의인성교육넷 www.crezone.net
- 에듀넷 www.edunet.net
- 학교 알리미 www.schoolinfo.go.kr
- 교육과정평가원 www.kice.re.kr
- 한국교육개발원 www.kedi.re.kr
- 국립현대미술관 www.mmca.go.kr
- 한국미술협회 kfaa.or.kr

준비방법

- 미술 실력 향상
- 교육에 대한 역량과 책임감 강화
- 미술 및 예술 관련 독서활동
- 미술관련 동아리 활동
- 미술 관련 전시회 참가
- 미술 관련 직업체험 및 학과 탐방

적성과 흥미

- 미술에 대한 열정
- 미술 실기교육에 대한 이해
- 미술 작품 관련 경험
- 창의력
- 유연한 사고
- 책임감
- 성실성
- 문제 해결 능력
- 의사소통 능력
- 공감 능력

관련학과

- 미술교육과
- 미술학과
- 공예과
- 도예과
- 동양학과
- 디자인과
- 조소과
- 조형학과
- 미술디자인학부
- 미술심리치료전공

미술교사

흥미유형

- 예술형
- 사회형

관련교과

- 국어
- 영어
- 미술

관련자격

- 중등학교 1·2급 정교사
- 평생교육사
- 아동미술지도사
- 미술심리상담사
- 미술치료사
- 컬러리스트
- 학예사

관련직업

- 교육청 장학사
- 교육학 연구원
- 교육부 행정가
- 교육연구기관 연구원
- 학예사
- 미술심리치료사
- 아동미술상담사
- 문화예술교육사
- 광고기획자
- 화가
- 조각가
- 웹디자이너
- 일러스트레이터

적성과 흥미는?

미술교사는 예술적 감각과 더불어, 미술에 대한 깊은 이해와 실기 능력이 필수적입니다. 이는 회화, 조소, 디자인 등 다양한 미술 분야에 대한 전문 지식과 함께, 실제 작품 제작 경험을 통해 습득할 수 있습니다. 미술교사로서 학생들에게 영감을 주고, 그들의 창의력을 자극하기 위해서는 자신만의 예술적 경험과 실력을 바탕으로 한 명확하고 창의적인 표현 능력이 요구됩니다. 이러한 능력은 학생들이 미술을 통해 자신의 감정과 생각을 자유롭게 표현할 수 있도록 하는 데 중요한 역할을 합니다. 미술교사로서 성공하기 위해서는 단순히 예술적 재능을 넘어서, 다양한 사회문화 현상과 예술, 사상, 관련 기술에 대한 폭넓은 관심과 유연한 사고방식을 갖추어야 합니다. 이는 미술 수업을 단순한 기술 전달의 장이 아닌, 학생들이 다양한 관점에서 세상을 바라보고, 비판적으로 사고하며, 창의적인 해결책을 모색할 수 있는 공간으로 만드는 데 필수적입니다. 또한, 이러한 다양한 관점은 미술교사가 학습자의 개별적인 특성과 학교의 여건, 수업 환경에 맞춰 유연하게 교육 프로그램을 설계하고 진행할 수 있는 능력을 키우는 데 도움이 됩니다.

교육자로서의 열정과 흥미 역시 미술교사가 갖춰야 할 중요한 자질입니다. 가르침에 대한 사랑과 학생들에 대한 깊은 애정은 미술교사가 지속적으로 자기 개발을 추구하고, 교육 현장에서 발생하는 다양한 도전과 문제에 대해 인내심을 가지고 대처할 수 있는 원동력이 됩니다. 이러한 열정은 학생들에게도 전달되어, 그들이 미술 학습에 보다 적극적으로 참여하고, 자신의 잠재력을 최대한 발휘할 수 있는 환경을 조성합니다.

마지막으로, 미술교사는 예술형과 사회형 성격의 조화를 이루는 이상적인 직업군에 속합니다. 창의적인 작업을 수행하는 동시에, 학생들과의 개인적인 교류를 통해 그들을 가르치고, 도와주며, 상담해주는 역할을 수행합니다. 이는 미술교사가 단순히 예술 지식을 전달하는 것을 넘어서, 학생들의 성장을 돕고, 그들이 사회의 건강한 구성원으로 성장할 수 있도록 지원하는 중요한 사명을 가진다는 것을 의미합니다. 따라서, 이러한 적성과 흥미를 가진 사람들은 미술교사라는 직업에서 큰 만족과 성취감을 느낄 수 있을 것입니다.

미술교사
커리어맵

관련 학과 및 자격증은?

➡ 관련 학과 : 미술교육과, 미술학과, 공예과, 도예과, 동양학과, 디자인과, 조소과, 조형학과, 미술디자인학부, 미술심리치료전공 등

➡ 관련 자격증 : 중등학교 1급·2급 정교사, 아동미술지도사, 미술심리상담사 등

진출 방법은?

중등학교 미술교사가 되기 위해서는 대학교나 대학원에서 미술교육과를 졸업하거나, 비사범계 회화과, 조소과 등의 전공을 선택하며 교직과목을 이수하는 것입니다. 이 과정을 통해 중등학교 2급 정교사 자격증을 취득할 수 있습니다. 특히, 사범계열의 미술교육과에서는 미술과 교육에 관련된 깊이 있는 이론과 실기를 겸비한 교육을 받게 되며, 비사범계 학생들도 교직과목을 이수함으로써 교사로서 필요한 기본적인 자질과 능력을 갖출 수 있습니다. 이러한 과정은 미술교사가 되기 위한 필수적인 기초를 마련해줍니다.

또한, 교육대학원에 진학하여 석사 학위를 취득하는 것도 중등 미술교사가 되기 위한 하나의 경로입니다. 대학원 과정에서는 미술교육에 대한 보다 심화된 학습과 연구를 진행하며, 교육적 역량을 한층 더 발전시킬 수 있습니다. 교생실습은 이론과 실기를 겸비한 교육 과정의 일환으로, 대학교 4학년 1학기에 주로 진행됩니다. 이 실습을 통해 예비 미술교사는 중·고등학생을 대상으로 실제 수업을 진행해보며, 교과목의 교수·학습 방법을 배우고, 현장 경험을 쌓는 기회를 가집니다. 이 과정을 통해 미술교사로서의 자질과 역량을 갖추는 데 필수적인 실무 경험을 얻을 수 있습니다. 국공립 중등학교 미술교사가 되려면 중등학교 2급 정교사 자격 취득 후 매년 11~12월에 각 시도 교육청에서 시행하는 '국공립중등학교 교사 임용후보자 선정경쟁시험(교원 임용시험)'을 통과해야 합니다. 사립 중·고등학교는 결원이 있을 때 채용 공고가 나며, 채용 절차에 따라 별도의 임용시험을 치른 후 사립 중·고등학교의 학교장 제청에 따라 이사회 의결을 통해 채용합니다. 최근 사립학교 교사 채용은 채용의 투명성 및 공정성 제고를 위해 희망 법인을 대상으로 위탁채용을 실시하는 쪽으로 변화하고 있습니다. 학교 내 특별한 승진 체계는 없지만 '평교사→부장교사→교감→교장'의 단계를 밟을 수 있다. 1급 정교사 자격을 취득하려면 교원으로 임용된 후 3년 이상의 교육 경력을 가지고 소정의 재교육을 받거나, 교육대학원 또는 교육부장관이 지정하는 대학원 교육과에서 석사 학위를 받고 1년 이상의 교육 경력이 있어야 합니다. 또한 일정 이상의 교육 경력이 되면 시험을 통해 장학사나 교육연구사 등으로 진출할 수도 있습니다.

관련 직업은?

웹디자이너, 미술심리치료사, 아동미술상담사, 교육청 장학사, 교육학 연구원, 일러스트레이터, 교육부 행정가, 교육연구기관 연구원, 학예사, 문화예술교육사, 광고기획자, 화가, 조각가 등

미래 전망은?

당분간 미술교사의 고용률은 현 수준을 유지하거나 다소 감소할 전망입니다. 중등교사의 고용에 영향을 미치는 요인으로는 학생수 감소와 교육 정책의 변화 등을 꼽을 수 있는데, 이는 긍정적·부정적 영향을 모두 미칠 것으로 보입니다. 먼저 교육부가 공교육의 내실화를 목표로 교원 1인당 학생수를 줄이기 위한 노력을 지속하고 있으며, 최근 들어 청소년의 예술 경험과 예술 교육의 중요성에 대한 인식이 높아지고 있다는 것이 긍정적인 영향입니다. 특히 수능 교과목 중심의 교육에서 벗어나 문화 예술의 향유와 경험이 자존감을 향상시키고 창의적 사고의 원동력이 된다는 것에 대한 공감대가 높아지고, 아름다움에 반응하는 감성과 자기표현 능력이 필수적 요소로 주목되면서 예술 교육에 관한 관심도 커지고 있습니다.

반면, 부정적 영향으로는 사범대학 등 중등 교원양성기관을 통해 배출되는 인력은 증가하는 데 반해 중등학교 학생수는 급격히 줄어들고 신규 채용 예정 교원수는 제한되어 있다는 것입니다. 교육부는 매년 과목별 교원 수요 변동, 교원 증원 상황 등을 반영하여 임용시험으로 선발할 중등교사의 수를 정하고 있습니다. 교사를 지원하는 사람은 많고, 선발인원은 제한되어 있어 미술교사로 취업하는 데 경쟁이 치열할 것으로 예상됩니다.

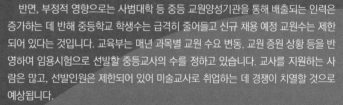

Jump Up

미술학과와 미술교육과는 어떤 차이가 있을까요?

미술학과는 주로 미술 작품의 창작과 이론을 중심으로 학습하며, 학생들은 개인의 예술적 기술과 표현력을 발전시키는 데 중점을 두지요. 반면, 미술교육과는 미술의 창작과 이론뿐만 아니라, 이를 어떻게 가르칠 것인가에 대한 교육 방법론과 교육 실습을 포함한 교육과정을 제공해요. 미술교육과를 졸업하면 미술을 전달하고 가르치는 방법을 배우기 때문에 미술교사나 교육자로서의 역량을 갖출 수 있어요.

미술교육과
미술교사 전공 분석

어떤 학과인가?

　제4차 산업혁명 시대가 도래하면서 인공지능과 같은 기술 혁신이 사회 전반에 걸쳐 파급효과를 일으키고 있습니다. 이러한 변화의 중심에는 미술이 자리 잡고 있으며, 미술은 현대 사회에서 빼놓을 수 없는 중요한 역할을 하고 있습니다. 새로운 제품과 서비스가 끊임없이 쏟아져 나오는 이 시대에, 미술은 이들을 사용자에게 더욱 친숙하고 이해하기 쉬운 방식으로 전달하는 데 중요한 역할을 합니다. 뿐만 아니라, 미술 활동을 통한 다양한 감각의 경험은 학생들의 인지 발달과 창의성, 그리고 정서적 이해력을 키우는 데 큰 도움을 줍니다. 이는 미술이 단순히 예술적 가치를 넘어서 교육적, 심리적 측면에서도 중요함을 보여줍니다.

　이에 따라 미술교육과는 미술교육에 필요한 전문적인 지식과 기술을 배울 수 있는 교육 과정을 제공합니다. 이 과정은 학생들이 창의적이고 개성적인 조형 능력을 개발하고, 미술에 대한 깊이 있는 이해를 바탕으로 유능한 미술교육자로 성장할 수 있도록 설계되어 있습니다. 또한, 현대 사회에서 요구하는 미적 감수성과 창의성, 그리고 조형 능력을 갖춘 예술가를 양성하는 것을 목표로 합니다. 이런 교육과정을 통해 미술교육과 학생들은 미술의 본질을 이해하고, 다양한 미술 기법과 이론을 습득하여 미래 사회에 기여할 수 있는 인재로 성장할 수 있는 학과입니다.

교육 목표와 교육 내용은?

　미술교육과는 깊이 있는 미술 및 미술교육의 본질을 탐구하고, 이를 통해 유능한 미술교사로서 필요한 자질을 함양하는 데에 목표를 두고 있습니다. 이 과정에서 학생들은 미술과 관련된 다양한 교재연구 및 교수법을 학습함으로써, 미술교육의 이론과 실제를 겸비한 교육자로 성장할 수 있는 기반을 마련합니다. 또한, 학생들은 미술교육의 다양한 접근 방식과 기법을 이해하고, 이를 통해 창의적이고 비판적인 사고를 발달시킬 수 있는 역량을 갖추게 됩니다. 이러한 과정을 통해 학생들은 미술교육의 중요성과 가치를 인식하고, 다양한 교육 현장에서 활용할 수 있는 실질적인 능력을 개발할 수 있습니다.

　미술교육과는 미술사, 미술교육론, 아동미술교육연구, 조형교육연구 등의 깊이 있는 학문적 지식을 습득하며, 이를 바탕으로 한국화, 서양화, 디자인, 공예, 조소, 서예 등 다양한 영역에서의 실기 능력과 교수법을 익히게 됩니다. 이 과정에서 학생들은 미술의 여러 분야에 걸쳐 통합적이고 종합적인 이해를 구축하게 되며, 이를 통해 더 넓은 시각에서 미술교육을 바라보고 실천할 수 있는 능력을 키웁니다. 미술교육과의 교육목표는 단순히 미술기술의 전수에 그치지 않고, 미술을 통해 인간의 정서와 창의력을 키우는 데에 중점을 두고 있어, 학생들이 사회에서 요구하는 교육자로서의 역할을 충실히 수행할 수 있도록 준비시킵니다.

» 창의적 사고와 비판적 분석 능력을 겸비한 미술교사를 양성합니다.
» 다양한 미술 분야에 대한 깊이 있는 지식과 실기 능력을 갖춘 인재를 양성합니다.
» 미술교육의 이론과 실제를 통합적으로 적용할 수 있는 인재를 양성합니다.
» 학생들의 창의성과 정서 발달을 지원할 수 있는 미술교사를 양성합니다.
» 교육 현장에서 미술을 통한 학습 동기 부여가 가능한 미술교사를 양성합니다.
» 학생들의 개별화된 미술교육을 설계하고 실행할 수 있는 미술교사를 양성합니다.
» 국내외 미술교육의 최신 동향을 이해하고 이를 적용할 수 있는 인재를 양성합니다.

학과에 적합한 인재상은?

미술교육과를 준비하기 위해서는 미술 작품을 감상하고 창작하는 과정에서 즐거움을 느끼며, 다양한 미술 장르와 기법에 대해 탐구하고 싶은 욕구가 있어야 합니다. 또한, 자신만의 창의적인 아이디어를 시각적으로 표현하려는 의지가 중요하며, 이는 미술교육과의 학습 과정에서 큰 동기 부여가 됩니다. 미술에 대한 이러한 흥미는 미술교육과에서 다양한 실기와 이론 수업을 따라가는 데 필수적인 요소입니다. 적성 또한 미술교육과를 준비하는 데 중요한 요소입니다. 미술에 대한 기본적인 감각과 실기 능력은 물론, 학생들이 미술교육의 다양한 분야에서 성공적으로 활동하기 위해 필요한 기술을 개발하는 데 도움이 됩니다. 예를 들어, 소묘, 색채학, 조형감각 등은 미술교육과의 교육 과정에서 핵심적인 역량으로 간주됩니다. 따라서, 이러한 분야에 대한 자연스러운 적성과 관심이 있는 학생들은 미술교육과의 학습 과정을 보다 쉽게 따라갈 수 있습니다.

미술교육과는 교육에 대한 관심과 사명감도 중요합니다. 미술을 통해 타인에게 지식을 전달하고, 학생들의 창의력과 감성을 개발하는 데 기여하고자 하는 의지가 필요합니다.

관련 학과는?

응용미술교육과, 미술과, 미술학과, 미술·디자인학부, 고고미술사학과, 미술치료학과, 공예과, 공예디자인, GG디자인전공, ICT디자인학부, 건축실내디자인전공, 공간디자인학과, 공업디자인학과, 금속·주얼리디자인과, 디자인영상학부, 디자인예술학부, 디자인학과, 멀티미디어디자인전공, 미디어디자인학과, 산업디자인학과, 생활공간디자인학과, 시각디자인학과, 실내디자인학과, 융합디자인학과, 동양화과, 서양학과, 조소과, 한국화·서예학과, 회화과, 회회학과 등

진출 직업은?

중등학교 교사, 미술관 학예사 및 큐레이터, 박물관 학예사 및 큐레이터, 방송 및 영상산업미술감독, 미술심리치료사, 아동미술심리상담사, 문화예술교육사, 작가, 광고홍보사무원, 광고기획자, 만화가, 미술관장, 서예가, 시각디자이너, 웹디자이너, 일러스트레이터, 조각가, 조명디자이너, 화가, 미술품감정사 등

주요 교육 목표

창의적 사고와
비판적 분석 능력 함양

- - - - - - - - - - - - - -

심도 있는 지식 및
실기 능력 습득

- - - - - - - - - - - - - -

미술교육 프로그램
설계 및 실행

- - - - - - - - - - - - - -

미술교육 이론과
실천 능력 함양

- - - - - - - - - - - - - -

미술교육 방법론
연구 능력 함양

- - - - - - - - - - - - - -

현대 사회의 변화에 대응하는
미술교사 양성

취득 가능 자격증은?

☑ 중등학교 2급 정교사
☑ 평생교육사
☑ 문화예술교육사
☑ 미술심리치료사
☑ 아동미술지도사
☑ 실기교사
☑ 컬러리스트기사
☑ 클레이아트
☑ 학예사
☑ 피규어원형사
☑ GTQ일러스트 등

추천 도서는?

- 교사를 위한 아동미술교육의 이해
  (공동체, 백중열 외 1인)
- 오늘도 열심히, 미술 수업하러 갑니다
  (미진사, 조성희 외 2인)
- 교사를 위한 미술치료(학지사, 김소울 외 2인)
- 세상의 모든 미술 수업(창비교육, 유홍준 외 9인)
- 예비 미술교사를 위한 창의 교육
  (미진사, 쥬디스 W. 심슨, 김세은 역)
- 디자인 미술교육을 위한 색채(지식과감성, 이정아)
- 미술교육과 문화(학지사, 이주연 외 2인)
- 미술교육의 이해와 방법(예경, 임정기 외 2인)
- 미술교육의 기초(교육과학사, 류지영 외 4인)
- 미래교육 미술교육(교육과학사, 류지영 외 16인)
- 미술교육으로 삶·사회 가로지르기
  (교육과학사, 류지영 외 3인)
- 현대미술, 보이지 않는 것을 보여주다
  (미술문화, 프랑크 슐츠, 황종민 역)
- 문학과 예술의 사회사(창비, 아르놀트 하우저, 백낙청 역)
- 단숨에 읽는 현대미술사
  (시그마북스, 에이미 뎀시, 조은형 역)
- 서양회화사 : 조토에서 세잔까지
  (시공아트, 마이클 리비, 양정무 역)
- 알수록 다시 보는 서양 미술 100
  (미래타임즈, 차홍규 외 1인)
- 현대 미술의 개념
  (문예출판사, 니코스 스탠고스, 성완경 역)
- 한국의 미술과 문화(시공사, 안휘준)

학과 주요 교과목은?

기초 과목	표현기법, 소묘, 현대미술론, 미술과 교육과정 및 평가 방법, 한국화기법, 서양화기법, 디자인기법, 조소기법, 서양미술사, 미술교구학습방법, 서예, 한국미술사, 미술 교육론, 교육학개론, 교육철학 및 교육사, 교육과정, 교육 평가, 교육방법 및 교육공학, 교육심리, 교육행정 및 교육 경영, 생활지도 등
심화 과목	공예, 색채학, 미학, 판화, 동양미술사, 영상디자인론, 한국화연구, 서양화연구, 조소연구, 디자인연구, 문화 예술교육개론, 문화예술교육현장의 이해와 실습, 미술 교육프로그램개발, 컴퓨터디자인, 입체표현지도법, 평면 표현지도법, 미술감상비평론, 미술교육과 논리 등

졸업 후 진출 분야는?

기업체	방송국, 광고 회사, 컴퓨터 영상 제작 업체, 무대 세트 제작 업체, 미술관, 박물관, 미술 학원, 패션 디자인 업체, 건축 회사, 미술 관련 잡지사, 미술품 감정업체 등
연구소	미술사 연구 기관, 대한민국예술원, 사단법인 목우회, 한국미술경영연구소, 한국문화예술위원회, 한국문화원 연합회, 서울현대미술연구소 등
정부 및 공공 기관	국공립 중등학교, 대학교, 문화체육관광부, 한국콘텐츠 진흥원, 각 지역 문화재단, 국립 미술관 및 박물관, 한국 공예·디자인문화진흥원, 한국예술인복지재단 등

전공 관련 선택 과목은?

▶ 국어, 영어 교과는 모든 학문의 기초적인 성격을 가진 도구교과로 모든 학과에 이수가 필요하여 생략함.

수능 필수	화법과 언어, 독서와 작문, 문학, 대수, 미적분Ⅰ, 확률과 통계, 영어Ⅰ, 영어Ⅱ, 한국사, 통합사회, 통합과학, 성공적인 직업생활(직업)		
교과군	선택 과목		
	일반 선택	진로 선택	융합 선택
수학, 사회, 과학	세계사, 현대사회와 윤리	동아시아 역사 기행, 윤리와 사상, 인문학과 윤리	윤리문제 탐구
체육·예술	미술	미술 창작, 미술 감상과 비평	미술과 매체
기술·가정/정보			
제2외국어/한문			
교양		인간과 철학, 인간과 심리, 교육의 이해	

학교생활기록부 관리는?

출결 사항	• 미인정 출결 내용이 없도록 관리하세요. 미인정 출결 내용이 있으면 인성, 성실성 영역 등에서 부정적 평가를 받을 가능성이 높아요.
자율·자치활동	• 다양한 교내외 활동에서 자기주도적 참여를 통해서 미술과 교육분야에 대한 관심과 흥미, 창의적 문제 해결 능력, 의사소통 능력, 협업 능력, 발전 가능성 등이 드러나도록 하세요.
동아리활동	• 미술 및 예술, 교육 관련 동아리 활동 참여를 통해서 미술과 교육 관련 전공에 대한 준비를 하세요. • 가입동기, 본인의 역할, 배우고 느낀 점, 미술교육과 진학을 위해 기울인 활동과 노력이 나타날 수 있도록 참여하세요. • 학교내에서 타인을 위해 할 수 있는 지속적인 봉사 활동을 하세요. • 학교에서 주관하는 공연, 전시회, 또래 멘토링, 다문화 가정 학생 돕기 등 예술 및 교육과 관련된 봉사 활동을 하세요.
진로 활동	• 미술이나 교육 분야의 직업 정보 탐색 활동을 권장해요. • 미술 관련 기관 및 관련 학과 체험 활동이 무척 중요해요. • 미술이나 교육 분야에 대한 적극적 진로 탐색 활동을 통해서 자신의 진로 역량, 공동체 역량, 발전 가능성 등이 나타날 수 있도록 하세요.
교과학습 발달상황	• 국어, 영어, 미술 등 교육 및 예술과 관련된 교과 성적은 상위권으로 유지시키고, 관련 교과 수업에서 학업 역량, 진로 역량, 공동체 역량, 자기주도성, 문제 해결 능력, 창의력, 발전 가능성 등의 역량이 발휘될 수 있도록 수업에 적극 참여하세요. • 미술 및 교육 관련 분야의 교과 연계 독서 활동 내용이 기록되도록 하세요.
독서 활동	• 미술, 예술, 교육, 인문학, 철학 등 다양한 분야의 책을 읽으세요. • 미술이론, 미술실기, 교육 분야의 독서 활동을 통해서 미술교사의 기본적인 지식을 쌓는 것이 중요해요.
행동 발달 특성 및 종합 의견	• 창의력, 문제 해결 능력, 의사소통 능력, 협업 능력, 리더십, 발전 가능성, 진로 역량 등이 드러날 수 있도록 하세요. • 자기주도성, 경험의 다양성, 성실성, 나눔과 배려, 학업 태도와 학업 의지에 대한 자신의 장점이 생활기록부에 기록되도록 관리하세요.

유치원교사에 대해 알아볼까요?

➡ 유치원은 만 3세부터 취학 전 유아에게 알맞은 교육 환경을 제공하여 심신의 조화로운 발달을 이끌고, 기본 생활 습관 등을 교육하기 위해 설립·운영되는 교육 기관이에요.

➡ 유치원교사는 유치원에서 유아를 신체적·정신적 위험으로부터 안전하게 보호하고, 유아의 발달 특성에 따라 다양한 교수 방법을 활용하여 가르치는 일을 해요. 유아가 건강하고 안전한 생활 습관을 기를 수 있도록 개인위생과 안전에 대해 가르쳐요.

➡ 행사 참여하기 등의 활동을 통해 타인과 더불어 생활하는 태도 및 공동체 의식, 협동심을 함양할 수 있도록 지도해요. 또한 발표, 토의, 관찰, 실험, 조사, 견학, 발표회 등 유아가 직접 참여할 수 있는 다양한 수업 방법을 활용하여 유아가 자연 및 사회 현상에 대한 흥미와 폭넓은 이해력을 가질 수 있도록 돕고, 창의적 표현 능력과 심미감을 길러주는 역할을 해요.

보육교사란?

저출산 현상은 선진국으로 진입하는 모든 국가에서 나타나는 보편적인 현상입니다. 언론에서는 저출산 문제의 심각성을 보도하고 있고, 부모들은 출산 이후 아이를 맡길 곳이 없다는 현실을 지적하고 있으며, 정부에서는 다양한 저출산 대책을 발표하면서 보육 정책을 보완하는 데에 많은 노력을 기울이고 있는 실정입니다.

많은 부모들과 육아 문제에 대해 같이 고민하고, 든든한 지원군이 되어 주는 사람이 바로 보육교사입니다.

보육교사는 공공 어린이집, 사설 어린이집 등 탁아 기관에서 영·유아를 대상으로 양육의 보충적 역할을 함으로써 여러 가지 사정으로 인해 아이와 함께 있을 수 없는 부모들을 대신하여 아이들을 돌보고 교육까지 해 주는 사람입니다. 부모와 교사의 역할을 동시에 하기 때문에 힘들기도 하지만 또 그만큼 보람 있는 일이기도 합니다. 특히, 육아나 살림으로 경력이 단절된 여성들에게는 육아 경험

보육교사
아동보육학과

을 살릴 수 있는 만큼 더 유리한 직업이며, 여성이 많이 진출하는 직업이므로 여성 일자리가 많고, 교육 및 훈련을 받는 데 많은 시간
과 비용이 소요되지 않아 쉽게 취업이 가능하다는 점에서 여성들이 접근하기에 좋은 직업 중 하나입니다.

　보육교사란 말 그대로 유치원 취학 전의 영·유아들을 인솔·지도하고, 부모 외의 교우 관계나 올바른 인성을 형성하도록 지도하는
어린이집, 놀이방 등 아동 복지 시설의 선생님을 말합니다. 영·유아들의 가치관이나 습관이 형성되는 중요한 시기에 교육을 담당하기
에 보육교사의 역할은 매우 중요하다고 볼 수 있습니다.

보육교사가 하는 일은?

보육교사는 보육 시설에서 보호자의 위탁을 받은 만 5세 미만의 취학 전 아동을 건강하고 안전하게 보호하고 양육하며, 적합한 교육을 제공합니다. 영·유아의 성장과 발달 과정에 대한 이해 및 교육적 측면의 지식을 갖춘 전문가로서 영·유아의 신체적·사회적·정서적·지적 발달이 균형 있게 이루어질 수 있도록 교육 방법을 연구하고 적용하는 일을 합니다. 또한 영양, 위생, 안전을 위한 보호 서비스를 통해 영·유아의 조화로운 발달을 돕습니다. 이를 위해서는 위탁된 영·유아를 대상으로 영·유아의 발달수준, 건강 상태, 연령 등에 따라 적절한 보육 계획을 세워 실천해야 합니다. 또한 영·유아의 개별적 요구와 관심을 상세히 관찰한 후 이에 맞는 보육 방법을 결정하고, 교재를 선택하여 지도한 후 그 결과를 보육 일지에 기록합니다. 그림책, 놀잇감, 악기 등을 이용하여 영·유아의 정서와 지능 발달에 도움을 주며, 균형 있는 영양 공급과 바른 생활 습관을 지도하는 일을 합니다. 영·유아를 집으로 보낸 뒤에는 교실이나 교구 등을 정리하고, 비품을 관리하며, 보육 일지에 기록한 관찰 내용과 지도 경과를 살피고, 영·유아의 성장과 관련된 문제를 부모와 상담하기도 합니다.

영유아보육법에는 어린이집의 운영 시간을 오전 7시 30분부터 오후 7시 30분까지 12시간을 기본으로 하고 있습니다. 최근 보육교직원의 근무 시간을 주 40시간, 평일 8시간을 원칙으로 하고 있지만, 하루 10시간 이상 장시간 근무하고 있는 상황입니다. 의사소통 능력이 부족한 유아를 상대로 다양한 서비스를 제공해야 하기에 육체적·정신적 스트레스가 높은 편이며, 다른 직업과 비교하여 상대적으로 연봉이 낮은 편입니다.

최근 이러한 문제를 개선하기 위한 법안이 마련되고 있으며, 보육교사들이 긍지와 자부심을 가지고 보육에 집중할 수 있는 환경을 만들기 위해 노력하고 있는 상황입니다.

» 어린이집, 놀이방 등 보육 시설이나 아동 복지 시설에서 위탁아동을 교육하고 보호합니다.

» 심신 상태, 발육 단계, 건강 상태, 연령 등에 따라 위탁된 영·유아를 구분하여 그에 적절한 보육 계획을 세웁니다.

» 유아의 개별적 요구와 관심을 상세히 관찰한 후 이에 맞는 보육 방법을 결정하고, 교수 방법 및 교재를 선택하여 그에 따라 지도한 후 그 결과를 보육 일지에 기록합니다.

» 그림책, 장난감, 악기 등을 이용하여 유아의 정서 및 지능 발달에 도움을 주는 활동을 합니다.

» 잠자는 시간과 휴식 시간에 유아들을 보살피고, 균형 있는 영양 공급과 바른 식습관을 지도합니다.

» 관찰 내용과 지도 경과를 보육 일지에 기록하고, 아동들의 보육 상태를 평가하여 부모들과 상담하기도 합니다.

Jump Up

보육교사와 유치원교사의 차이점에 대해 알아볼까요?

취학 전 아동을 보호하고 교육하는 역할을 하는 보육교사와 유치원교사는 영·유아의 보호와 균형 있는 교육을 한다는 점에서 비슷한 일을 하지만, 기본적으로 따르고 있는 법률과 소속, 교육 아동의 연령, 근무지에 차이가 있어요.

유치원교사는 교육부 소속으로 유치원에서 근무해요. 유치원 교사가 되기 위해서는 유치원 정교사 2급 자격증을 취득해야 하며, 이를 위해 필수적으로 유아교육과에 입학해야 해요. 또한 자격증과 별도로 임용고시를 봐야만 국공립 유치원에 취업이 가능해요. 반면 보육교사는 보건복지부 소속으로 어린이집에서 근무해요. 보육교사 자격증은 전문대 이상의 학력 또는 영유아보육법에 나와 있는 17과목을 이수하면 별도의 자격시험 없이 자격증 취득이 가능해요.

보육교사
커리어맵

• 유아 교육에 대한 역량 및 책임감 익히기
• 교육 및 봉사 관련 동아리 활동
• 교육 관련 멘토링 활동
• 아동학 관련 기관 및 학과 탐방
• 어린이집, 유치원 등에서 직업 체험 활동

• 보육교직원 통합정보 chrd.childcare.go.kr
• 한국보육교사회 www.kdta.or.kr
• 한국보육진흥원 www.kcpi.or.kr

• 공감 능력
• 의사소통 능력
• 문제 해결 능력
• 갈등 관리
• 책임감
• 성실성
• 상황대처 능력
• 언어 전달 능력

준비방법

관련기관

적성과 흥미

관련학과
• 아동학과
• 아동복지학과
• 가정관리학과
• 사회복지학과
• 아동·청소년복지학과
• 유아교육과

보육교사

흥미유형

관련교과
• 국어
• 사회
• 기술·가정
• 음악
• 미술
• 보건

• 사회형
• 관습형

관련자격

관련직업

• 보육교사 1, 2, 3급

• 보육사
• 아동문학가
• 아동음악가
• 유아교구제작자
• 아동상담사

적성과 흥미는?

보육교사는 공공 어린이집, 사설 어린이집에서 유아를 대상으로 양육을 하므로 영유아들과 어울리고 함께하는 일을 좋아하며, 영·유아를 가르치는 일을 소중하게 생각하는 사람이어야 합니다.

보육교사는 영·유아들의 갑작스러운 행동에 대처하기 위해 일반 및 특수 아동의 신체 발달, 심리와 행동, 부모 교육 등에 대한 지식을 갖추어야 하고, 더불어 돌발 상황에 대한 신속한 판단 능력과 대처 능력을 갖추어야 합니다.

무엇보다 보육교사는 교육자로서 사명감과 아이들을 아끼고 사랑하는 마음은 물론, 책임감과 성실성, 끈기 등을 지닌 사람에게 적합합

니다. 아이들에게 모범을 보여야 하기 때문에 정확한 언어 구사 능력과 바르게 행동하는 도덕성을 갖추어야 합니다.

보육교사가 되기 원한다면 음악, 미술, 보건, 기술·가정 교과 대한 흥미와 기본 지식을 갖추어야 합니다. 또한 전달하고자 하는 지식을 유아의 눈높이에 맞춰 전달할 수 있는 언어 구사 능력과 흥미를 유발하며 수업을 진행하는 능력이 필요합니다.

보육교사는 사회형과 관습형의 흥미를 가진 사람에게 적합하며, 자기 통제력, 정직성, 사회성, 남에 대한 배려 등의 성격을 가진 사람들에게 유리합니다.

**보육교사
커리어맵**

Jump Up

놀이심리상담사에 대해 알아볼까요?

아동들이 겪는 문제를 적절한 시기에 치료하지 않으면 부정적인 정서를 가진 사람으로 자라게 될 가능성이 커지므로, 최근 아동들의 다양한 행동과 관련된 문제를 해결하기 위한 놀이심리상담사가 주목받고 있어요.

놀이심리상담사란 사회·정서적 적응 문제로 인해 성장 발달과 학습에 어려움을 겪는 아동과 청소년들을 대상으로 심리 상담 및 평가를 통한 진단을 하고, 놀이라는 프로그램을 활용해 아동과 청소년이 심리·병리적 고통을 극복하고 행복한 존재로서 자기실현을 할 수 있도록 지도하는 역할을 수행해요.

즉, 놀이심리상담사는 놀이라는 매체를 통해 심리적 부적응이나 정서 발달상 문제가 있는 아이의 심리적 장애 요인을 찾아내어 이를 치유하는 심리치료 전문가를 말해요.

진출 방법은?

보육교사가 되기 위해서는 보육학과, 아동학과, 유아교육과, 아동복지학과 등의 보육 관련 학과에서 기초 이론, 영·유아 발달과 교육, 영·유아 건강, 안전, 영양 등 보육 관련 과목(17과목, 51학점)을 이수하는 것이 유리합니다.

또는 보육교사 교육 시설(보육교사교육원)에서 영·유아들의 정서적·신체적 발달에 따른 보육 관련 사항을 배우고, 보육 실습을 하여 보육교사 2급 자격을 취득해야 합니다.

또한 석사 학위를 취득하고 1년 이상 보육 업무 경력이 있거나, 2급으로 자격증을 취득하고 3년 이상의 보육 업무 경력이 있으면 1급 자격을 취득할 수 있습니다.

관련 학과 및 자격증은?

➡ 관련 학과 : 아동학과, 아동복지과, 아동복지학과, 사회복지학과, 아동가족 복지학과 등

➡ 관련 자격증 : 보육교사 1, 2, 3급 등

관련 직업은?

보육사, 아동상담사, 유아교구제작자,
아동문학가, 아동음악가 등

미래 전망은?

최근 한국의 합계 출산율은 1명으로 OECD 회원국 중 최하위 수준을 보이고 있습니다. 이에 정부는 무상 보육, 양육 수당 지원 등의 보육 정책을 통해 출산율을 높이는 정책을 펼치고 있습니다.

인구 절벽, 생산 가능 인구의 감소와 같은 심각한 문제를 완화하기 위해 보육교사에 대한 수요가 증가할 것으로 예상됩니다. 보육 시설도 다양해져 국공립 어린이집 외에 가정 어린이집, 직장 어린이집 및 지방 자치 단체에서 자체적으로 운영하는 부모 협동 어린이집 등 다양한 시설이 생겨나고 있고, 해당 시설에서 근무하는 보육교사도 증가하고 있습니다.

여성 경제 활동 참가율의 상승 및 맞벌이 가구 증가, 핵가족화에 따른 보육에 대한 요구 증가 등으로 기본 보육 외에 야간 보육, 24시간 보육, 시간대별 보육 등 보육의 형태가 다양화되고 있는 실정이어서 앞으로 보육교사의 수요가 지속적으로 증가할 것으로 예상됩니다.

Jump Up

임신출산육아전문가에 대해 알아볼까요?

한 생명이 탄생하는 데에는 많은 준비가 필요하고, 체계적인 정보와 교육도 필요해요.

최근 맞벌이가 늘어나면서 바쁜 부부들이 임신과 출산, 육아에 대한 정보를 얻는다는 것은 생각보다 어려워요.

또한 인터넷과 각종 매체 등에서 쏟아지는 정보 중 어느 것이 옳은 정보인지, 각자의 상황에 맞는 정보가 무엇인지, 정부로부터 어떤 지원을 받을 수 있는지 등을 알아보는 것도 쉽지 않아요.

옛날에 비해 출산하는 아이의 수는 줄었지만, 챙겨야 할 일들은 많아졌기에 이제는 전문적인 지식과 네트워크를 갖추고 임신, 출산, 육아에 대한 정확한 정보를 제공해 줄 전문가가 필요하게 되었어요. 이런 이유로 탄생한 직업이 바로 임신출산육아전문가예요

아동보육학과
보육교사 전공 분석

어떤 학과인가?

보육이란 교육과 보호, 양육의 개념을 포함하여 '아동을 돌보아 기른다'는 의미를 가집니다. 최근 가정의 자녀보호기능이 줄어들고, 기혼여성의 사회 진출이 많아짐에 따라 저출산 문제가 심각한 문제로 떠오르면서 아동보육이 미래 사회에 중요한 기반이 될 것이라는 문제의식 아래 아동복지 분야는 사회복지 영역에서 중요한 부분을 차지하게 되었습니다. 국가를 책임질 아이들이 보다 나은 환경에서 성장할 수 있고 쾌적한 교육환경을 제공받는 것은 매우 중요하기 때문입니다. 아동들이 건전하고 행복한 환경에서 육체적 정신적으로 올바른 성장할 수 있도록 돕고 바람직한 사회인, 국가를 이끌어갈 수 있는 인재로 성장할 수 있도록 보조하는 것이 아동보육학의 목표입니다. 인간의 전 생애에서 아동교육의 중요성을 미루어 볼 때 아동보육의 사회적 책임과 사명을 다할 수 있는 전문성을 갖춘 보육교사를 양성하는 것은 매우 중요한 사회의 필수 요건일 것입니다. 이를 위해 영유아와 가족에 대한 제반 지식을 습득하고 아동보육과 관련된 다양한 이론을 학습할 뿐 아니라, 실제적으로 적용하고 평가하는 경험을 통해 보육교사로서의 전문성을 함양하는 데 그 목적이 있습니다.

교육 목표와 교육 내용은?

아동보육학과는 바른 성품을 갖춘 보육교사와 영유아교육 분야의 전문가를 양성하는 데 그 목적이 있습니다. 올바른 인성을 바탕으로 사랑과 봉사를 실천하고 소명의식을 지닌 보육교사, 영유아의 발달에 적합한 지식과 현장적용능력을 갖춘 보육교사, 창의적이며, 글로벌한 인재로 교육하고, 아동을 사랑하고 존중하며 보육의 발전을 선도하는 전문성을 갖춘 보육교사, 지역연계를 통한 지역사회의 요구에 부응하며, 지역사회에 봉사하고 바람직한 윤리의식을 갖춘 보육교사 양성에 중점을 두고 있습니다. 창의적 문제해결력을 갖추어 진취적으로 지역사회 및 국가 교육 발전에 기여하는 보육교사를 양성합니다.

보육현장에서 요구되는 전문지식과 문제 해결 능력을 구비하고, 아동교육에 헌신하고 적극적으로 참여하는 리더십을 갖춘 창조적 보육교사, 행복한 가정과 건강한 보육을 실천하는 따뜻한 감성을 가질 수 있도록 교육합니다. 마지막으로 미래사회 환경변화에 유연하게 대처할 수 있는 자기주도적 능력을 갖춘 현장과 실무에서의 보육전문인을 양성하는 데 힘쓰고 있습니다.

» 아동보육의 전문 이론 습득 및 현장 실무교육을 통하여 어린이집에서 영유아에게 양질의 보육 서비스를 제공할 수 있는 능력을 배양하여 현장에서 영유아 보육을 담당하는 보육전문가를 양성합니다.
» 아동을 이해하고, 아동을 지도하기 위한 통솔력, 의사소통 능력, 언어구사 능력을 갖춘 인재를 양성합니다.
» 논리적 소통능력과 협력적 해결능력을 지닌 인재를 양성합니다.
» 음악, 무용, 미술 등 보육과 연관된 분야에 대해 연구하고, 모든 사물에 대하여 편견을 갖지 않는 열린 사고를 가진 교육인을 양성합니다.
» 아동의 발달을 도울 수 있도록 공감능력과 배려심을 갖춘 인재를 양성합니다.

학과에 적합한 인재상은?

평소 아동에 대한 관심을 가지고 있으며, 어려운 사람들을 돕는 일에 보람을 느끼는 학생에게 적합합니다. 아동과 관련된 사회 현상과 정책에 대한 지식을 가지고 있으며 봉사활동 경험이 많다면 좋습니다. 또한 아동의 신체발달, 심리와 행동, 부모 교육 등에 대한 지식과 더불어 돌발 상황에 대한 신속한 판단 능력과 대처능력이 필요하며, 정확한 언어 구사 능력과 바른 행동을 갖추어야 합니다.

교육자로서 사명감과 아이들을 아끼고 사랑하는 마음은 물론 책임감과 성실, 끈기 등을 갖추어야 합니다. 원만한 대인관계를 유지할 수 있는 의사소통 능력과 교육자이면서 전문가로서의 바람직한 윤리 의식을 가지고 있고, 발달 단계에 있어 교육 대상의 다양성에 대한 이해와 수용력을 가진 학생이라면 보육학과에 필요한 인재일 수 있습니다. 학생들을 가르치는 교사로써 필요한 아동과 청소년의 심리 상태를 이해하고, 그들의 실생활에 대한 관심과 공감, 학문적 호기심을 가지고 있으며, 보육봉사활동에 관심이 있는 학생이라면 좋습니다.

관련 학과는?

보육과, 보육복지과, 사회복지과, 아동보육복지전공, 사회복지과, 아동심리보육전공, 사회복지보육과, 아동건강보육과, 아동교육과, 아동교육학과, 아동놀이방송심리과, 아동문화계열, 아동보육복지과, 아동보육복지학과, 아동보육복지학부, 아동보육상담과, 아동복지과, 아동복지상담과, 아동복지재활과, 아동복지학과, 아동심리상담과, 아동청소년복지학과, 아동청소년지도학과, 영유아보육학과, 영유아통합보육학과, 유아보육계열, 유아안전보육과, 특수아동과, 특수아동전공 등

주요 교육 목표

아동을 사랑하고 존중하는
보육교사 양성

- - - - - - - - - - - - - - - - - - -

지역사회에 봉사하는
보육교사 양성

- - - - - - - - - - - - - - - - - - -

지역사회 및 국가의 교육 발전에
기여하는 공동체형 전문인 양성

- - - - - - - - - - - - - - - - - - -

보육의 발전을 선도하는
전문성을 갖춘 보육교사 양성

- - - - - - - - - - - - - - - - - - -

보육현장에서의
창의적 문제 해결 능력을 지닌
진취적인 전문인 양성

- - - - - - - - - - - - - - - - - - -

아동 보육에 대한
올바른 윤리의식을 갖춘
공감형 전문인 양성

진출 직업은?

국공립사립 어린이집 교사, 대기업 혹은 공기업 내 어린이집 교사, 아동 관련 연구소 연구원, 아동상담 전문가, 관련교재 및 교구 개발자, 관련교재 전문출판인, 잡지사, 교재개발 편집자, 평생교육사, 놀이지도사, 학원 강사, 방문교사 등

취득 가능 자격증은?

☑ 보육교사2급
☑ 유치원 정교사 2급
☑ 장애영유아를 위한 보육교사 자격증
☑ 사회복지사
☑ 정신보건 사회복지사 등

추천 도서는?

- 딥스(샘터, 버지니아 M. 액슬린, 주정일 역)
- 왜 잘사는 집 아이들이 공부를 더 잘하나?
  (한울아카데미, 신명호)
- 아이가 원하는 것을 모른 채 부모는 하고 싶은
  말만 한다(위즈덤하우스, 오연경)
- 행복한 가정을 완성하는 베이비 위스퍼 : 패밀리 편
  (세종서적, 트레이시 호그, 노혜숙 역)
- 놀이로 시작하는 유아 생활교육(맘에드림, 이자정)
- 방정환과 어린이 해방 선언 이야기
  (모시는사람들, 이주영)
- 미래세대를 위한 인성교육(학지사, 강선보)
- 에밀(책세상, 장자크 루소, 황성원 역)
- 찰리와 초콜릿 공장(시공주니어, 로알드 달, 지혜연 역)
- 아이의 사생활(지식플러스, EBS 아이의 사생활제작팀)
- 아기는 놀이에서 배운다
  (한국인지학출판사, 안케 친저, 이정희 역)
- 이제 쓸모없는 사람은 없다
  (새물결, 에드가 칸, 구미사랑고리공동체 역)
- 창가의 토토(김영사, 구로야나기 테츠코, 권남희 역)
- 나, 있는 그대로 참 좋다(허밍버드, 조유미)
- 서머힐(매월당, A.S.닐, 이현정 역)

학과 주요 교과목은?

기초 과목	전공진로설계와 상담, 보육학개론, 가족복지론, 유아교육론, 인간발달과 교육, 가족관계론, 건강가정론 등
심화 과목	아동 권리와 복지, 영유아발달과 교육, 유아음악교육, 아동과학지도, 놀이지도, 유아사회교육, 유아교과교육론, 아동관찰 및 행동연구, 유아창의성교육, 아동생활지도, 보육실습, 아동미술, 보육교사론, 언어지도, 유아교과교재연구 및 지도법, 유아안전교육, 영유아교수방법론, 언어발달장애, 아동건강교육, 아동상담론 등

졸업 후 진출 분야는?

기업체	사회복지관, 건강가정지원센터, 다문화가족지원센터, 회사 어린이집, 아동 관련 출판사, 아동 관련 교재교구 제작업체, 아동 교육 프로그램 제작업체, 아동 상품 기획 마케팅 전문가 등
연구소	아동 관련 연구소, 한국보건사회연구원, 보육시설평가 인증사무국 등
정부 및 공공 기관	각 시도 보육정보센터, 지역 아동센터, 청소년 상담복지 개발원, 한국건강가정진흥원, 여성가족 재단, 방과 후 아동돌봄지도기관, 대학교 등
교육계	국공립/민간/가정 어린이집 등

전공 관련 선택 과목은?

▶ 국어, 영어 교과는 모든 학문의 기초적인 성격을 가진 도구교과로 모든 학과에 이수가 필요하여 생략함.

수능 필수	화법과 언어, 독서와 작문, 문학, 대수, 미적분 I, 확률과 통계, 영어 I, 영어 II, 한국사, 통합사회, 통합과학, 성공적인 직업생활(직업)		
교과군	선택 과목		
	일반 선택	진로 선택	융합 선택
수학, 사회, 과학	세계시민과 지리, 사회와 문화, 현대사회와 윤리	윤리와 사상, 인문학과 윤리	사회문제 탐구, 윤리문제 탐구
체육·예술	체육1, 체육2, 음악, 미술, 연극	운동과 건강, 스포츠 문화, 음악 연주와 창작, 음악 감상과 비평, 미술 창작, 미술 감상과 비평	스포츠 생활1, 스포츠 생활2, 음악과 미디어, 미술과 매체
기술·가정/정보	기술·가정	생활과학 탐구	생애 설계와 자립, 아동발달과 부모
제2외국어/한문			
교양		인간과 철학, 인간과 심리, 교육의 이해, 보건	

학교생활기록부 관리는?

출결 사항	• 출결사항에 미인정 출결사항이 없도록 관리하세요. 미인정 기록이 있으면 인성 및 성실성에서 부정적인 평가를 받을 가능성이 있어요. • 학교폭력과 관련된 내용이 있을 시 대학 입학에 불이익이 있으니 출결 및 학적사항에 기록되지 않도록 하세요.
자율·자치활동	• 다양한 교내 활동에서 자기주도적 참여를 통해서 전공 분야에 대한 관심과 흥미, 의사소통 능력, 협업 능력, 발전 가능성 등이 드러나도록 하세요. • 학급 및 학교 활동으로 진행하는 멘토링이 참여하여 자신과 멘토의 학업 역량을 함양하고 이 내용이 학교생활기록부에 기록될 수 있도록 하세요.
동아리활동	• 교육관련 동아리 또는 봉사 동아리를 다양한 프로젝트를 진행하고, 이를 통해 다양한 사람을 만나 상대를 배려하고 봉사하는 태도를 배워 공동체 역량을 보여주세요. • 학교 교육계획에 의해 수행하는 봉사활동에 주도적으로 참여하여 공동체 역량을 함양하고 느낀점과 그 과정을 기록해 보세요
진로 활동	• 아동 및 교육관련 분야의 직업 정보 탐색 활동을 권장해요. • 아동보육 관련 학과 홈페이지 탐색 및 고등학교에서 진행하는 대학 체험 활동에 참여해보세요. • 아동보육과에서 최근 연구 분야 및 시사 문제 탐색 활동을 통해서 자신의 학업 역량, 진로 역량, 공동체 역량 등이 나타날 수 있도록 하세요.
교과학습 발달상황	• 국어, 사회 및 예체능 교과 수업에서 학업 역량, 진로 역량, 공동체 역량이 발휘될 수 있도록 수업에 적극 참여하세요. • 교과 시간에 배운 내용에 대한 호기심을 교사 및 스스로에게 연계 질문하고 새로운 문제 해결 방법을 학교 프로그램 및 교과 연계 독서를 활용하여 탐구하고 그 내용이 기록되도록 하세요.
독서 활동	• 인문학, 철학, 아동, 교육관련 다양한 분야의 책을 통해 교과 시간에 배운 지식을 확장해 보세요. • 아동을 대상하는 하는 교육관련 독서 활동을 통해서 아동교육 관련 기본적인 지식을 쌓는 것이 중요해요.
행동 발달 특성 및 종합 의견	• 주변 문제에 공감하고 이를 해결하는 다양할 활동을 경험해 보세요. • 학교생활을 하면서 책임감, 성실성, 의사소통 능력 및 갈등관리와 같은 능력이 기록될 수 있도록 관리해요.

자연과학과 사회과학의 차이점에 대해 알아볼까요?

➡ 과학은 연구 대상에 따라 크게 자연과학, 사회과학, 인문과학으로 구분되어요. 자연과학과 사회과학의 첫 번째 차이점은 연구 대상인데, 자연과학은 객관의 세계를, 사회과학은 인간이나 인간의 의도적 행위를 연구 대상으로 해요. 두 번째 차이점은 예측 정도인데, 자연과학은 미래에 발생할 어떤 일에 대한 예측을 하는 데 반해, 사회과학은 사람 간의 의사소통 부분에 더 큰 비중을 두고 있다고 할 수 있어요.

➡ 이러한 차이점이 있음에도 불구하고 자연과 사회를 인식하는 방법이 과학적이라는 부분에서는 서로 공통점이라고 할 수 있어요.

사회교사란?

사회교사는 중·고등학교에서 학생들이 사회 분야의 이해를 넓히도록 일반사회, 세계사, 국사, 한국지리, 세계지리, 정치, 경제 및 사회·문화 등의 과목을 교육하는 교사를 말합니다.

넓은 의미에서의 사회는 사회, 지리, 역사, 윤리 교과를 포함하는 사회 교과군을 뜻하며, 좁은 의미에서의 사회는 사회·문화, 정치와 법, 경제 등의 과목을 가리킵니다.

현재 교육 과정 기준에 의하면 중학교 사회교사는 사회·문화, 정치와 법, 경제와 지리 내용이 합쳐진 사회 교과를 가르칩니다. 고등학교 사회교사는 고등학교 1학년에게 역사, 지리, 사회, 윤리 과목이 통합된 통합사회를, 고등학교 2, 3학년에게 사회 영역으로 분과된 정치와 법, 경제, 사회·문화 과목을 가르칩니다.

각 과목의 내용에는 차이가 있으나 사회 교과군의 과목은 일반 생활과 밀접한 관련이 있다는 공통점이 있기에, 학생들이 다양한

사회교사
사회교육학과

지식과 기능을 토대로 사회 현상을 정확하게 인식하고, 민주 사회 구성원에게 필요한 가치와 태도를 함양하도록 하는 것을 교육 목표로 하고 있습니다.

또한 사회 교과목은 사회 현상에 대해 탐구하는 과목인데, 이에 따라 교사는 탐구방법에 대한 철학적 신념을 가지고, 이러한 신념을 충족시킬 수 있는 지적인 힘이 있어야 합니다. 더하여 급변하는 사회현상 가운데, 복잡한 사회적 문제들 속에 내포될 수 있는 선택적 견해를 가지고 학생으로 하여금 사실, 개념, 원리를 수동적으로 받아들이는 소비자가 아니라 능동적인 탐구자가 되도록 교육하기 위한 교수전략의 계획능력을 갖추어야 합니다.

시대의 패러다임이나 주변 국가와의 마찰, 정치적 흐름에 의해 다양한 의견이 나올 수 있는 현안을 어떻게 가르쳐야 할지 끊임없이 고민해야 합니다. 이러한 과정을 통해 학생들이 인간 존중, 관용과 타협, 사회 정의의 실현, 공동체 의식, 참여와 책임 의식 등의 민주적 가치와 태도를 습득할 수 있도록 교육하며, 나아가 개인적·사회적 문제를 합리적으로 해결하는 역량을 갖추도록 지도해야 합니다.

사회교사가 하는 일은?

　　사회교사는 사회, 경제, 정치, 역사, 윤리 등의 교과를 가르치고 평가하는 일을 합니다. 과목의 특성에 따라 차이는 있지만 일반적으로 다양한 교수 학습 방법을 활용하여 사회 현상에 대한 기초적 지식을 전달합니다. 학생들이 지리, 역사 등 여러 사회과학의 특징과 세계의 여러 모습을 종합적으로 이해하고, 다양한 사회 문제를 해결하는 데 적극적으로 참여하는 능력을 함양하도록 합니다. 특히 우리나라의 역사적 전통과 문화의 특수성을 파악하여 민족사의 발전상을 이해시키고, 이를 바탕으로 인류 생활의 발달 과정과 각 시대의 문화적 특색도 함께 교육합니다.

　　특히 사회 과목은 타 교과보다 시대적, 정치적 변화에 민감한 과목이기에 교육할 때 가치 판단의 문제가 크게 나타나는 특성이 있으므로, 사회교사는 사회 문제에 대해 끊임없이 고민하고 소통하며 공부해야 합니다. 따라서 사회현상과 문제를 파악하는 데 필요한 지식과 정보를 획득, 분석, 조직, 활용하는 능력을 기르며, 사회생활에서 나타나는 여러 문제를 합리적으로 해결하기 위한 탐구 능력, 비판적 사고력, 창의적 사고력, 의사결정 능력 및 사회 참여 능력을 교육합니다.

» 지리, 역사 및 사회과학 개념과 원리, 사회제도와 기능, 사회문제와 가치 그리고 연구 방법과 절차에 관한 폭넓은 영역으로 사회현상을 종합적이고 다각적 관점으로 교육합니다.

» 다양한 정보를 활용하여 사회현상에 관한 지식을 발견하고 문제를 해결하는데 필요한 비판적 사고력, 창의적 사고력, 판단 및 의사 결정력 등의 신장을 강조하고 교육합니다.

» 교과서 및 시청각자료 등 다양한 학습자료를 활용하여 수업합니다.

» 과제를 내주고 결과를 검토 및 지도합니다.

» 시험을 출제하고 학생의 성적을 평가하며, 최소한의 성적을 달성하지 못한 학생들을 위해 보충학습을 진행합니다.

» 학생 교육 및 안전과 관련된 학습 지도, 생활 지도, 행정 업무를 수행합니다.

Jump Up

교원자격증 사회교육 관련 표시과목과 관련학과는 무엇이 있을까요?

표시과목	관련학과 또는 학부	기본이수과목 (또는 분야)	비고
도덕윤리 Ethics	(국민)윤리교육, 철학, 교육학 및 관련되는 학부 (전공학과)	(1)도덕·윤리교육론 (2)윤리학개론, 동양윤리사상, 서양윤리사상, 한국윤리사상, 윤리고전강독, 응용윤리(또는 사회윤리), 윤리와 논술 (3)민주주의론, 통일교육론, 시민교육론, 도덕심리학 목 이상 이수(또는 발달심리학), 도덕사회학	(1)분야에서 1과목, (2)-(3)분야 중 윤리와 논술 각 분야에서 3과목 이상 이수
통합사회 Integrated Social Studies.	사회교육, 일반사회교육, 지리교육, 역사교육, (국민)윤리교육, 철학, 교육학, 통합사회교육전공 및 관련되는 학부 (전공학과)	(1)통합사회교육론(또는 사회교육론) (2)정치와사회(또는 정치학), 경제와사회(또는 경제 학), 문화와사회(또는 사회학), 법과사회(또는 법 학), 인간과사회(문화인류학) (3)한국사개론, 동양사개론, 서양사개론, 역사학개 론, 문화사(한국문화사, 동양문화사, 서양문화사) (4)자연지리학(개론), 인문지리학(개론), 한국지리, 세계지리, 지도학 (5)윤리학개론, 동양윤리사상, 서양윤리사상, 한국 윤리사상, 응용윤리(사회윤리)	(1)분야에서 1과목 (2)-(5)분야 중 각 분야에서 2과목 이상 이수 (주 전공 표시과목 해당 분야 제외)
일반사회 Social Studies	사회교육, 일반사회교육 및 관련되는 학부(전공학과)	일반사회교육론(또는 사회교육론), 정치와사회(또는 정치학), 경제와사회(또는 경제학), 문화와사회(또는 문화인류학), 법과사회(또는 법학), 사회과학방법론, 인간과사회(또는 사회학), 인간과행정(또는 행정학), 시민교육과사회윤리	
지리 Geography	지리교육, 지리학 및 관련되는 학부 (전공학과)	지리교육론(또는 사회교육론), 자연지리학, 인문지리 도시지리학, 경제지리학, 문화지리학, 지형학, 기후 학, 학, 환경지리학, 한국지리, 세계지리(또는 지역지리), 지도학(또는 지리정보론), 인구지리학, 역사지리학, 촌 락지리학, 정치지리학, 사회지리학, 자원지리학	

사회교사
커리어맵

관련기관
- 교육부 www.moe.go.kr
- 창의인성교육넷 www.crezone.net
- 에듀넷 www.edunet.net
- 학교 알리미 www.schoolinfo.go.kr
- 교육과정평가원 www.kice.re.kr
- 한국교육개발원 www.kedi.re.kr
- 한국사회교과교육학회 www.kasse.or.kr
- 한국사회과교육연구학회 socialstudies.or.kr
- 한국지리환경교육학회 www.geoedu.or.kr

준비방법
- 대인관계 능력 함양하기
- 사회교육에 대한 역량 및 책임감 기르기
- 교육관련 동아리 활동
- 교육 관련 멘토링 활동
- 사회교육 관련 학과 탐방
- 사회교육 관련 직업 체험활동
- 시사문제 및 사회과학, 교육관련 독서 활동

적성과 흥미
- 사회탐구 능력
- 합리적 의사소통 능력
- 민주 시민 역량
- 분석적 사고
- 대인관계 능력
- 책임감
- 문제 해결 능력
- 갈등 관리 능력

관련학과
- 사회교육과
- 일반사회교육과
- 지리교육과
- 윤리교육과
- 사회학과
- 경제학과
- 법학과

사회교사

흥미유형
- 사회형
- 관습형

관련교과
- 국어
- 사회
- 환경

관련자격
- 중등학교 1급·2급 정교사

관련직업
- 교감, 교장
- 지리교사
- 윤리교사
- 장학사
- 교육연구사
- 교구 및 교재 개발자
- 입학사정관
- 학원강사
- 교육행정가

적성과 흥미는?

사회교사는 다양한 정보를 수집할 수 있는 능력과 이를 해석할 수 있는 비판적 사고력이 필요합니다. 또한 사람과 사회에 대한 폭넓은 이해와 지적 호기심과 더불어 인문학과 사회과학 전반에 걸친 지식 탐구능력을 길러야 합니다. 다른 사람의 주장을 분석·비판하고, 자신의 의견을 논리적으로 설명할 수 있는 논리적 사고력과 통찰력도 필요합니다.

또한 학생에 대한 통제력, 리더십, 판단력, 분석적 사고력이 필요하며, 원만한 수업 진행을 위한 언어 구사 능력이 필요합니다.

사회교사에게 가장 중요한 업무는 학생들을 가르치고 지도하는 것이므로 교육자로서 투철한 사명 의식과 책임감이 필요하며, 교육과 학생에 대한 열정과 애정이 필요합니다. 또한 학교 현장에서 접하는 다양한 문제 상황을 해결해야 하므로 원만한 대인관계 능력과 의사소통 능력, 상황대처 능력, 갈등 관리 능력이 필요합니다.

아울러 물리적, 생물학적, 문화적 현상에 호기심을 가지고 관찰하는 것을 즐기는 탐구형의 흥미유형이 적합합니다. 마지막으로 사회교사는 지역사회와 학교, 과거와 현재, 정부와 학교, 시민과 교사, 사회와 교육을 연결하는 장이자 연락기관으로서 과거와 현재와 미래를 해명해야 하며, 해박한 지식을 가지고, 빈틈이 없고 공정하며, 학생을 가르치는 것을 좋아하는 사람이어야 합니다.

사회교사 커리어맵

관련 학과 및 자격증은?

→ 관련 학과 : 사회교육학과, 일반사회교육과, 역사교육과, 지리교육과, 윤리교육과, 법학과, 사회학과, 정치외교학과, 지리학과, 경제학과, 경영학과 등

→ 관련 자격증 : 중등학교 1·2급 정교사, 평생교육사, 한국사능력검정, 세계사능력검정 등

관련 직업은?

중등학교 일반사회교사, 지리교사, 정치와법교사, 경제교사, 윤리교사, 장학사, 교육행정직공무원, 교재 및 교구 개발원, 입학사정관 등

진출 방법은?

사회교사가 되기 위해서는 사범대학교의 사회교육학과, 역사교육학과, 지리교육학과 등 사범계열 학과를 졸업하거나 사회학과, 역사학과, 지리학과 등 비사범계열 학과에서 교직 과목을 이수하여 중등학교 2급 정교사 자격증을 취득해야 합니다. 또한 비사범계열 학과를 졸업한 후라면 교육대학원에 진학하여 석사 학위를 취득하면 2급 정교사 자격증을 취득할 수 있습니다.

국공립 중고등학교의 교사가 되려면 2급 정교사 자격증 취득 후 각 시도 교육청에서 시행하는 '국공립 중등학교 교사 임용 시험 후보자 선정 경쟁시험(교원임용 시험)'에 합격해야 합니다. 교원 임용 시험은 매년 11~12월에 시행되며, 시험 내용은 필기, 논술, 면접 등으로 이루어집니다. 임용 시험은 역사, 윤리, 사회와 같이 자신이 취득한 교원

자격증의 표시 과목으로 응시할 수 있습니다. 임용 시험 합격 후에 발령받는 학교급에 따라 중학교에서는 사회 교과를 고등학교에서는 표시 과목을 담당합니다. 사립 중고등학교의 교사가 되려면 2급 정교사 자격증을 취득하되 교원 임용 시험에 합격하지 않고, 결원이 생길 시 각 학교별로 채용 공고를 내고, 학교장의 제청에 따라 이사회의 의결을 통해 채용가능합니다.

출산 및 육 휴직 등으로 일정 기간 휴직하는 교사를 대체하기 위한 기간제교사의 경우에도 교원 임용 시험의 합격 여부와 관계없이 중등학교 2급 이상 정교사 자격증이 있다면 채용 가능합니다.

또한 일정 이상의 교육 경력이 되면 시험을 통해 장학사나 교육연구사 등으로 진출 할 수 있습니다.

미래 전망은?

사회교사의 고용에는 최근 교직 사회에서 베이비부머 세대들의 퇴직이 시작되고 있고, 육아 휴직을 하는 교사들이 증가하고 있어, 신규 일자리 창출이 있을 것으로 보입니다. 또한 교육부가 공교육의 내실화를 목표로 교원 1인당 담당 학생 수를 줄이기 위한 노력을 지속해 왔기 때문에 다소 긍정적인 영향이 있을 것으로 예상됩니다. 그러나 저출산 현상이 지속되어 학령인구가 점차 줄어들고 있어 휴직 교원이나 결원 교원에 대한 대책으로 신규 임용보다는 기간제 교사로 보충하는 경향이 증가하고 있고, 교사에 지원하는 사람은 많고, 선발 인원은 제한되어 있어 중등교사로 취업하는데 경쟁은 매우 치열할 것으로 예상됩니다. 또한 최근의 4차 산업혁명이 경제, 산업, 직업뿐만 아니라 교육에도 큰 영향을 미칠 것으로 예상됩니다. 그 흐름 속에서 오히려 4차 산업혁명 기술들이 교육 현장 및 교수학습법에도 광범하게 적용돼 이른바 '에듀테크(EduTech)'로 발전하고 있고, 교사는 단지 일정 자격을 갖추고 학생을 가르치고 지식을 전수하는 역할이 아니라 지도하고 조언하는 사람(mentor)으로서의 역할이 더 중요시되므로 교사로서의 전망은 긍정적 영향을 받을 것으로 예상됩니다.

이에 사회교사는 급속도로 변화하는 사회 속에서 다양한 기술을 수업에 활용하는 능력, 이를 통한 학습자 주도의 개별 맞춤학습 환경의 구현 능력을 키우는 것이 무엇보다도 필요합니다.

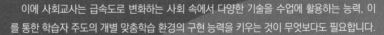

Jump Up

인문과학연구원에 대해 알아볼까요?

인문과학연구원은 철학, 역사학, 언어학, 교육학, 심리학 등 인문과학 분야의 전문 지식을 바탕으로 연구 활동을 하며, 인문 과학에 대한 개념, 이론 및 운영 기법을 개발하는 일을 해요. 각종 현안에 대해 조사·분석해 정책 입안을 지원하며, 학술적 논문 및 보고서를 작성해요. 연구 분야에 따라 역사학연구원, 철학연구원, 언어학연구원, 교육학연구원, 심리학연구원 등으로 나뉘어요. 이 중 역사학연구원은 선사시대부터 현대에 이르기까지 정치, 경제, 사회, 문화 등과 관련된 사건을 기록한 1차 자료원과 고고학적·인류학적 발견물 등의 2차 자료원을 수집하여 조사 및 분석하는 일을 해요.

일반사회교육과

사회교사 전공 분석

어떤 학과인가?

　사회교육학과는 지리, 윤리, 사회 문화, 정치, 경제 등 사람들이 사회를 살아가는 데 필요한 지식과 합리적인 의사결정을 내리는 데 필요한 가치관에 대해서 공부합니다. 사회교육학과는 다양한 사회과목을 공부하며 학문 간의 융합을 통해 사회문제를 해결하는 방법에 대해서도 공부합니다. 다양한 성격을 가진 학생들에게 열린 마음과 성실한 태도로 교육을 할 수 있는 인재를 양성합니다.

　구체적으로 사회교육학과에서는 중고등학교에서 사회, 지리, 사회·문화, 정치와 법, 경제, 윤리 등을 가르치기 위해 사회교육 분야와 관련된 교과목의 교재를 연구하고 교수 방법 등을 교육합니다.

　일반사회교육학, 지리교육학, 윤리교육학 전반에 관한 이론과 실제 및 교수 학습 방법을 연구합니다. 또한 한국 사회 및 전 세계적으로 진행되고 있는 환경 파괴를 극복할 수 있는 도덕성과 실천적 태도를 이끌어 낼 수 있는 교사를 양성합니다. 일반사회교육학과를 졸업하면 일반사회 2급 정교사 자격증을 받을 수 있으며, 윤리교육학과는 윤리, 지리교육학과는 지리 등 해당 표시 과목의 2급 정교사 자격증을 받을 수 있습니다. 여기서 표시 과목이란 교원자격증에 표시되는 과목으로, 중등학교에서 가르칠 수 있는 교과 영역을 의미합니다.

　최근 교육 과정에 의하면 중학교 사회교사는 역사, 사회, 지리의 표시 과목으로도 사회 교과를 담당할 수 있지만 고등학교 선택 교과 교사의 경우 표시 과목에 명시된 과목만을 담당할 수 있기에 사회(지리, 윤리)교육학과 진학 시 관련 학과 또는 관련 부전공 취득에 특히 신경을 써야 합니다.

교육 목표와 교육 내용은?

　사회교육학과는 전문적인 중등학교 사회교사 양성을 목표로 합니다. 정치, 경제, 사회 문화 전반에 걸친 사회과학 제 분야의 지식을 학습하고, 학습된 지식을 학교 교육의 문제와 교과교육적 이슈들과 접목시켜 논의하며, 다양한 경험적 자료들을 분석하고 해석하는 작업에 참여하는 교육적 훈련을 통해 바람직한 사회과 교실 수업에 투입될 수 있는 교육인으로서의 성장을 돕습니다. 사회교육에 요구되는 교과 지식과 교과교육적 관점을 개발하며, 아울러 사회의 제반 현상에 관한 총체적·통합적·비판적 이해 능력을 함양할 수 있도록 교육합니다. 사회학의 이론들을 교육하여 빠르게 변화하는 세계에 적응 및 대처할 수 있는 능력을 갖추기 위해 사회 현상과 관련된 자료를 비판적으로 분석하여 합리적으로 의사 결정을 하도록 돕습니다. 이러한 사회과학 지식을 재구성하여 수업을 설계하고 실행할 수 있는 능력을 갖춘 인재를 양성합니다.

　또한 전국 답사 프로그램을 운영함으로써 지역적 특색을 파악하고, 문헌 및 강의를 통해 사회적·윤리학적 지도자를 양성함과 더불어 학교 현장에서 청소년을 지도할 수 있는 유능한 교사로 성장하도록 하는 데 그 목적이 있습니다.

> » 교육자로서 교육 현장의 문제에 대한 통찰력을 지닌 인재를 양성합니다.
> » 사회 교과 영역의 교육 활동을 통해 교육 이론에 대한 이해 및 지도 능력을 갖춘 인재를 양성합니다.
> » 다양한 사회 문제들을 다양한 시선에서 편견없이 바라보며 자신의 입장을 분명하게 표현할 수 있는 열의를 갖춘 인재를 양성합니다.
> » 미래 사회의 변화에 적극적으로 대처할 수 있는 자질을 갖춘 인재를 양성합니다.

학과에 적합한 인재상은?

사회교육학과에서는 사회의 전반적인 상황에 대해서 두루두루 알아야하므로 사회 탐구 능력과 합리적 의사결정 능력 및 건전한 민주 시민 의식 함양에 필요한 지식과 생활 지도 능력을 요구합니다. 이에 따라 사회교육학과에 진학하려면 정치, 경제, 사회, 문화, 역사, 지리, 교육학 등에 대한 관심과 지식이 많다면 좋습니다. 더하여 최근의 사회정치적 이슈에 관심을 가지고, 동향을 파악해보려는 열정을 가지는 것이 중요합니다. 그리고 다른 사람의 주장을 분석하여 비판하고, 자신의 의견을 논리적으로 설명할 수 있는 사고력과 통찰력이 필요합니다. 이와 함께 무엇이든 배우려는 마음가짐과 학생을 가르치는 것에 대한 흥미와 애정, 그리고 소명 의식과 책임감 등을 갖추어야 합니다.

또한 학생을 가르치는 직업이므로 다양한 문제 상황을 해결하기 위한 문제 해결 능력과 갈등 관리 능력, 그리고 의사소통 능력이 필수적입니다. 더하여 인내심이 있고 학습자들에 대한 배려심이 깊으면 좋습니다. 학생들에게 다양한 지식을 가르치는 일을 하게 되므로 창의력과 여러 가지 흥미롭고 효과적인 방법으로 지식을 전달하는 능력을 갖춘다면 도움이 됩니다.

관련 학과는?

사회교육학과, 일반사회교육학과, 지리교육과, 윤리교육과, 법학과, 사회학과, 정치외교학과, 지리학과, 경영학과, 경제학과 등

주요 교육 목표

교과 교육 활동을 위한
지도 능력을 갖춘 인재 양성

- - - - - - - - - - - - - - - - - - - -

학교 행정·학급 경영에 대한
이해력과 학생 지도 능력을
갖춘 인재 양성

- - - - - - - - - - - - - - - - - - - -

사회 변화에 적극적으로
대처할 수 있는 인재 양성

- - - - - - - - - - - - - - - - - - - -

교육 현장의 문제에 대한
통찰력을 갖춘 교육자 양성

- - - - - - - - - - - - - - - - - - - -

사회에서 발생하는 문제 해결을
적극적으로 참여하려는
자세를 지닌 인재 양성

- - - - - - - - - - - - - - - - - - - -

교사로서 모범을 보일 수 있는
품성과 바른 교직관을 지닌
교사 양성

진출 직업은?

중등교사, 방송기자, 편집기자, 교재 및 교구 개발자, 사진기자, 잡지사, 교재개발 편집자, 연구원, 사회조사 전문가, 평론가, 데이터분석가, 평생교육사 등

 ### 취득 가능 자격증은?

☑ 중등학교 2급 정교사(일반사회
   교사, 지리교사, 윤리교사 등)
☑ 평생교육사
☑ 한국사검정시험
☑ 세계사검정시험 등

추천 도서는?

- 정의란 무엇인가(와이즈베리, 마이클 샌델, 김명철 역)
- 노명우의 한 줄 사회학(EBS BOOKS, 노명우)
- 핵심개념으로 배우는 경제지리학
  (푸른길, 유코 아오야마, 이철우 역)
- 그림으로 이해하는 정치사상(개마고원, 김만권)
- 완역 정본 택리지(휴머니스트, 이중환)
- 니코마코스 윤리학
  (현대지성, 아리스토텔레스, 박문재 역)
- 현대사회학(을유문화사, 앤서니 기든스, 김미숙 역)
- 사회 계약론(후마니타스, 장 자크 루소, 김영욱 역)
- 아리스토텔레스 정치학(쌤앤파커스, 김재홍)
- 공정하다는 착각
  (와이즈베리, 마이클 샌델, 함규진 역)
- 사회적 갈등 해결하기
  (부글북스, 쿠르트 레빈, 정명진 역)
- 법의 정신(책세상, 샤를 드 몽테스키외, 고봉만 역)
- 국부론(현대지성, 애덤 스미스, 이종인 역)
- 사회학 아는 척하기(팬덤북스, 존 네이글, 양영철 역)
- SDGs 교과서(도서출판 선인, 이창언)

학과 주요 교과목은?

기초 과목	교육학개론, 교육심리학, 교육사회학, 교육과정 및 평가, 교육행정, 사회과학교육론, 인간과 사회 등
심화 과목	사회와 교육, 민주정치론, 정치사, 사회교재연구, 사회와 법률, 국제관계론, 사회조사방법론, 정치와 사회, 경제교육론, 시장경제의 탐구와 연습, 통합사회교육론, 사회과 평가론, 법교육개론, 지역문화의 탐구, 한국사회의 이해, 세계화와 현대사회, 한국지리, 세계지리, 한국근대사 등

졸업 후 진출 분야는?

기업체	방송국, 신문사, 잡지사, 박물관, 출판사, 학원, 사회적 기업, 교구개발 업체, 에듀넷, 눈높이 대교닷컴, 웅진씽크빅 등
연구소	사회 관련 연구소, 교재 개발 연구소, 한국교육개발원, 한국교육과정평가원, 국토연구원, 서울연구원, 역사박물관, 한국교육학술정보원, 한국장학재단, 한국국제협력단, 한국법제연구원, 한국청소년정책연구원 등
정부 및 공공 기관	교육청, 교육부, 사회 조사 기관, 한국산업인력공단, 지적공사, 대한무역투자진흥공사, 건강관리공단, 사회보장정보원, 한국노인인력개발원 등
교육계	국립·공립·사립 초등학교, 특수학교 등

🔍 전공 관련 선택 과목은?

▶ 국어, 영어 교과는 모든 학문의 기초적인 성격을 가진 도구교과로 모든 학과에 이수가 필요하여 생략함.

수능 필수	화법과 언어, 독서와 작문, 문학, 대수, 미적분Ⅰ, 확률과 통계, 영어Ⅰ, 영어Ⅱ, 한국사, 통합사회, 통합과학, 성공적인 직업생활(직업)		
교과군	선택 과목		
	일반 선택	진로 선택	융합 선택
수학, 사회, 과학	세계시민과 지리, 세계사, 사회와 문화, 현대사회와 윤리	한국지리 탐구, 도시의 미래 탐구, 동아시아 역사 기행, 정치, 법과 사회, 경제, 윤리와 사상, 인문학과 윤리, 국제관계의 이해	여행지리, 사회문제 탐구, 금융과 경제생활, 윤리문제 탐구, 기후변화와 지속가능한 세계
체육·예술			
기술·가정/정보			
제2외국어/한문			
교양	생태와 환경	인간과 철학, 인간과 심리, 교육의 이해	인간과 경제활동, 논술

학교생활기록부 관리는?

출결 사항	• 미인정 출결사항이 없도록 관리하세요. 미인정 출결사항이 있으면 학교 생활 충실도나 인성, 성실성 영역에서 부정적인 평가를 받을 가능성이 높아요. • 학교폭력과 관련된 내용이 있을 시 대학 입학에 불이익이 있으니 출결 및 학적사항에 기록되지 않도록 하세요.
자율·자치활동	• 다양한 교내 활동에서 자기주도적 참여를 통해서 전공 분야에 대한 학업역량, 진로역량 등이 드러나도록 하세요. • 학급 토론 및 학교 대토론회 참여하여 친구들의 이야기를 경청하고 자신의 생각을 논리적으로 이야기하면서 학교의 불편한 점을 해결하는 모습을 보여주세요.
동아리활동	• 교육관련 동아리를 만들어 멘토링 및 교육관련 프로젝트를 진행하고, 이를 통해 다양한 지식을 효율적으로 전달할 수 있는 다양한 방법을 탐구하여 적용해 보세요. • 동아리 가입동기, 본인의 역할, 배우고 느낀 점, 사회교육과 진학을 위해 기울인 활동과 노력이 나타날 수 있도록 참여하세요.
진로 활동	• 사회교육과 관련 직업 정보 및 관련 역량을 탐색하고 고등학교 생활에서 함양할 수 있는 역량이 무엇인지 확인하여 이에 대한 노력을 기울여 보세요. • 교육 및 사회관련 최근 이슈가 무엇인지 지속적으로 관심을 가지고 이에 대해 심화 탐구하여 진로 시간에 발표하여 학교생활기록부에 기록될 수 있도록 하세요.
교과학습 발달상황	• 국어 및 사회 관련된 교과 성적은 상위권으로 유지시키고, 관련 교과 수업에서 학업역량, 진로 역량, 공동체 역량이 발휘될 수 있도록 수업에 적극 참여하세요. • 교과 시간에 배운 내용에 대한 호기심을 교사 및 스스로에게 연계 질문하고 새로운 문제해결 방법을 학교 프로그램 및 교과 연계 독서를 활용하여 탐구하고 그 내용이 기록되도록 하세요.
독서 활동	• 인문학, 철학, 역사, 사회학, 교육관련 다양한 분야의 책을 통해 교과시간에 배운 내용을 심화 확장해 보세요. • 사회과학 및 교수학습방법, 에듀테크 관련 독서 활동을 통해서 사회교육 관련 기본적인 지식을 쌓는 것이 중요해요.
행동 발달 특성 및 종합 의견	• 사회문제에 대해 친구들과 소통하려는 모습과 성실함 그리고 사회 개혁을 위해 노력하는 모습이 드러날 수 있도록 해요. • 이러한 활동을 통해 자기주도성, 리더십, 의사소통 능력, 문제 해결 능력이 표현되도록 하세요

이론수학자과 응용수학자의 차이에 대해 알아볼까요?

➜ 수학자는 크게 이론수학자와 응용수학자로 나뉘어요. 이론수학자는 새로운 이론과 기존 수학 이론들 간의 새로운 관계를 개발함으로써 수학을 발전시켜요. 이론수학자들이 개발한 이런 순수·추상 지식은 수학의 기초 지식도 향상시키지만 결국 과학과 공학을 발전시키는 데 기초가 돼요.

➜ 반면, 응용수학자는 경영, 정책, 공학, 생활, 사회과학 등에서의 실질적 문제를 해결하고 정형화시키기 위해 수학적 모델링, 컴퓨터의 활용 등과 같은 이론과 기술을 이용해요. 이들은 컴퓨터와 네트워크 통신, 질병에 대한 새로운 약의 효과, 공기 역학의 성질, 생산 공정 등 산업 분야에서 적용되는 수학적 방법을 연구·개발하여 산업을 발전시키는 데 적용해요.

수학교사란?

'덧셈, 곱셈, 뺄셈, 나눗셈 같은 사칙연산만 할 수 있어도 생활하는 데 전혀 문제가 없는데, 왜 미적분과 같은 어려운 수학을 공부해야 할까?'라는 고민을 한번쯤은 해 보았을 것입니다.

결론부터 이야기하자면 수학은 응용하는 능력을 향상하기 위해 필요한 학문이기 때문입니다. 일상생활에서 우리는 '1+1은 무엇인가?'라는 질문보다 '내가 사과 1개를 가지고 있는데, 친구가 나에게 사과 1개를 더 준다면, 내가 가진 사과는 총 몇 개인가?'라는 식의 질문을 더 많이 접하며, 우리가 가진 수학적 지식을 활용해 그에 대한 답을 찾기 위해 노력합니다.

이처럼 '내가 가진 지식을 실제로 어떻게 활용할 수 있는가?'라는 물음을 던지는 것이 중등 수학의 의의이며, 이 물음에 대한 답을 찾는 데 가장 합리적인 도구가 수학입니다.

수학교사
수학교육과

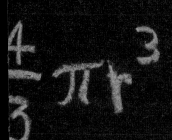

수학은 여러 자연 현상이나 사회 현상들을 추상화·계량화하여 그 본질적 성질에 대해 설명할 수 있는 학문입니다. 단순히 숫자를 계산하는 것만이 아닌, 복잡하고 어려운 문제들을 계산하고 해결하는 과정을 통해 논리적으로 생각하는 방법과 문제 해결력을 기를 수 있습니다. 다시 말해, 수학을 통해 수리력, 추리력, 분석력, 엄격한 논리 체계 및 사물을 인식하고 이해하는 방법을 배우게 되는데, 이것은 모든 과학의 언어로서 자연과학, 공학, 인문학, 사회과학에 이르기까지 광범위하게 응용됩니다.

수학교사는 중등학교에서 중고등학생들에게 수학의 개념, 원리, 법칙을 이해하고 기능을 습득하며 수학적으로 추론하는 능력을 기르도록 도와주어, 학생들이 사회 및 자연 현상을 수학적으로 이해하고 문제를 창의적·합리적으로 해결할 수 있도록 지도하는 교사입니다.

수학교사가 하는 일은?

수학교사는 중·고등학교 학생들에게 수학을 가르치는 일을 합니다.

학생들이 실생활에서 수학 교과의 역량을 통해 문제를 해결하고, 수학 학습의 즐거움을 느끼며, 수학에 대한 흥미와 자신감을 가질 수 있도록 지도합니다.

이를 위해 수학교사는 학생이 눈앞에 당면한 문제만 보는 것이 아니라 보이지 않는 수학 원리를 파악할 수 있도록 심도 있는 질문을 만들고, 이를 학생들이 풀 수 있도록 교육합니다.

> » 학생의 능력과 수준 등을 고려하여 설명식 교수, 탐구 학습, 프로젝트 학습, 토의·토론 학습 , 협력 학습, 매체 및 도구 활용 학습 등을 선택하여 교육합니다.
> » 학생이 수학에 대한 흥미와 자신감을 갖고, 수학의 가치를 인식하며, 학습자로서 바람직한 태도와 실천 능력을 기를수 있도록 지도합니다.
> » 학생이 사회 및 자연 현상을 수학적으로 관찰, 분석, 조직, 표현하는 경험을 할 수 있도록 하여 수학의 개념, 원리, 법칙과 이들 사이의 관계를 이해할 수 있도록 교육합니다.
> » 문제 해결, 추론, 창의·융합, 의사소통, 정보 처리, 태도 및 실천과 같은 수학 교과 역량을 함양하기 위한 교육 환경을 조성하고, 이에 적합한 교수·학습을 운영합니다.
> » 학생의 사고를 촉진하는 다양한 발문을 통해 상호 작용이 활발한 학습 환경을 구축하고, 학생이 능동적으로 수업에 참여할 수 있도록 합니다.
> » 학생이 여러 수학적 지식, 기능, 경험을 연결하거나 수학과 타 교과나 실생활의 지식, 기능, 경험을 융합하여 새로운 지식, 기능, 경험을 생성하고, 문제를 해결할 수 있도록 지도합니다.
> » 수업을 설계 운영한 결과를 평가하고, 학생의 생활 태도와 진로 선택을 지도하며, 이 과정을 취합하여 학교생활기록부에 기록합니다.

Jump Up

수학의 분야에는 무엇이 있을까요?

우리는 사칙 연산과 도형, 수에 대한 개념 이해와 식의 계산 등의 여러 분야를 흔히 수학이라고 정의하지만, 알고 보면 수학은 크게 대수학, 기하학, 해석학 등의 3가지 분야로 구분되어요.

먼저 대수학은 소인수분해나 방정식 등 수학의 기초가 되는 수와 문자로 관련된 연산을 하는 것을 말하며, 다른 분야와 융합하여 널리 쓰이고 있어요.

다음으로 기하학은 점, 선, 면, 도형 등 대상의 모양, 크기, 위치 그리고 공간의 성질을 연구하는 분야이며, 건축이나 측량 등 실생활에 필요한 지식과 연관되어 있어요.

마지막으로 해석학은 미적분학을 포함하여 무한, 급수, 연속성, 적분 등 함수의 성질을 연구하는 학문으로, 수학적 사고를 키우는 데 도움이 되는 분야예요.

수학교사

커리어맵

- 한국과학창의재단 www.kofac.re.kr
- 교육부 www.moe.go.kr
- 창의인성교육넷 www.crezone.net
- 에듀넷 www.edunet.net
- 학교알리미 www.schoolinfo.go.kr
- 교육과정평가원 www.kice.re.kr

- 교육에 대한 역량 및 책임감 익히기
- 교육 및 봉사 관련 동아리 활동
- 수학 교육 관련 멘토링 활동
- 교사 관련 학과 탐방 및 직업 체험 활동
- 수학 교육 관련 독서 활동

관련기관

준비방법

- 책임감
- 창의력
- 수리력
- 언어 구사 능력
- 분석적 사고
- 논리적 사고

적성과 흥미

관련학과

- 수학교육과
- 수학과
- 응용수학과
- 수학통계학과
- 데이터응용수학과

수학교사

흥미유형

관련교과

- 탐구형
- 관습형

- 수학
- 과학
- 정보

관련자격

관련직업

- 중등학교 1급·2급 정교사

- 교감, 교장, 장학사
- 교육연구사
- 수학자
- 학원강사
- 방과 후 학교강사
- 수학교재개발자
- 방송국PD
- 은행원

적성과 흥미는?

　　수학교사는 교사로서 학생에 대한 통제력, 리더십, 판단력, 분석적 사고 능력이 필요하며, 원만한 수업 진행을 위한 정확한 언어 구사 능력이 필요합니다. 또한 교육자로서 투철한 사명 의식과 책임감이 필요하며, 교육과 학생에 대한 열정과 애정이 요구됩니다.

　　수학에 대한 전문적 지식을 가지고 있어야 하며, 수학 공식 및 수학 적 지식을 이해하여 실제 문제 해결에 응용·적용할 수 있는 능력이 요구됩니다. 문제 해결을 위한 논리적·분석적 사고, 새롭고 다양한 방법으로 문제를 해결할 수 있는 창의력이 필요합니다. 탐구형과 관습형의 흥미를 가진 사람에게 적합하며, 분석적 사고와 꼼꼼함, 신뢰감이 높은 성격을 가진 사람들에게 유리합니다.

수학교사 커리어맵

관련 학과 및 자격증은?

➜ 관련 학과 : 수학교육과, 수학과, 정보수학과, 응용수학과, 수학통계학과, 수리정보과학과, 통계학과, 세무학과, 데이터정보과학부 등

➜ 관련 자격증 : 중등학교 1급·2급 정교사, 실용수학능력검정 등

관련 직업은?

이론수학자, 응용수학자, 수학자, 학원강사, 방과 후 학교강사, 수학교재개발자, 방송국PD, 은행원, 증권 회사 직원, 보험 회사 직원 등

진출 방법은?

수학교사가 되기 위해서는 다음과 같은 네 가지 방법이 있습니다. 첫 번째, 사범계열의 수학교육학과를 졸업하거나 두 번째, 비사범계열의 수학과 등에서 교직 과목을 이수하여 졸업하면 중등학교 2급 정교사 자격을 취득할 수 있습니다. 세 번째, 교육학 전공자가 수학과(수학교육학과)를 부전공으로 이수하여 중등학교 2급 정교사 자격증을 취득할 수도 있습니다. 네 번째, 비사범계열 수학 관련 학과를 졸업한 후 교육대학원에 진학하여 석사 학위를 취득하여도 2급 정교사 자격을 취득할 수 있습니다. 교직 과목을 이수하면 학생들을 가르치는 데 필요한 교육학 영역을 비롯해 각 교과목의 내용과 전달 방법 등에 대해 배울 수 있습니다. 보통 4학년 1학기에는 중·고등학교에서 학생들을 대

상으로 교육 실습(교생 실습)을 합니다.

국공립 중·고등학교에서 일하려면 중등학교 2급 정교사 자격 취득 후 각 시도 교육청에서 시행하는 '국 공립 중등학교 교사 임용 후보자 선정 경쟁시험(교원 임용 시험)'을 치러야 합니다. 교원 임용 시험은 매년 11~12월에 시행되며, 시험 내용은 필기, 논술, 면접 등으로 이루어집니다.

사립 중·고등학교의 교사가 되려면 2급 정교사 자격은 취득하되 교원 임용 시험에 합격하지 않아도 됩니다. 결원이 생기면 각 학교별로 채용 공고를 내고, 학교장의 제청에 따라 이사회의 의결을 통해 채용합니다.

미래 전망은?

향후 5년간 수학교사의 고용률은 현 수준을 유지하거나 다소 감소할 전망입니다.

중등교사의 고용에 영향을 미치는 요인으로는 학생 수의 감소와 교육 정책의 변화 등을 꼽을 수 있는데, 일자리에는 긍정적인 요소와 부정적인 요소가 공존합니다.

먼저 긍정적인 요소로는 교육부가 공교육의 내실화를 목표로 교원 1인당 학생 수를 줄이기 위한 노력을 지속한다는 것입니다. 이에 교원 1인당 학생 수는 꾸준히 감소하여 2015년 현재 중학교 교사는 1인당 14.3명의 학생을, 고등학교 교사는 1인당 13.2명의 학생을 담당하고 있습니다. 교원 1인당 학생 수를 감소시키기 위한 정부의 정책이 지속될 것으

로 예상되어 이는 중등교사의 일자리에 긍정적인 영향을 미칠 수 있습니다.

연도별 중등교사의 수를 보면 최근 매년 소폭으로 증가하고 있음을 알 수 있습니다. 반면, 부정적인 요소로는 사범대학 등 중등 교원 양성 기관을 통해 배출되는 인력은 증가하는 데 반해, 중등학교 학생 수는 급격히 줄어들고 신규 채용 예정 교원 수는 제한되어 있다는 것입니다. 교육부는 매년 과목별 교원 수요 변동, 교원 증원 상황 등을 반영하여 임용 시험을 통해 선발할 중등교사의 수를 정하고 있습니다. 교사직에 지원하는 사람은 많고, 선발 인원은 제한되어 있어 중등교사로 취업하는 데 경쟁이 치열해질 것으로 예상됩니다.

Jump Up

수학과 관련된 유망 직업에 대해 알아볼까요?

미국의 구직 전문 사이트인 '커리어캐스트닷컴'의 최근 발표에 따르면, 미국의 주요 직업 200개를 평가한 결과, 최고 직업으로 '보험계리사'가 선정되었어요.

보험계리사는 보험 회사의 전반적인 위험을 분석·평가·진단하며, 보험 상품 개발에 대한 인·허가 업무와 보험료 및 책임 준비금 등을 산출하는 직업인데요. 이 분야는 오는 2020년까지 27% 성장할 것으로 예상되고 있어요.

현재 우리나라에서 보험 계리 업무를 하고 있는 사람들 중에는 수학과나 통계학과 출신이 압도적으로 많아요.

이외에도 수학 전공자 중에는 다수가 컴퓨터 전문가, 프로그래머, 통계학자, 컨설턴트, 금융·증권분석가 등의 미래 유망 직종에 종사하고 있어요. 이분만 아니라 정부 기관에서도 암호 작성, 암호 해독을 위해 수학자들을 채용하고 있지요.

최근 발표에 따르면 미래 직업 200만 개 중 40만 개가 수학 관련 직업이라고 해요.

수학교육과
수학교사 전공 분석

어떤 학과인가?

수학은 수학의 개념, 원리, 법칙을 이해하고 기능을 습득하여 주변의 여러 가지 현상을 수학적으로 관찰하고 해석하며 논리적으로 사고하고 합리적으로 문제를 해결하는 능력과 태도를 기르는 교과입니다.

수학은 오랜 역사를 통해 인류 문명이 발전하는 데 원동력이 되어왔으며, 세계화·정보화가 가속화되는 미래 사회의 구성원에게 필수적인 역량을 제공하는 역할을 하고 있습니다.

수학교육학과는 수학 교과 역량 함양을 통해 학생들이 복잡하고 전문화되어 가는 미래 사회에서 사회 구성원의 역할을 성공적으로 수행하고, 개인의 잠재력과 재능을 발현하며, 수학의 필요성과 유용성을 이해하고, 수학 학습의 즐거움을 느끼게 할 수 있는 다양한 방법을 연구합니다.

수학교육학과에서는 수학 교육을 학문적으로 연구하고 실천할 수 있는 교육을 실시하여 미래 인재를 양성하는 교사로서 갖추어야 할 전문 지식과 교수 능력, 융합 능력, 소양과 자질, 리더십을 함양하도록 합니다.

교육 목표와 교육 내용은?

수학 교육을 학문적으로 연구하는 전문인을 양성하고, 수학 교육의 질적 향상에 이바지할 수학교사 및 수학을 창의적으로 연구할 인력을 배출하는 데 목표를 둡니다.

중·고등학교에서의 수학은 학생들에게 자연과학, 공학, 의학뿐만 아니라 경제학, 경영학을 포함한 사회과학, 인문학, 예술 및 체육 분야를 학습하는 데 기초가 되며, 나아가 창의적 역량을 갖춘 융합 인재로 성장할 수 있는 기반을 제공합니다. 이에 수학교육학과에서는 학생들이 수학 지식을 이해하고 기능을 습득하는 것과 더불어 문제 해결, 추론, 창의·융합, 의사소통, 정보 처리, 태도 및 실천의 수학 교과 역량을 함양할 수 있도록 교육하는 전문 교사 양성을 목표로 합니다.

수학교육과의 교육내용으로는 수학교과 내용학과 수학교과 교육학으로 크게 나누어져 있습니다. 수학교과 내용학으로는 미적분학, 선형대수 등의 전공 기초 과목과 해석학, 확률및통계, 기하학, 대수학 등으로 이루어지는 전공 심화 과목들이 있습니다.

수학교과 교육학으로는 중등수학지도, 수학교육과정및평가 등의 기초 과목과 수학교과교육론, 수학교과논리및논술로 이어지는 심화과목을 배우게 됩니다.

» 학생들을 이해하고 교육의 현실과 본질을 이해하는 인재를 양성합니다.
» 중등학교 수학 교과 내용의 체계적 이해와 분석적 이해 능력을 갖춘 합리적·능률적인 사고를 지닌 인재를 양성합니다.
» 수학 교육의 특성을 이해하고, 수업 방법 능력을 갖춘 인재를 양성합니다.
» 수학 전문가로서의 소양을 기르며, 아울러 수학에 흥미를 줄 수 있는 수학교사를 양성합니다.
» 단체활동이나 특별활동을 지도하고 각종 학교행사를 준비, 지도합니다.
» 학업, 인성, 사회 적응 문제에 관하여 학부모와 상담하고 조언합니다.
» 학문 및 기타 문제에 관하여 학생들을 지도, 조언합니다.
» 학생의 생활 태도와 진로 선택을 지도하며, 이 과정을 취합하여 학교생활기록부에 기록합니다.

학과에 적합한 인재상은?

수학교육학과는 다양한 문제 상황을 해결할 수 있는 수학적 지식과 함께 창의적인 생각을 이야기할 수 있는 능력을 요구하고 있습니다. 따라서 수학교육학과에 지원하려는 학생은 고등학교 교육 과정에서 수학 및 교육학에 대한 관심이 있어야 합니다.

수리적 계산을 할 수 있는 논리적 사고력과 추리력, 추상적인 개념을 이해할 수 있는 능력을 갖춘 학생에게 유리합니다. 또한 교사로서 사명감과 자질을 가져야 함은 물론, 타인의 욕구나 느낌에 민감하고 이해하고 도와주는 등 타인에 대한 배려심이 많고, 타인과 즐거운 관계를 유지하며 협조하려는 태도가 필요합니다.

또한 다양한 학급 상황의 문제를 해결하기 위해 문제 해결 능력과 갈등 관리 능력, 의사소통 능력이 필요합니다.

관련 학과는?

수학과, 응용수학과, 정보수학과, 수리과학과, 수학통계과, AI수리학과, 수리빅데이터학과, 정보수학과, 데이터정보학과, 응용통계학과 등

주요 교육 목표

수학적 체계에 대한
분석적 이해를 갖춘 인재 양성

- -

수학 교과의 내용을 쉽고
정확하며 발전적으로 교육하는
교사 양성

- -

수학에 흥미를 줄 수 있는
수학교사 양성

- -

교육의 현실과 본질을
이해하는 교사 양성

진출 직업은?

수학교사, 교감, 교장, 장학사, 교육연구사, 대학교수, 은행원, 수학교재개발자, 교재교구제 작사, 학원강사, 보험계리사, 자산평가사, 펀드매니저, 공인회계사, 경제학자, 사회조사분석사, 수리경제학자, 통계학연구원, 금융자산운용가, 손해사정사, 외환딜러, 세무사, 데이터베이스관리자 등

취득 가능 자격증은?

- ☑ 중등학교 2급 정교사
- ☑ 정보처리기사
- ☑ 손해사정인
- ☑ 세무회계사
- ☑ 전산세무사
- ☑ 전산회계사
- ☑ 금융투자분석사 등

추천 도서는?

- 수학이 불완전한 세상에 대처하는 방법
  (해나무, 박형주 외)
- 어느 수학자의 변명
  (세시, G. H. 하디, 정회성 역)
- 수학, 문명을 지배하다
  (경문사, 모리스 클라인, 박영훈 역)
- 춤추는 술고래의 수학 이야기
  (까치, 래오나르도 믈로디노프, 이덕환 역)
- 역사를 품은 수학, 수학을 품은 역사
  (21세기 북스, 김민형)
- 청소년을 위한 수학의 역사(초록서재, 한상직)
- 자기주도학습 코칭 메뉴얼(성안당, 정현권)
- 학생들의 즐거운 수학교실(교육과학사, 김진호)
- 수학이 필요한 순간(인플루엔셜, 김민형)
- 수학비타민 플러스 UP(김영사, 박경미)
- 페르마의 마지막 정리
  (영림카디널, 사이먼 싱, 박병철 역)
- 교사를 위한 교육학강의(살림터, 이형빈)
- 대량살상 수학무기
  (흐름출판, 캐시 오닐, 김정혜 역)

학과 주요 교과목은?

기초 과목	교육학개론, 교육심리학, 교육사회학, 교육과정 및 평가, 교육행정, 교육실습 등
심화 과목	교과교육론, 수학교재연구, 교재강독, 수학교육사, 수학교수법, 선형대수, 미분방정식, 거리공간론, 편미분방정식, 확률론, 현대대수학, 미분기하학, 확률교육연구 및 연습, 미분방정식과 응용, 이산수학과 문제해결 및 실험, 논리와 집합, 수학적문제해결방법론, 인공지능과 교육, 빅데이터시각화, AI테크놀로지의 수업적용, 수학적 컴퓨터입문 등

졸업 후 진출 분야는?

기업체	은행원, 증권 회사, 보험 회사, 회계 사무소, 세무서, 다국적 기업, 학원, 출판사, 방송국, 리서치 회사, 산업 수학 혁신 센터 등
연구소	한국교육개발원, 한국교육과정평가원, 한국과학창의재단, 교육 관련 연구원(교육 프로그램 및 교구 개발), 한국창의 인성교육연구원, 국가수리과학연구소 등
정부 및 공공 기관	교육청, 교육부, 통계청, 수학영재교육원 등
교육계	국립·공립·사립 중·고등학교, 특수학교 등

전공 관련 선택 과목은?

▶ 국어, 영어 교과는 모든 학문의 기초적인 성격을 가진 도구교과로 모든 학과에 이수가 필요하여 생략함.

수능 필수	화법과 언어, 독서와 작문, 문학, 대수, 미적분 I, 확률과 통계, 영어 I, 영어 II, 한국사, 통합사회, 통합과학, 성공적인 직업생활(직업)		
교과군	선택 과목		
	일반 선택	진로 선택	융합 선택
수학, 사회, 과학	대수, 미적분 I, 확률과 통계, 현대사회와 윤리	기하, 미적분 II, 경제 수학, 인공지능 수학, 직무 수학, 윤리와 사상	수학과 문화, 실용 통계, 수학과제 탐구
체육·예술			
기술·가정/정보	정보	인공지능 기초, 데이터 과학	
제2외국어/한문			
교양		인간과 철학, 인간과 심리, 교육의 이해	

학교생활기록부 관리는?

출결 사항	• 미인정(무단) 사항이 없도록 관리해요. 교육학과를 진학하고자 하는 학생은 출결 사항에서 성실성이 보이도록 노력하세요.
자율·자치활동	• 학급 자치 활동 등에 적극 참여하여 리더십과 갈등 관리 능력을 보여 주세요. • 의미가 있다고 판단되는 자율 활동에 참여하여, 참여의 의미와 이를 통해 느낀 점을 기록해 두세요. • 수학에 어려움을 겪는 학급 친구를 위해 수업 내용을 정리하여 공유하는 학급 멘토링 활동에 참여해 보세요.
동아리활동	• 수학적 지식을 통해 다양한 문제를 해결하고자 노력하는 동아리를 만들거나 참여해 보세요. • 교육 관련 멘토링, 토론 등의 동아리 활동에 참여하고, 이를 통해 성장한 자신의 모습이 학교생활기록부에 기록되도록 노력하세요. • 학교 교육계획에 의해 실시하는 봉사활동에 적극 참여하여 느낀점을 기록해 두세요.
진로 활동	• 관심 전공 학과 탐방 및 사범대 선배와의 인터뷰를 통해 진학에 필요한 역량을 알아보고, 이를 함양하기 위해 노력하는 모습을 보여 주세요. • 사회적 현상과 수학 연관성을 찾는 다양한 활동을 지속적으로 해 보세요.
교과학습 발달상황	• 수학 교과에 대한 흥미를 가지고 끈기 있게 공부하려는 의지를 보여 주세요. • 하나의 현상에 대해 논리적이고 과학적으로 분석하고, 이를 통합적으로 이해하려는 모습이 드러나도록 하세요.
독서 활동	• 수학, 교육 관련 분야의 책을 읽고, 인접한 학문과 연계하여 통합적으로 이해하려는 노력이 필요해요. • 과장된 독서는 오히려 불리한 평가를 받을 수 있으니, 자신의 수준에 적합한 독서를 하는 것을 권장해요.
행동 발달 특성 및 종합 의견	• 학교생활에서 규칙을 잘 지키는 모습과 학교 행사에 적극 참여하는 모습을 보여 주세요. • 이러한 모습을 통해 교사로서의 자질 및 자기주도성, 리더십, 성실성, 문제 해결 능력이 표현되도록 하세요.

역사교과와 사회교과의 차이점에 대해 알아볼까요?

➡️ 민주시민의 지식, 태도, 가치 등을 강조하며, 인간 사회의 생활 전반을 탐구하는 과목이라는 공통점을 가지고 있어요.

➡️ 역사교과는 사상과 감정이입, 인간의 의도와 동기를 강조하는 인문학의 성격을 강조하고 있다고 한다면, 사회과는 사회적 법칙이나 원리를 강조하고 추구하는 사회과학의 성격이 더 강하다고 할 수 있어요. 또한 역사교과는 특정한 개념을 설명하기 위한 사례가 더 중시되는 반면, 사회교과에서는 사례 보다는 그 개념 자체가 학습의 본질적 내용이 되는 과목이라고 할 수 있어요.

역사교사란?

중고등학교에서 역사, 한국사, 세계사, 동아시아사 등의 과목을 가르치는 교사입니다. 가르치는 내용은 정치사, 외교사, 사회사, 경제사, 문화사 등의 인류 역사의 모든 분야를 포함합니다.

역사과의 경우, 중학교 교육과정에서는 역사1, 역사2 과목을 통해 선사, 고대, 중세, 근세, 근대, 현대에 걸친 정치, 경제, 사회, 문화, 문화권과 상호 연관 분야를 한국사와 세계사를 통합하는 방법론으로써 가르치게 되고, 고등학교 교육과정에서는 과거에 분리되었다가 한국사로 통합된 과거의 국사/근현대사/한국문화사 과목의 내용요소를 가르칩니다.

역사교사
역사교육과

또한 고등학교에서는 한국사와 세계사, 동아시아사를 가르치는 교사가 따로 존재하지 않고 역사교사 1명이 이 세 과목 전부 혹은 세 과목 중 두 과목을 동시에 가르치는 경우도 많습니다.

역사교육과 또는 역사학과/사학과/한국역사학과/서양사학과/동양사학과 등 관련 학과에서 교육과정에 따른 비중에는 차이가 있더라도 한국사, 동양사, 서양사를 모두 가르치는데다가 결정적으로 역사과 임용시험에서는 교과교육학(역사교육학)과 교과내용학(한국사, 동양사, 서양사, 기타사) 전체가 출제되기 때문에 가능합니다.

역사교사가 하는 일은?

역사교사는 일반적으로 다양한 교수학습 방법을 활용하여 역사에 대한 기초적 지식을 전달합니다. 학생들이 역사와 함께 세계의 여러 모습을 종합적으로 이해하고, 다양한 역사를 간접 체험할 수 있도록 돕습니다. 우리나라의 역사적 전통과 문화의 특수성을 파악하여 민족사의 발전상을 이해하고, 이를 바탕으로 인류 생활의 발달 과정과 각 시대의 문화적 특색을 교육합니다.

또한 다른 전문 분야와 마찬가지로 역사교사는 올바른 교육목표를 설정하고 달성할 수 있도록 교육 목표에 따른 커리큘럼을 구성하고, 교육 내용을 올바르게 제시합니다. 자료 표현의 한계, 많은 양의 텍스트와 날짜 등은 학생들로 하여금 열의를 잃기 쉬우므로 역사 과목의 지식 전달보다는 이해 위주의 학습 방법을 고민해서 좋은 정보나 도표를 찾는 과정은 물론 이해하기 쉬운 언어로 설명, 제시합니다. 교육현장에서 교과서 및 시청각자료 등 다양한 학습 자료를 활용하여 수업을 진행하고, 과제를 내주고 결과를 검토 및 지도합니다. 수업을 설계·운영한 결과를 시험을 통해 평가하고, 학생의 생활 태도와 진로 선택을 지도하며, 이 과정을 취합하여 학교생활기록부에 기록합니다.

» 한국사와 세계사에 대한 올바른 이해와 가치관을 위해 수업합니다.
» 학생들에게 올바른 역사관을 심어주는 역할을 합니다.
» 수업을 설계 운영한 결과를 평가하고, 학생의 생활 태도와 진로 선택을 지도하며, 이 과정을 취합하여 학교생활기록부에 기록합니다.
» 학생의 사고를 촉진하는 다양한 발문을 통해 상호작용이 활발한 학습 환경을 구축하고, 학생이 능동적으로 수업에 참여할 수 있도록 합니다.
» 단체활동이나 특별활동을 지도하고 각종 학교행사를 준비, 지도합니다.
» 학업, 인성, 사회 적응 문제에 관하여 학부모와 상담하고 조언합니다.
» 학생의 생활 태도와 진로 선택을 지도하며, 이 과정을 취합하여 학교생활기록부에 기록합니다

Jump Up

학예사와 큐레이터에 대해 알아볼까요?

일반적으로 큐레이터와 학예사는 같은 의미로 인식되고 있어요. 그러나 대체로 학예사는 박물관의 전문인력을, 큐레이터는 미술관의 전시기획 전문인력을 말해요. 따라서 미술관과 달리 박물관 관련 업계에서는 학예사라는 단어를 더 많이 써요.
학예사라는 단어를 더 정확히 표현하자면 큐레이터(Curator) 이외에도 보존과학자를 지칭하는 컨서베이터(Conservator), 교육을 담당하는 에듀케이터(Educator), 연구 업무를 담당하는 리서처(Researcher), 유물 관리를 전담하는 레지스트라(Registrar) 등의 여러 학예 업무를 통합적으로 수행하는 직업이라고 할 수 있어요. 보존과학자 같이 특별한 경우가 아니라면, 우리나라에서의 학예사들은 큐레이터, 에듀케이터, 리서처, 레지스트라의 분야 모두를 통합하여 수행해요.
학예사는 '연결해 주는 사람', '물건(혹은 장소)에 깃든 이야기를 듣고, 그 이야기를 엮어서 전달해주는 사람'이라고도 불려요.

역사교사 커리어맵

관련기관
- 교육부 www.moe.go.kr
- 창의인성교육넷 www.crezone.net
- 에듀넷 www.edunet.net
- 학교 알리미 www.schoolinfo.go.kr
- 교육과정평가원 www.kice.re.kr
- 한국교육개발원 www.kedi.re.kr
- 국사편찬위원회 www.history.go.kr
- 대한민국역사박물관 www.much.go.kr
- 국가기록원 www.archives.go.kr
- 한국역사교육학회 historyedu.or.kr

준비방법
- 대인관계 능력 함양하기
- 역사교육에 대한 역량 및 책임감 기르기
- 역사교육관련 동아리 활동
- 교육 관련 멘토링 활동
- 역사교육 관련 학과 탐방
- 역사교육 관련 직업 체험 활동
- 국내외 역사 관련관련 독서 활동

적성과 흥미
- 종합적 분석 능력
- 올바른 인성
- 비판적 사고
- 리더십
- 분석적 사고
- 공감 능력
- 타인의 대한 배려

관련학과
- 사회교육과
- 일반사회교육과
- 지리교육과
- 윤리교육과
- 사회학과
- 경제학과
- 법학과

흥미유형
- 사회형
- 관습형
- 탐구형

역사교사

관련교과
- 국어
- 사회
- 정보
- 한문

관련자격
- 중등학교 1급·2급 정교사

관련직업
- 교감, 교장
- 장학사
- 교육연구사
- 교구 및 교재 개발자
- 입학사정관
- 학원강사
- 역사학연구원
- 교육행정가

적성과 흥미는?

역사교사에 뜻을 가지고 있고 역사에 흥미와 관심이 있는 학생들에게 유리한 전공입니다. 한국사와 동아시아사 및 세계사를 종합적으로 이해할 수 있어야 하며, 의견 전달력과 종합적 분석 능력이 필요합니다. 또한 교직에 대한 지식과 사람에 대한 사랑, 풍부한 교양 및 학식을 갖춘 올바른 인성이 요구됩니다.

새로운 지식을 찾는 능력, 받은 정보를 보다 이해하기 쉬운 맥락으로 재구성하는 능력, 각 학생에게 맞는 개별적인 접근 방식을 찾는 능력, 커리큘럼을 구성하는 능력, 자료의 접근 가능한 프레젠테이션 및 수업의 흥미로운 구성 능력을 탐구하는 것에 흥미를 갖고 있으면 좋습니다. 또한 학생에 대한 통제력, 리더십, 판단력, 분석적 사고력이 필

요하며, 원만한 수업 진행을 위한 언어 구사 능력이 필요합니다. 무엇보다도 청소년기 학생들의 욕구나 느낌에 민감하고 이들을 이해하고 도와주는 등 타인에 대한 배려가 많은 성격이거나 다른 사람들과 즐거운 관계를 유지하며 협조적인 태도를 필요로 합니다. 청소년기의 학생들을 올바른 길로 이끌고 바람직한 삶의 자세를 일깨워 주는 지도력과 함께 기본적인 흥미유형에서는 사회형으로 다른 사람들을 훈련시키고, 발달시키며, 치료해주기 위한 활동들을 선호합니다. 아울러 물리적, 생물학적, 문화적 현상에 호기심을 가지고 관찰하는 것을 즐기는 탐구형의 흥미유형이 적합합니다.

역사교사
커리어맵

관련 학과 및 자격증은?

→ 관련 학과 : 역사교육과, 사학과, 고고학과 등
→ 관련 자격증 : 중등학교 1·2급 정교사, 평생교육사,
　　　　　　　　한국사능력검정, 세계사능력검정 등

진출 방법은?

역사교사가 되기 위해서는 2급 정교사 자격증을 취득해야 합니다. 우선 '교직 이수'를 해야 하는데, 교직 이수에는 크게 세 가지 방법이 있습니다.

사범대학교의 역사교육학과를 졸업하거나 역사학과를 비롯한 비사범계열 학과에서 교직 과목을 이수하여 중등학교 2급 정교사 자격증을 취득해야 합니다. 또한 비사범계열 학과를 졸업한 경우에는 교육대학원에 진학하여 석사 학위를 취득하면 2급 정교사 자격증을 취득할 수 있습니다.

국공립 중고등학교의 역사교사가 되기 위해서는 2급 정교사 자격증 취득 후 각 시도 교육청에서 시행하는 '국공립 중등학교 교사 임용

시험 후보자 선정 경쟁시험(교원임용 시험)'에 합격해야 합니다. 교원 임용 시험은 매년 11~12월에 시행되며, 시험 내용은 필기, 논술, 면접 등으로 이루어집니다. 임용 시험은 역사과목으로 자신이 취득한 교원 자격증의 표시 과목으로 응시할 수 있습니다.

사립 중고등학교의 교사가 되려면 2급 정교사 자격증을 취득하되 교원 임용 시험에 합격하지 않아도 결원이 생긴 각 학교별로 채용 공고를 내고, 학교장의 제청에 따라 이사회의 의결을 통해 채용됩니다.

출산 및 육 휴직 등으로 일정 기간 휴직하는 교사를 대체하기 위한 기간제교사의 경우에도 교원 임용 시험의 합격 여부와 관계없이 중등학교 2급 이상 정교사 자격증이 있다면 채용 가능합니다.

관련 직업은?

중등학교 역사교사, 세계사교사, 장학사, 교육행정직 공무원, 교재 및 교구 개발원, 입학사정관, 학원 강사, 교재개발 편집자, 연구원, 고고학자, 문화재보존원, 사범계열 교수, 신문기자, 언론인, 역사학 연구원, 일반 공무원, 작가, 출판물 기획자, 큐레이터 등

미래 전망은?

역사교사의 고용은 현 상태를 유지하거나 감소할 것으로 전망됩니다. 사범대학 등 중등교원 양성 기관을 통해 배출되는 인력은 증가하는데 비해 중등학교의 학생 수는 과거 2000년대까지 증가하다가 최근에 급격히 줄고 있는 추세입니다. 우리나라의 인구구조를 살펴볼 때 저출산으로 인한 향후 중고등학생의 학생 수는 더욱 감소할 것으로 예상되므로 지속적인 교원 충원에는 부정적인 전망이 크다고도 볼 수 있습니다.

그러나 교원 1인당 학생 수가 점차 줄어들고 있고, 교직에서 베이비부머 세대들의 퇴직이 시작되고 있고, 육아휴직을 하는 교사들이 증가함에 따라서 중등교사의 일자리는 소폭으로 증가할 것으로도 예상됩니다.

또한 역사교육과의 경우 중등교사로의 진출 외에도 교수, 각종 박물관, 역사 및 문화 관련기관의 학예사, 연구원, 공무원 등 그 분야가 다양하고, 21세기 역사 및 문화에 대한 사회적 수요가 더욱 증가할 것으로 전망되어 역사 교육 전공자로서 활로가 다양해지고, 활발해질 것으로 기대하고 있습니다.

Jump Up

문화재보존원에 대해 알아볼까요?

문화재보존원은 역사적 또는 예술적으로 가치가 있는 건조물, 서적, 미술품, 공예품, 조각품 등의 유형 문화재를 보존하고 수리하며 복원하는 등의 업무를 수행해요. 과학적인 방법을 활용해 손상되거나 훼손된 문화재의 원형을 되살리며, 복원에 사용될 재료를 개발하는 등 관련 기술을 연구해요. 국가 중요 문화재에 대해 정기적으로 보존 상태를 조사하여 장기 보존 대책을 마련하는 등 문화재 보존 환경에 대한 연구 개발을 수행하기도 해요. 또한 문화재의 생물학적 손상 방지 및 이에 따른 손상 원인 규명을 통해 적절한 방제 방안을 수립하고, 문화재의 생물 피해를 최소화하기 위한 방제 약품 개발 등에 관해 연구하는 역할을 해요.

역사교육과
역사교사 전공 분석

어떤 학과인가?

역사 교육은 과거, 현재, 미래를 서로 연결시켜 배우는 교육 활동으로 다양한 자료와 유물을 바탕으로 인간과 사회문제를 시간적 변화 속에서 분석한다는 점에서 모든 인문과학의 기초나 다름없습니다. 최근 '한국사'를 수능시험에서 필수 과목으로 채택하면서, 대학에 설치된 역사학, 고고학에도 국민적 관심이 높아지고 있습니다.

이에 역사교육학과는 인류의 역사를 현재와 연관지어 연구하고, 그 지식을 널리 보급함으로써 사회 전반적인 지식과 교양을 높이며, 나아가 현재에 대한 올바른 안목과 미래에 대한 전망을 갖춘 역사교사를 양성하는 학과입니다.

역사교육학과는 한국사와 세계사에 대한 올바른 이해와 역사교육자로서의 소양을 구비하게 하고, 한국의 역사교육과 역사 연구에 기여할 수 있는 역량을 보유하도록 돕습니다. 또한 현대와 가까운 과거에 대한 이해를 심화함으로써 현대 세계와 우리 국가와 사회에 대한 통찰력을 확대하고, 다양한 역사적 자료를 탐구하고 해석하는 과정을 통해 스스로 문제의식을 가지고 비판적으로 사고하는 능력을 기르는 데에 목적이 있습니다. 궁극적으로는 현대 사회가 직면한 문제들에 대한 역사적 배경과 상호 관련성을 파악하여 그 의미와 가치를 평가하고, 다양한 삶의 방식에 대한 이해를 기초로 다른 문화와 전통을 존중하는 태도를 갖추도록 합니다.

교육 목표와 교육 내용은?

역사교육의 목표가 인간의 과거에 관한 지식과 역사적 사실 소재를 바탕으로 바람직한 역사적 가치관과 태도를 함양하고, 역사적 사고력과 통찰력을 신장하여 바람직한 역사적 기능과 태도, 가치관을 갖춘 인간상을 양성하는 데 그 목적이 있습니다. 역사교육학과에서는 국가의 교원양성정책을 기초로 하여 바람직한 인간교육을 실현할 수 있는 이상적인 중고등학교 역사교사와 역사교육 전문가 양성을 교육목표로 두고 있습니다.

국내외 시사적 논점에 대한 기본 지식은 물론, 그 정보들을 해석할 수 있는 능력을 기르고, 한국사와 세계사에 대한 올바른 이해와 다양한 문화를 존중할 수 있는 역사교육자로서 성장할 수 있도록 돕습니다. 현 사회의 문제를 과거의 역사적인 사건과 비교하여 살펴볼 수 있는 안목을 갖출 수 있도록 다양한 연대기 파악력, 역사 탐구 능력, 역사적 상상력, 판단력이 뛰어난 인재를 양성하는 데 중점을 두고 있습니다. 그러한 역사적 사고력의 신장을 통해 현재의 삶을 이해하고 나아가 미래에는 어떻게 나아가면 좋을지를 생각해 보도록 함으로써 궁극적으론 역사적 통찰력을 가진 역사가를 육성하는 것을 목표로 합니다.

» 학생들이 갖추어야 할 소양으로써의 역사교육을 위해 한국사를 포함하는 세계사를 총체적으로 학습할 수 있는 역량을 갖춘 인재를 양성합니다.
» 역사에 관한 광범위하고 체계적인 지식을 습득하여 학습자에게 올바른 역사관을 정립할 수 있도록 돕는 교육인을 양성합니다.
» 국내 및 국제 정세의 흐름을 파악하여 변화에 적극적으로 대처할 수 있는 능력을 갖춘 인재를 양성합니다.
» 학교 현장에서의 여러 제반 업무와 학생 지도를 위한 실무 능력을 지닌 인재를 양성합니다.

학과에 적합한 인재상은?

역사교사가 되기 위해서는 기본적으로 인간에 대한 깊은 호기심을 가지며, 인류와 사회의 발달 과정에 대해 흥미를 느끼는 것이 중요합니다. 역사적 사료와 사료 사이의 여러 상황을 생각하는 상상력이 풍부하면 좋으며, 더불어 시사문제에 의문을 제기하고, 답을 찾는 논리력을 갖춘다면 유리합니다.

역사교사에 뜻을 가지고 있고, 한국사와 동아시아사 및 세계사를 종합적으로 이해할 수 있어야 하며, 폭넓은 시각과 의견 전달력, 종합적 분석 능력이 필요합니다.

역사교육이라는 말에는 역사를 '가르친다'라는 의미와 역사로써 '교육을 한다'라는 두 의미를 가지고 있습니다. 따라서 한국사와 세계사의 학문적 역량뿐만 아니라 교사로서의 자질과 소양을 갖춘 교육학에도 관심을 가지고 있으면 좋습니다.

또한 교직에 대한 나름대로의 확고한 가치관과 인성, 사람에 대한 사랑, 풍부한 교양 및 학식을 갖춘 올바른 삶의 자세도 요구됩니다. 더하여 학생을 상대하는 직업이므로 한창 감수성이 풍부하고 예민한 청소년기의 학생들이 겪을 수 있는 다양한 문제 상황을 해결하기 위한 문제해결 능력과 갈등 관리 능력, 그리고 의사소통 능력이 필수적입니다.

관련 학과는?

역사교육학과, 국사학과, 사학과, 국사학전공, 고고학과, 고고인류학과, 문화유산융합학부, 역사문화학과, 역사학과, 한국사학과 등

주요 교육 목표

역사에 대한 기본 지식과 함께 올바르게 해석할 수 있는 능력을 갖춘 인재 양성

- -

교육 현장에서의 제반 업무와 학생 지도 능력을 갖춘 인재 양성

- -

교육적 사명감과 윤리 의식을 지닌 인재 양성

- -

시사 문제를 과거 역사적 사건과 비추어 해석하고 해결하는 방법을 찾는 인재 양성

- -

역사적 사실을 바르게 전달하고자 다양한 교육 방법 연구를 위해 노력하는 인재 양성

- -

한국사와 세계사의 다양한 역사를 존중하는 배려를 지닌 인재 양성

진출 직업은?

중등교사, 방송기자, 편집기자, 교재 및 교구 개발자, 사진기자, 잡지사, 교재개발 편집자, 연구원, 평론가, 평생교육사, 학원 강사, 방문교사, 교육행정가, 역사문화콘텐츠 기획 및 제작자, 큐레이터, 문화관광해설사, 기자, PD 등

 ### 취득 가능 자격증은?

☑ 중등학교 2급 정교사
☑ 평생교육사
☑ 한국사검정시험
☑ 세계사검정시험 등

추천 도서는?

- 백범일지(스타북스, 김구)
- 역사 산책 마음으로 걷는 시간 여행
  (지식과감성, 문동일)
- 역사란 무엇인가(까치, 에드워드H. 카, 김택현 역)
- 무엇이 역사인가(프롬북스, 린 헌트, 박홍경 역)
- 총, 균, 쇠(김영사, 제레드 다이아몬드, 강주헌 역)
- 역사의 쓸모(다산초당, 최태성)
- 조선시대 사람들은 어떻게 살았을까
  (현북스, 한국역사연구회)
- 왜 역사를 배워야 할까?
  (휴머니스트, 샘 와인버그, 정종복)
- 다시 찾는 우리 역사(경세원, 한영우)
- 역사의 역사(돌베개, 유시민)
- 내일을 위한 역사학 강의(문학과지성사, 김기봉)
- 조선 그 마지막 10년의 기록
  (책비, 제임스 S. 게일, 최재형 역)
- 쟁점 한국사(창비, 한명기)
- 민주주의 잔혹사(창비, 홍석률)
- 교사생활 월령기(에듀니티, 경기교육연구소)
- 정의란 무엇인가(와이즈베리, 마이클 샌델, 김명철 역)

학과 주요 교과목은?

기초 과목	교육학개론, 교육심리학, 교육사회학, 교육과정 및 평가, 교육행정, 역사교육론, 역사학개론, 한국사, 서양사, 한국사 사료강독, 서양중세사, 동아시아현대사 등
심화 과목	한국근대사, 역사과교수법, 지방사의 이론과 방법, 동아시아사의 역사와 문화, 역사과논술, 답사의 이론과 실제, 동양사특강, 서양지성사, 한국대외관계사의 이해 등

졸업 후 진출 분야는?

기업체	방송국, 신문사, 잡지사, 박물관, 출판사, 교구개발 업체, 시민사회단체 박물관, 사설학원, 광고회사, 일반회사, 영화사, 통번역사, 교육 및 역사 관련 단체 등
연구소	역사 관련 연구소, 교재 개발 연구소, 한국교육개발원, 한국교육과정평가원, 국토연구원, 서울연구원, 역사박물관, 한국교육학술정보원, 한국장학재단, 한국국제협력단, 한국법제연구원, 한국청소년정책연구원 등
정부 및 공공 기관	교육청 등 교육 관련 공공기관, 교육부, 한국산업인력공단 등
교육계	국립·공립·사립 초등학교, 특수학교 등

🔍 전공 관련 선택 과목은?

▶ 국어, 영어 교과는 모든 학문의 기초적인 성격을 가진 도구교과로 모든 학과에 이수가 필요하여 생략함.

수능 필수	화법과 언어, 독서와 작문, 문학, 대수, 미적분 I, 확률과 통계, 영어 I, 영어 II, 한국사, 통합사회, 통합과학, 성공적인 직업생활(직업)		
교과군	선택 과목		
	일반 선택	진로 선택	융합 선택
수학, 사회, 과학	세계사, 현대사회와 윤리	동아시아 역사 기행, 윤리와 사상, 인문학과 윤리, 국제관계의 이해	여행지리, 역사로 탐구하는 현대 세계, 사회문제 탐구, 윤리문제 탐구, 과학의 역사와 문화
체육·예술			
기술·가정/정보	정보		
제2외국어/한문	한문	한문 고전 읽기	언어생활과 한자
교양		인간과 철학, 인간과 심리, 교육의 이해	논술

학교생활기록부 관리는?

출결 사항	• 출결은 학생으로서 당연히 해야 하는 의무를 책임감 있게 수행하고 있는가를 판단하는 중요한 자료입니다. 미인정 출결사항이 있으면 부정적인 평가를 받을 수 있으니 미인정 출결이 없도록 관리하세요. • 학교폭력과 관련된 내용이 있을 시 대학 입학에 불이익이 있으니 출결 및 학적사항에 기록되지 않도록 하세요.
자율·자치활동	• 다양한 교내 활동에서 자기주도적 참여를 통해서 전공 분야에 대한 관심과 흥미, 의사소통 능력, 협업능력, 발전가능성 등이 드러나도록 하세요. • 교과서 배운 내용에 대해 호기심을 가지고 학교 프로그램을 통해 지식을 확장, 심화하는 모습을 학교생활기록에 기록될 수 있도록 하세요.
동아리활동	• 교육관련 동아리를 만들어 멘토링 및 교육관련 프로젝트를 진행하고, 이를 통해 다양한 지식을 효율적으로 전달할 수 있는 다양한 방법을 탐구하여 적용해 보세요. • 학교 교육계획에 의해 수행하는 봉사활동에 주도적으로 참여하여 공동체 역량을 함양하고 느낀점과 그 과정을 기록해 보세요.
진로 활동	• 역사교육 분야의 직업 정보 탐색 활동을 권장해요. • 관심학과 탐방 및 선배와의 대화 등을 통해 진로 정보를 탐색하고 고등학교 생활을 통해 관련 역량을 함양할 수 있는 학교 프로그램을 찾아 역량을 기르기 위해 노력해 보세요. • 진로 관련 독서 및 토론활동, 시사 문제에 관심을 가지고 지속적으로 탐색하는 모습이 드러나도록 하세요.
교과학습 발달상황	• 국어 및 사회 관련 교과 성적은 상위권으로 유지시키고, 관련 교과 수업에서 학업역량, 진로 역량, 공동체 역량이 발휘될 수 있도록 수업에 적극 참여하세요. • 교과 시간에 배운 내용에 대한 호기심을 교사 및 스스로에게 연계 질문하고 새로운 문제해결 방법을 학교 프로그램 및 교과 연계 독서를 활용하여 탐구하고 그 내용이 기록되도록 하세요.
독서 활동	• 교과 시간에 생긴 호기심을 확장하기 위해 역사, 인문학, 철학, 교육관련 다양한 분야의 책을 읽으세요. • 국내외 역사, 교수학습방법 및 에듀테크 관련 독서 활동을 통해서 역사교육 관련 기본적인 지식을 쌓는 것이 중요해요.
행동 발달 특성 및 종합 의견	• 창의력, 문제 해결 능력, 협업능력, 의사소통 능력 및 글쓰기, 말하기 능력 등이 드러날 수 있도록 해요. • 학교생활에서 자기주도성, 경험의 다양성, 성실성, 나눔과 배려, 학업태도와 학업의지에 대한 장점이 기록되도록 관리해야 해요.

원어민 교사에 대해 알아볼까요?

➡ 원어민 교사는 한국인 교사가 아닌 영어가 모국어인 영어교사로 주로 회화 및 영어권 문화, 에세이, 영어 토론 관련 수업을 담당하게 되어요.

➡ EPIK(English Program In Korea)에 따르면 공립 학교 교사들의 국적은 미국, 영국, 캐나다, 호주, 뉴질랜드, 아일랜드, 남아프리카 공화국과 인도 국적으로 한정되어 있어요. 이러한 원어민 교사들은 일반 대학에서 학사 학위를 받아야 하고 전과가 없어야 해요. 건강검진, 한국어 능력에 대한 검증, 인터뷰를 거쳐 회화지도 비자를 받고, 각 학교에 채용되며, 보통 학교에서 원어민 교사를 채용할 때 수업 전에 수습 기간 및 적응 기간을 거친 후 수업을 진행할 수 있어요. 학교 교사가 아닌 학원 강사나 과외 강사의 경우에는 원어민 강사라고 말하기도 해요.

➡ 이러한 원어민 교사 수업의 효과적인 점은 수업을 하는 동안 오직 영어로만 말할 수 있어 전체 학습의 진전 속도를 높이고, 언어 장벽을 되도록 줄일 수 있다는 것이에요. 영어 원음을 듣고, 원어민만이 적절하게 설명할 수 있는 어휘와 언어학적 뉘앙스를 배우고, 원어민과의 대화를 통해 문법과 자연스러운 지식의 형태로 전달되는 규칙을 배울 수 있어요. 또한 타문화에 대한 관용과 존중을 접하게 되며, 영어권 문화와 예술에 대한 체험을 해 볼 수도 있어요.

영어교사란?

영어는 국제적으로 통용되고 있는 언어로서 서로 다른 언어적 배경을 가진 사람들 간의 주요한 의사소통 수단입니다. 따라서 글로벌 시대 및 지식 정보화 시대라는 변화에 부응하고, 더 나아가 국제 사회에서 선도적인 역할을 수행하기 위해 영어를 이해하고 표현하는 능력을 갖추어야 합니다. 이러한 언어는 학습의 중요한 토대이기도 합니다. 대부분의 학습은 언어를 통해 이루어지므로 언어 능력은 학습의 성패를 결정하는 중요한 요인이 됩니다. 언어 능력이 부족하면 효과적인 학습이 어렵고, 결과적으로 정상적인 삶을 영위하기에 어려움이 많을 것입니다.

이에 영어교사는 공교육 기관인 초·중·고등학교에서 영어교과를 가르치는 교사, 학원이나 온라인 교육 플랫폼과 같은 사설 교육시설에서 영어(교과, 토익, 회화 등의 특정 영역)를 가르치는 교사, 대학교에서 영어나 영문학에 대해 가르치는 교수 등을 말하며 학습자가 영어 의사소통 능력을 갖추어 세계인과 소통하며 그들의 문화를 알고, 우리 문화를 세계로 확장시켜 나갈 사람을 교육하는 일을 합니다. 이를 위해 학습자가 영어에 대한 흥미와 관심을 갖고 이를 바탕으로 자기주도적인 영어학습을 지속할 수 있도록 이끄는 교육을 하는 역할을 합니다.

영어교사가 하는 일은?

영어교사는 국·공·사립학교에서 학생들을 대상으로 교육과정에 따라 영어수업지도, 학급운영, 생활지도 등을 담당합니다.

먼저 영어 과목의 목표와 내용을 분석하고, 학교와 학습의 특성에 맞게 고려하여 교과서를 중심으로 학습 내용을 구성합니다. 학교의 교육계획과 수업일수 등을 고려하여 교과목의 학습계획안을 작성하고 이에 맞는 교재 연구 및 교수, 학습 자료를 준비합니다. 학습 과제물을 검사하고, 시험을 출제하고 평가하는 등 학습평가를 실시합니다. 그 결과를 확인하여 학생들의 언어사용 양상을 파악하고, 학생 스스로 언어 사용에 관한 문제점을 깨달을 수 있도록 돕습니다. 이러한 과정을 통하여 학생들은 효과적으로 듣고, 말하고, 읽고, 쓸 수 있는 능력이 향상되고 영어에 대한 바람직한 가치관과 태도를 기를 수 있습니다.

또한 교사로서 학생들이 원만한 친구관계를 맺고 다른 사람과 더불어 생활하는 법과 안전사고 및 폭력 예방, 성교육, 기본 생활 습관, 급식지도, 등·하교지도 등 생활지도를 합니다. 학교생활, 가정생활, 교우관계 등에 대해 부모와 학생들과 상담을 하기도 하며, 학생들의 전학, 입학, 출석사항 관리, 생활기록부 관리, 학부모에게 보내는 가정통신문 준비 등의 학사업무를 하며, 학교 교육과정의 편성 및 운영에 참여하고 교직원 회의에 참석하는 등 학교업무를 수행합니다.

> » 영어 학습 내용을 가르치기 위하여 교과서, 시청각 자료, 실험 장치와 적절한 교수 방법을 적용하여 수업합니다.
> » 학습진단을 위하여 시험을 출제하고 그 결과를 평가하여 성적표를 작성합니다.
> » 전, 입학 등의 학사업무를 처리하고 교직원 회의 및 교사 연수 교육에 참여합니다.
> » 단체활동이나 특별활동을 지도하고 각종 학교행사를 준비, 지도합니다.
> » 학업, 인성, 사회 적응 문제에 관하여 학부모와 상담하고 조언합니다.
> » 학문 및 기타 문제에 관하여 학생들을 지도, 조언합니다.
> » 학생의 생활 태도와 진로 선택을 지도하며, 이 과정을 취합하여 학교생활기록부에 기록합니다.

Jump Up

4차 산업시대 영어교육의 방향은 어떻게 될까?

4차 산업혁명 및 AI 등장으로 인하여 영어 번역을 해주는 어플리케이션 및 휴대폰이 등장하면서 영어교육의 필요성과 방향성에 대해 고민해 볼 필요가 있어요. 즉 인공지능 통/번역 기능 및 생성형 인공지능이 있으면 영어를 배우지 않아도 될까라는 고민과 질문이 많은 시대인 것이에요.

이에 대해 알리바바의 (전) CEO로 지금 IT 시대를 이끄는 사람 중 하나인 마윈은 그렇지 않다고 말해요. 언어는 단순히 커뮤니케이션 용도가 아니고 단지 뜻과 의도를 전하는 것이 아니라, 타인의 문화를 이해하기 위한 수단이기 때문에 언어를 배우지 않고는 문화를 이해할 수 없고, 문화를 이해하지 않고는 진정으로 그 사람과 소통한 것이 아니라고 이야기 해요.

또한 생성형 인공지능이 번역과 요약을 하는 시대이기는 하지만 영어 실력에 따라 생성형 인공지능이 창출할 수 있는 생산성이 달라질 수 있기 때문에 영어 실력을 키우는 것은 역시 중요해요. 일례로 영어로 입력했을 때와 한국어로 입력했을 때 결과물이 다르고, 명령도 추상적이면 추상적인 결과물이 나오는 만큼 구체적으로 영어를 표현할 수 있도록 영어 실력을 높이는 영어 교육이 필요하다고 할 수 있어요.

영어교사

커리어맵

관련기관
- 교육부 www.moe.go.kr
- 창의인성교육넷 www.crezone.net
- 에듀넷 www.edunet.net
- 학교 알리미 www.schoolinfo.go.kr
- 교육과정평가원 www.kice.re.kr
- 한국영어교육학회 www.kate.or.kr
- 한국영어영문학회 ellak.or.kr
- 한국중등영어교육학회 www.kasee.org

준비방법
- 언어 능력 키우기
- 교육에 대한 역량 및 책임감 기르기
- 교육관련 동아리 활동
- 영어 교육 관련 멘토링 활동
- 영어 교육 관련 학과 탐방
- 영어 교육 관련 직업 체험 활동
- 영어교육 및 교육관련 독서 활동

적성과 흥미
- 공감능력
- 성실성
- 의사소통 능력
- 문제 해결 능력
- 상황대처 능력
- 배려와 나눔

관련학과
- 영어교육과
- 영어영문학과
- 영어과
- 영어문화학과
- 교육학과
- 시민영어교육과

영어교사

흥미유형
- 사회형
- 관습형
- 탐구형

관련교과
- 국어
- 영어
- 정보
- 제2외국어

관련자격
- 중등학교 1급·2급 정교사

관련직업
- 교감, 교장
- 국어교사
- 장학사
- 교육연구사
- 교구 및 교재 개발자
- 입학사정관
- 학원강사
- 교육행정가
- 무역담당자

적성과 흥미는?

영어와 관련된 어학실력이 마련되어 있는 게 가장 유리합니다. 그리고 영어교육과에서는 어학, 문학, 영어교수법도 배우기 때문에 어학뿐만 아니라 문학, 교수법에도 적성과 흥미가 있는 학생이면 좋습니다. 기본적으로 학습자에게 가르치는 것을 좋아하고, 다른 사람들이 말하는 것을 집중해서 듣고 상대방이 말하려는 것의 요점을 이해하거나 적절한 질문을 할 수 있는 역량을 갖추는 것이 유리합니다. 영어에 관한 지식과 더불어 글쓰기, 다양한 방법으로 가르칠 수 있는 교수 방법에 대해 탐구하려는 자세가 필요하고, 학생들과 함께 생활하며 발생할 수 있는 다양한 문제를 해결하기 위한 성실성, 의사소통 능력, 공감 능력, 문제 해결 능력, 상황대처 능력이 요구됩니다.

교사로서 청소년 학생들의 욕구나 느낌에 민감하고 이들을 이해하고 도와주려는 등 타인에 대한 배려가 많은 성격과 다른 사람들과 즐거운 관계를 유지하며 협조적인 태도도 필요합니다. 더불어 청소년기의 학생들을 올바른 길로 이끌고 바람직한 삶의 자세를 일깨워 주는 지도력도 갖추는 것이 좋습니다. 아울러 물리적, 생물학적, 문화적 현상에 호기심을 가지고 관찰하는 것을 즐기는 탐구형의 흥미유형이 적합하다고 할 수 있습니다.

관련 학과 및 자격증은?

➜ 관련 학과 : 영어교육과, 영어영문학과, 영어통번역학부,
영미어문학부, 영미문화·문화학과,
글로벌통번역학부,응용영어통번역학과,
영어과 등

➜ 관련 자격증 : 중등학교 1·2급 정교사, TESOL,
평생교육사, 방과후 영어교육지도사 등

진출 방법은?

영어교사가 되기 위해서는 사범대학교의 영어교육학과를 졸업하거나 영어학과를 비롯한 비사범계열 학과에서 교직 과목을 이수하여 중등학교 2급 정교사 자격증을 취득해야 합니다. 또는 비사범계열 학과를 졸업한 후 교육대학원에 진학하여 석사 학위를 취득하면 2급 정교사 자격증을 취득할 수 있습니다.

중등교사 2급 정교사 자격증을 취득한 후에 국공립 중고등학교의 교사가 되려면 매년 11월~12월에 각 시도 교육청에서 시행하는 '국공립 중등학교 교사 임용 시험 후보자 선정 경쟁시험(교원임용 시험)'에 합격해야 합니다.

사립 중고등학교의 교사가 되려면 2급 정교사 자격증을 취득하되

교원 임용 시험에 합격하지 않아도 됩니다. 교사의 결원이 생기면 각 학교별로 채용 공고를 내고, 학교장의 제청에 따라 이사회의 의결을 통해 채용 가능합니다.

출산 및 육 휴직 등으로 일정 기간 휴직하는 교사를 대체하기 위한 기간제교사의 경우에도 교원 임용 시험의 합격 여부와 관계없이 중등학교 2급 이상 정교사 자격증이 있다면 채용 가능합니다.

또한 졸업 후 중등영어교사로의 진출 뿐만 아니라 직업 선택의 폭이 타 전공에 비해 높다고 할 수 있습니다. 무역회사, 금융기관, 공무원, 비서, 외국어 학원 강사, 스튜어디스, 번역사, 통역사 등 영어 능력을 필요로 하는 거의 모든 분야로 진출할 수 있습니다.

관련 직업은?

중등학교 영어교사, 학원 강사, 교재 및 교구 개발자, 교재개발 편집자, 연구원, 사범계열 교수, 신문기자, 언론인, 일반 공무원, 작가, 출판물 기획자, 통역사, 관광통역원 등

미래 전망은?

중·고등학교교사의 영어교사의 고용은 현 상태에서 유지되거나 다소 감소할 것으로 전망됩니다. 우선 교원 1인당 학생 수가 점차 줄어들고 있습니다. 또 교직계 베이비부머 세대들의 퇴직이 시작되고 있고, 육아휴직을 하는 교사들이 증가함에 따라서 중등교사의 일자리는 소폭으로 증가할 것으로 예상됩니다.

다만 중등학교 학생 수가 최근에 급격히 줄고 있는 추세이고, 우리나라의 인구 구조를 살펴볼 때 저출산으로 인한 향후 중고등학생의 학생 수는 더더욱 감소할 것으로 예상되므로 지속적인 교원 충원에는 부정적인 전망이 크다고도 볼 수 있습니다. 반면 최근 많이 논의되고 있는 미래의 4차 산업혁명이 교육계의 고용변화에 미치는 영향은 크지 않을 것으로 예상됩니다. 왜냐하면 영향이 전혀 없다고는 할 수 없으나 중등교사는 사람과 직접 대면하면서 인공지능화 보다는 인간다움을 추구하고, 인공지능을 활용할 수 있는 역량을 학생들에게 대면으로 가르치는 직업이기 때문입니다.

인공지능과 비대면 교육현장에서 다양하게 요구되는 효과적인 영어교육을 위한 여러 분야가 개발되고 있으므로 교사 뿐만 아니라 교육 매체의 연구원, 개발자, 교재 개발자 등으로의 진출도 고려해 볼만 합니다.

Jump Up

조기 영어교육 영어 능력에 도움이 될까?

5명의 독일 교육자들이 조기 영어교육이 아이의 영어 능력에 도움이 될까라는 질문의 답을 찾기 위해 독일에 있는 1,431개 중학교의 15~16세(우리나라 중1 ~ 중2) 영어 학습자 약 2만명(19,858명)을 대상으로 연구를 시작했어요.
그 결과 우리나라 나이로 유치원부터 초등학교 4학년까지 조기 영어 교육을 한 학습자들이 만 15~16세 말에 나타난 영어 읽기, 듣기 성적에서 유의미한 차이를 보이지 않았다고 해요. 대신에 모국어의 읽기 쓰기 능력이 자리 잡힌 후 제 2언어를 순차적으로 배우는 것이 더 효과적이라는 결과가 나와 모국어의 읽기, 쓰기 능력이 먼저 안정적으로 자리 잡은 후에 외국어를 접하는 것이 효과적 방법이라고 해요. 즉, 초등학교에서 모국어로 읽고 쓰는 능력이 잘 다져진 후 외국어(영어)를 배워야 외국어 학습도 훨씬 잘 할 수 있다는 것이에요.

영어교육과
영어교사 전공 분석

어떤 학과인가?

영어교육학은 영어 의사소통 능력을 신장하기 위한 다양한 교수방법과 학습 과정을 체계적으로 연구하는 학문으로서, 순수 이론의 추구에 그치는 기초 학문이나 기초 과학이 아니라 이론을 실천하는 응용학문입니다.

정보화, 세계화로 특징되는 미래 사회에서 국가 경쟁력을 높이고 삶의 질을 향상시키기 위해서는 영어 의사소통 능력을 함양하는 것이 무엇보다 중요합니다. 아울러 인간에 대한 폭넓고 체계적인 지식은 물론 언어 교육에 필요한 제반교육의 이론과 실제에 대한 전문적인 지식도 요구되고 있습니다. 그렇기 때문에 영어 사용 능력과 효율적이고 다양한 교수 방법에 대한 이해를 갖추고, 언어습득의 과정과 관련된 제반 이론을 학습함으로써 인간을 이해하는 영어 교사의 양성이 필수적입니다. 중등학교 영어교육을 의사소통을 중심으로 유도하고, 학생 중심의 교육에 이바지할 수 있는 인재 양성에 그 목표를 두고 교육합니다.

21세기의 세계화, 정보화 사회에 능동적으로 대처해 나가기 위하여 영어교육의 문제점을 파악하고, 영어 의사소통 능력을 향상시켜, 궁극적으로 교실 영어 수업 진행의 심적 부담감을 덜어주는 역할의 교사 배출에 목적이 있습니다. 또한 영어교육계에서 주도적이고 핵심적인 역할을 담당할 수 있으며, 논리력, 창의력, 언어운용력 등을 고루 갖추고 학문 연구자로서의 탐구력과 교육자로서의 사명감을 지닌 전문가를 양성합니다.

교육 목표와 교육 내용은?

영어학과 영문학의 각 분야에 대하여 수준 높고 균형있는 전문지식을 갖추고, 자유자재로 영어를 구사할 수 있는 언어사용 기능을 겸비한 영어교사를 양성하는 것을 목표로 합니다. 논리적으로 의사소통할 수 있는 능력을 향상시키는 기본적인 목표 외에도, 영어권 문화에 대한 전반적인 이해와 함께 영어교육에 필요한 영어학 관련 기초지식을 습득하고, 영어교육의 주요 소재가 되는 영미문학 작품에 대한 교육적 활용을 모색합니다. 우리나라의 중등학교 영어 교육과정에 적합한 이론과 실습 교육을 실시하고, 이를 통해 배양된 지식을 교육현장에 적절하게 응용할 수 있는 능력을 갖춘 인재를 양성합니다.

일상생활에 필요한 영어를 이해하고 사용할 수 있는 기본적인 의사소통 능력과 외국문화를 올바르게 수용하여 우리 문화를 발전시키고, 외국에 소개할 수 있는 역량을 가지는 인재로의 성장을 돕습니다.

마지막으로 급변하는 세계화, 디지털화 사회에서 올바른 영어교육을 위한 교육 교재 개발 및 프로그램 운영 능력과, 그 프로그램을 기획, 운영, 평가할 수 있고, 다양한 도구를 활용한 교육 교재 및 학습 보조 자료를 개발 및 평가할 수 있는 능력을 갖추어 교육현장에 투입할 수 있는 전문교사를 양성합니다.

» 영어학과 영어교육의 이론과 실천 능력을 갖춘 언어교육 전문가를 양성합니다.
» 교육 현장에 적용할 수 있도록 영어교과지도 능력을 갖춘 인재를 양성합니다.
» 학생에 대한 사랑과 심신의 건강, 성실하고 원만한 대인관계 소통 능력 및 풍부한 교양을 갖춘 교사를 양성합니다.
» 영어권 이외의 다른 언어권 문화에 대해 관심을 가지고, 개방적인 자세로 다양한 경험을 교육활동에 활용할 수 있는 능력을 갖춘 인재를 양성합니다.

학과에 적합한 인재상은?

영미 문화와 문학, 영어학에 관심과 소질이 있는 학생에게 유리합니다. 영어교육의 네 가지 영역(읽기, 듣기, 쓰기, 말하기)에 대한 전문적인 지식을 확장해 나갈 수 있고, 각종 영어 매체 및 미디어를 통한 시사적인 내용을 접하는 것에 관심이 많다면 영어교육과가 적성에 맞을 수 있습니다. 다른 나라 학생들과의 화상 토론 및 온라인 토론을 통해 다문화 수용 능력을 확장하는 것에 흥미와 관심이 많은 학생들에게 효과적입니다. 영어뿐만 아니라 다른 나라의 언어를 과학적으로 탐구할 수 있는 꼼꼼한 성격과 매사에 종합적으로 분석하는 성격을 갖추게 된다면 더욱더 좋습니다. 다양한 인공지능 기술이나 인터넷 자료를 종합하여 다양한 매체를 통해 외국의 문화에 대한 소통 방법을 창의적으로 모색할 수 있는 능력이 있다면 더욱더 유리할 것입니다.

또한 교사로서 예민하고 감수성이 풍부한 학생들에 대한 사랑과 애정, 심신의 건강, 성실하고 원만한 성품 및 다방면의 풍부한 교양을 갖추고, 발달 속도가 다양한 학습자를 긍정적으로 지켜볼 수 있는 인내심이 있다면 좋습니다.

마지막으로 영어권 음악이나 드라마, 영화, 원서 등에 대한 관심과 기본적인 통번역 실력을 미리 쌓아놓는 것도 많은 도움이 됩니다.

관련 학과는?

영어영문학과, 영어영문학전공, 영어통번역학부, 국제학부(영어학전공), 영미어문학부, 영어학과, 영미문화·문화학과, 영어학부, 영어통번역전공, 글로벌통번역학부, 응용영어통번역학과 등

주요 교육 목표

탁월한 국어 및 영어 의사소통 능력을 갖춘 인재 양성

- -

영어 교육 프로그램을 기획·운영·평가할 수 있는 능력을 갖춘 인재 양성

- -

다문화에 대한 폭넓은 지식과 이해심을 지닌 인재 양성

- -

영어학 및 영어교육학에 대한 전문 지식과 교육 기술을 갖춘 전문교육인 양성

- -

다변화하는 4차 산업혁명 시대에 대처할 수 있는 사고의 유연성과 창의성을 갖춘 인재 양성

- -

공동체와 개인의 가치를 조화롭게 추구할 수 있는 건전한 윤리의식을 지닌 인재 양성

 ## 취득 가능 자격증은?

☑ 중등학교 2급 정교사
☑ 영어독서지도사
☑ 평생교육사
☑ 국제공인영어시험
☑ 관광통역안내사
☑ 영어번역능력인정시험
☑ 무역영어 등

진출 직업은?

국공립사립중등교사, 장학사, 교육행정직 공무원, 교재 및 교구 개발원, 입학사정관, 방송기사 및 PD, 대학교수, 영어교재 및 교구 개발자, 영어교육관련 전문저술가, 통역사, 영어교재 및 참고서 전문출판인, 관광통역원, 방송기자, 잡지사, 교재개발 편집자, 연구원, 평론가, 평생교육사, 학원 강사, 방문교사 등

추천 도서는?

- 월든(민음사, 헨리 데이빗 소로우, 정회성)
- 셰익스피어 독백과 대사(동인, 송옥철 역)
- 영국 바꾸지 않아도 행복한 나라
  (책읽는 고양이, 전원경)
- 영어와 세계(북코리아, 최은영)
- 번역 그까짓 것?(좋은땅, 송영규)
- 에밀(책세상, 장자크 루소, 황성원 역)
- 이야기 영국사(청아출판사, 김현수)
- 영문학 인사이트(렛츠북, 박종성)
- 그림책 활용 영어교육의 이론과 실제
  (교육과학사, 김혜리)
- 오만과 편견
  (더스토리, 제인 오스틴, 김유미 역)
- 교실 이야기를 담은 영어 읽기 지도
  (한국문화사, 이상기)
- 10대를 위한 그릿
  (다산에듀, 매슈사이드, 장혜진 역)
- 자연어처리 바이블
  (휴먼싸이언스, 임희석)
- 에듀테크 활용 상호작용 교수법
  (학지사, 최명숙)
- 덴마크 행복교육(뜨인돌, 정석원)

학과 주요 교과목은?

기초 과목	영어회화, 영어독해, 응용영어학, 영어작문연습, 응용 영어음성학, 영어습득과 통사론, 교육학개론 등
심화 과목	영미소설과 영화, 토익/토플연습, 특수목적영어교육, 고급영어작문, 영어문학·문화사, 음성영어연습, 영어학 개론, 영어연극교육, 영미문화의 이해, 영어독해 및 작문 교육론, 영어토론과 발표, 의사소통을 위한 영어문법, 영어희곡과 고급회화, 외국어교수학습론 등

졸업 후 진출 분야는?

기업체	사회교육원, 방송국, 신문사, 출판사, 여행사, 학습지 및 교재 개발 업체, 사설 학원 등
연구소	한국교육개발원, EBS 미래교육연구소, 창의력영어연 구소, 영어 연구기관, 한국연구재단, 한국교육학술정보 원 등
정부 및 공공 기관	국공립 중등학교, 각 시도교육청, 교육부, 국가평생교육 진흥원, 교육과정평가원, 한국국제협력단, 한국교육 방송공사, 국립국제교육원, 한국지업능력개발원 등
교육계	국공립사립 중고등학교, 대학교, 학원 등

🔍 전공 관련 선택 과목은?

▶ 국어, 영어 교과는 모든 학문의 기초적인 성격을 가진 도구교과로 모든 학과에 이수가 필요하여 생략함.

수능 필수	화법과 언어, 독서와 작문, 문학, 대수, 미적분Ⅰ, 확률과 통계, 영어Ⅰ, 영어Ⅱ, 한국사, 통합사회, 통합과학, 성공적인 직업생활(직업)		
교과군	선택 과목		
	일반 선택	진로 선택	융합 선택
수학, 사회, 과학	세계시민과 지리, 사회와 문화, 현대사회와 윤리	윤리와 사상, 인문학과 윤리, 국제 관계의 이해	여행지리, 사회문제 탐구, 윤리문제 탐구
체육·예술			
기술·가정/정보	정보		
제2외국어/한문	제2외국어	제2외국어	
교양		인간과 철학, 인간과 심리, 교육의 이해	

학교생활기록부 관리는?

출결 사항	• 출결사항에 미인정 출결사항이 없도록 관리하세요. 미인정 기록이 있으면 인성 및 성실성에서 부정적인 평가를 받을 가능성이 있어요. • 학교폭력과 관련된 내용이 있을 시 대학 입학에 불이익이 있으니 출결 및 학적사항에 기록되지 않도록 하세요.
자율·자치활동	• 다양한 교내 활동에서 자기주도적 참여를 통해서 언어 및 영어분야에 대한 관심과 흥미, 의사소통 능력, 협업 능력, 발전 가능성 등이 드러나도록 하세요. • 학급 및 학교 활동으로 진행하는 멘토링이 참여하여 자신과 멘토의 학업 역량을 함양하고 이 내용이 학교생활기록부에 기록될 수 있도록 하세요.
동아리활동	• 교육 및 외국어 토론 동아리에 가입하여 다양한 프로젝트를 진행하여 자신의 학업역량과 진로 역량을 함양하고 이를 기록해 두세요. • 동아리 가입동기, 본인의 역할, 배우고 느낀 점, 영어 교육과 진학을 위해 기울인 활동과 노력이 나타날 수 있도록 참여하세요.
진로 활동	• 영어교육관련 분야의 직업 관련하여 하는 일 관련 자격증 및 미래 전망과 같은 자료를 탐색하여 발표해 보세요. • 영어교육과 홈페이지를 찾아 최근 이슈 및 교육 시사점에 대해 토론하는 활동을 진행해 보세요. • 최근 대두되고 있는 교수학습 방법에 대해 심화 탐구하고 이를 발표하여 학교생활기록부에 기록될 수 있도록 노력해보세요.
교과학습 발달상황	• 국어와 영어 관련 교과 성적은 상위권으로 유지시키고, 관련 교과 수업에서 학업 역량, 진로 역량, 공동체 역량이 발휘될 수 있도록 수업에 적극 참여하세요. • 교과 시간에 배운 내용에 대한 호기심을 교사 및 스스로에게 연계 질문하고 새로운 문제 해결 방법을 학교 프로그램 및 교과 연계 독서를 활용하여 탐구하고 그 내용이 기록되도록 하세요.
독서 활동	• 인문학, 철학, 역사, 교육관련 다양한 분야의 책을 읽으세요. • 문학 및 비문학, 교수학습방법 및 에듀테크 관련 독서 활동을 통해서 영어교육 관련 기본적인 지식을 쌓는 것이 중요해요.
행동 발달 특성 및 종합 의견	• 창의력, 의사소통 능력, 협업 능력 등이 드러날 수 있도록 해요. • 학교생활에서 자기주도성, 성실성, 그리고 창의력에 대한 장점이 기록되도록 관리해야 해요.

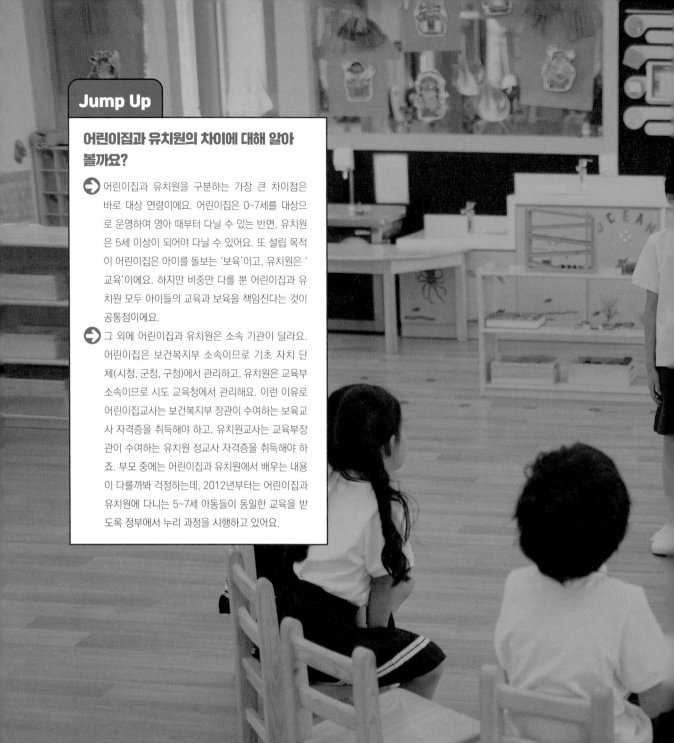

어린이집과 유치원의 차이에 대해 알아볼까요?

➡ 어린이집과 유치원을 구분하는 가장 큰 차이점은 바로 대상 연령이에요. 어린이집은 0~7세를 대상으로 운영하여 영아 때부터 다닐 수 있는 반면, 유치원은 5세 이상이 되어야 다닐 수 있어요. 또 설립 목적이 어린이집은 아이를 돌보는 '보육'이고, 유치원은 '교육'이에요. 하지만 비중만 다를 뿐 어린이집과 유치원 모두 아이들의 교육과 보육을 책임진다는 것이 공통점이에요.

➡ 그 외에 어린이집과 유치원은 소속 기관이 달라요. 어린이집은 보건복지부 소속이므로 기초 자치 단체(시청, 군청, 구청)에서 관리하고, 유치원은 교육부 소속이므로 시도 교육청에서 관리해요. 이런 이유로 어린이집교사는 보건복지부 장관이 수여하는 보육교사 자격증을 취득해야 하고, 유치원교사는 교육부장관이 수여하는 유치원 정교사 자격증을 취득해야 하죠. 부모 중에는 어린이집과 유치원에서 배우는 내용이 다를까봐 걱정하는데, 2012년부터는 어린이집과 유치원에 다니는 5~7세 아동들이 동일한 교육을 받도록 정부에서 누리 과정을 시행하고 있어요.

유치원교사란?

유아 교육은 인간 발달 단계 중 지적·정서적·신체적인 분야의 형성에 중요한 영향을 미치는 시기의 교육이라는 점에서 그 의미가 큽니다. 또한 아동들의 발달을 도와 아동들이 용기 내어 세상으로 나아갈 수 있도록 해 주는 가정 밖의 첫 번째 교육이라는 점에서 중요합니다.

유치원교사는 유치원에서 5세 이상 초등 교육 연령 이하 아동의 언어적·신체적·사회적 기량의 발달을 목적으로 교육하는 교사를 말합니다.

유치원교사

유아교육과

유치원교사는 아동들이 건강하고 안전한 생활을 할 수 있도록 기초 체력을 기르거나 개인위생을 관리하고, 안전 규칙을 지키도록 가르칩니다. 단체 생활과 행사 참여 등을 통해 다른 사람과 더불어 생활하는 태도 및 공동체 의식을 함양할 수 있도록 사회생활도 가르칩니다. 또한 발표, 토의, 관찰, 실험, 조사, 견학, 발표회 등 아동들이 참여할 수 있는 다양한 수업 방법들을 계획하고 활용하여 지도합니다.

이외에도 아동들의 등원과 하원, 실내외에서의 자유 선택 활동, 정리 정돈, 집단 활동, 실외 활동, 식사 등의 교육을 계획·운영하며, 다양한 행정 업무에도 관여합니다.

유치원교사가 하는 일은?

　　유치원은 5세부터 초등학교 입학 전 아동에게 알맞은 교육 환경을 제공하여 심신의 조화로운 발달을 이끌고, 기본 생활 습관, 개인위생, 안전 생활 등을 교육하기 위해 운영되는 곳입니다. 유치원교사는 아동의 발달 수준과 유치원의 상황, 부모나 지역 사회의 요구, 국가 수준의 교육 과정 등을 고려해 교육 계획을 수립하고, 효과적인 교육을 위해 아동의 발달 단계 및 건강, 심리 상태를 관찰해 기록하며, 그 결과를 교육 계획에 반영합니다. 또한, 유치원교사는 아동이 건강하고 안전한 생활을 할 수 있도록 올바른 생활 습관과 개인위생, 안전 생활에 대해 가르칩니다. 단체 생활과 행사 참여하기 등을 통해 타인과 더불어 생활하는 태도 및 공동체 의식, 협동심을 기를 수 있도록 합니다. 발표, 토의, 관찰, 실험, 조사, 견학, 발표회 등 아동이 참여하는 다양한 수업 방법을 활용하여 자연 및 사회 현상에 대한 흥미와 이해력을 가질 수 있도록 돕고, 창의적 표현 능력과 심미감을 기를 수 있도록 교육합니다. 또한, 자연스럽고 즐거운 언어생활을 경험하도록 함으로써 언어 능력을 기르고, 바른 언어 습관을 가질 수 있도록 이끕니다. 아동의 관심, 흥미, 발달 수준에 따라 교육 내용을 선정하고, 집단 활동(토의, 게임, 노래, 음률, 요리, 신체 활동, 동화, 동시, 동극, 조형 활동 등), 실외 활동(신체 활동) 등 놀이를 통해 학습할 수 있도록 교재와 교구를 재구성합니다.

　　그 외에도 학부모를 대상으로 하는 부모 교육, 가정 통신문 발송, 출결 상황 관리, 입학식 및 졸업식 준비 등 행정 업무에 관여하고, 아동들의 유치원 생활, 학습 능력, 성격 등에 대해 학부모와 상담을 하기도 합니다. 유치원에서 운영하는 통학 버스에 탑승하여 아동들이 안전하게 승하차할 수 있도록 돕고, 교육 관련 세미나, 교사 연수 프로그램에 참여하기도 합니다.

» 유치원교사는 초등학교 입학 전의 아동에게 필요한 교육을 합니다.
» 아동들이 건강하고 안전한 생활을 할 수 있도록 기초 체력을 기르고, 개인위생과 안전 규칙에 대해 교육 합니다.
» 아동들이 단체 생활, 행사에 참여하기 등의 협동을 통해 다른 사람과 더불어 생활하는 태도 및 공동체 의 식을 함양할 수 있도록 사회생활 교육을 합니다.
» 발표, 토의, 관찰, 실험, 조사, 견학, 발표회 등 아동들이 참여할 수 있는 다양한 수업 방법들을 계획하고 활용하여 지도합니다.
» 등하원, 실내외 자유 선택 활동, 정리 정돈, 집단 활동(토의, 게임, 노래, 음률, 요리, 신체 활동, 동화, 동시, 동극, 조형 활동 등), 실외 활동(신체 활동), 식사 등의 교육을 계획·운영합니다.
» 학부모를 대상으로 부모 교육, 가정 통신문 발송, 출결 사항 관리, 입학식 및 졸업식 준비 등 행정 업무에도 관여하고, 아동들의 유치원 생활, 학습 능력, 성격 등에 대해 학부모와 상담합니다

Jump Up

보육교사에 대해 알아볼까요?

보육교사는 어린이집, 놀이방 등의 아동 복지 시설에서 근무하면서 유치원 입학 전, 초등학교 입학 전의 아동들을 부모를 대신해 돌보고 교육해요. 아동들의 성격이나 가치관이 형성되는 중요한 시기에 올바른 인성이나 대인 관계를 형성하도록 교육하기 때문에 보육교사의 역할은 매우 중요해요.

유치원교사 커리어맵

- 유아 교육에 대한 역량 및 책임감 기르기
- 교육 및 봉사 관련 동아리 활동
- 교육 관련 멘토링 활동
- 유아 교육 관련 학과 및 기관, 기업 탐방
- 유치원, 어린이집 등에서 직업 체험 활동

- 한국국공립유치원교원연합회 www.kapkt.info
- 교육부 www.moe.go.kr
- 학국유치원총연합회 yoochiwon.or.kr

관련기관

준비방법

- 공감 능력
- 의사소통 능력
- 문제 해결 능력
- 상황대처 능력
- 책임감
- 통솔력
- 인내심
- 꼼꼼함

적성과 흥미

관련학과
- 유아교육(학)과
- 아동(교육)학과
- 아동복지(학)과

유치원교사

흥미유형

관련교과
- 국어
- 영어
- 정보
- 음악
- 미술
- 보건
- 환경

- 사회형
- 관습형

관련자격

관련직업

- 유치원 1급·2급 정교사
- 미술실기교사
- 보육교사
- 사회복지사
- 상담심리사
- 놀이치료사
- 방과후아동지도사

- 유아정책연구원
- 아동상담사
- 아동심리치료사
- 아동 관련 기자 및 방송인
- 유아프로그램개발자

아동들을 배려하고 도와주려는 마음이 강해야 할 뿐만 아니라 사랑하는 마음을 지니고 있어야 하므로 섬세하고 다른 사람을 잘 이해하는 사람에게 적합합니다. 그리고 어려움이 있어도 참고 견디며, 책임감을 갖고 자신을 통제할 수 있는 능력이 필요합니다.

관찰력과 통솔력, 돌발 상황에 대처할 수 있는 능력이 필요하고, 정확하면서도 이해하기 쉬운 어휘를 구사하는 능력을 갖추어야 합니다. 또한 도덕적이고 정직해야 하며, 아이들에게 효과적으로 의사를 전달하기 위해 신체적·언어적 활동과 이를 자연스럽고 정형화 되지 않은 방식으로 표현해 내는 것을 선호하는 사람에게 적합합니다. 아울러 돌발적이거나

통제되지 않은 상황 등 고도의 스트레스 환경에서도 효과적으로 대처할 수 있는 차분함과 비판을 받아들이는 인내심, 사소한 부분까지도 주의 깊게 다룰 수 있는 꼼꼼함이 요구됩니다.

유치원교사 커리어맵

관련 학과 및 자격증은?

→ 관련 학과 : 유아교육(학)과, 아동(교육)학과, 아동복지(학)과 등

→ 관련 자격증 : 유치원 1급·2급 정교사, 미술실기교사, 보육교사, 사회복지사, 상담심리사, 놀이치료사, 방과후아동지도사 등

진출 방법은?

유치원교사가 되기 위해서는 전문 대학이나 대학교의 유아교육과, 아동학과를 졸업하거나 유치원 교육 과정이 개설된 교육대학원에서 석사 학위를 취득하여 유치원 2급 정교사 자격증을 취득해야 합니다.

유치원 2급 정교사 자격증을 취득하면 유치원 임용 시험을 볼 수 있는 자격이 주어지며, 임용 시험에 합격해야 국공립 유치원교사가 될 수 있습니다. 임용 시험은 1차·2차 시험으로 진행되는데, 1차에서는 교직 논술, 교육 과정 시험이, 2차에서는 면접과 수업 실연 시험이 진행됩니다.

사립 유치원의 경우, 자체 시험을 통해 교사를 선발하거나 교육청에 위탁하여 국공립 임용 시험과 같은 시험을 통해 1차 선발 인원을 가려낸 후, 2차 시험은 해당 학교 법인에서 시행하여 합격자를 결정하기도 합니다.

유치원 2급 정교사 자격증을 소지하고 3년 이상의 교육 경력을 가지고 재교육을 받거나, 정교사 2급 자격증을 소지하고 유치원 교육 관련 대학원에서 석사 학위를 받은 자로서 1년 이상의 교육 경력이 있으면 유치원 1급 정교사 자격증을 취득할 수 있습니다.

관련 직업은?

유아정책연구원, 아동상담사,
아동심리치료사, 아동 관련 기자 및 방송인,
유아프로그램개발자 등

미래 전망은?

향후 10년간 유치원교사의 고용률은 현 상태를 유지하는 수준이 될 것으로 전망 됩니다.

여성의 사회 활동 증가로 가정 내에서 전적으로 자녀를 양육하는 것이 점차 어려워지고 있고, 유치원 아동에 대한 무상 교육, 저소득층 아동에 대한 교육비 지원, 종일반 운영 지원 등 유아 교육 분야에 대한 국가적 지원이 확대되고 있어 만성적인 저출산에도 불구하고 전문적인 능력을 갖춘 유치원교사에 대한 수요는 어느 정도 유지될 것으로 예상됩니다.

또한 선진국에 비해 우리나라의 취원율은 아직도 낮은 수준이고, 양질의 유아 교육을 위해 교사 1인당 학생 수가 2009년 15.2명에서 2021년에는 12.2명으로 감소되고 있어 유치원교사에 대한 수요는 어느 정도 유지될 것으로 전망됩니다.

한편, 전문 대학 및 대학교에 유아 교육 관련 학과가 많이 개설되어 있고, 유치원교사에 대한 여학생의 직업 선호도가 높은 편이어서 일자리 수요보다 공급이 많아 일자리의 질이 높지 않은 편입니다. 최근 통계 자료에 의하면 대부분의 유치원교사가 여성이며, 그 중 가임 여성의 높아 출산과 육아 등으로 유치원교사를 그만두는 인력을 대체하기 위해 채용이 많이 이루어질 수 있습니다. 이러한 경향은 고용이 안정적이지 못한 사립 유치원에서 더욱 많이 발생할 것으로 예상되는데, 전체 유치원교사 중 사립 유치원에서 근무하는 유치원교사가 대부분이기 때문입니다. 따라서 비교적 고용이 안정적이고 근무 환경이 좋은 국공립 유치원으로 이직하려는 경쟁은 더욱 치열해질 것으로 보입니다.

Jump Up

유치원 원장 및 원감에 대해 알아볼까요?

유치원 원장과 원감은 사립·공립 유치원에서 교육, 행정 및 기타 운영 활동을 기획·관리하는 관리자로서, 유치원교사 및 직원들의 활동을 관리·감독해요.

유치원의 교육에 대해 유치원교사 및 학부모와 상담하고, 교사들과 협의하여 교육 과정 및 각종 행사 계획 등을 수립·운영하며, 수업 참관을 통해 수업 장학을 실시해요. 이를 위해 주기적으로 회의를 관장하고, 유치원 시설의 안전 문제를 점검하며, 예산을 집행하는 등 유치원의 모든 일을 관리·감독해요

유아교육과
유치원교사 전공 분석

어떤 학과인가?

올바른 사회는 아동들에게 참다운 교육을 실시함으로써 이루어질 수 있다고 합니다. 그렇기에 참다운 유아 교육을 위해서는 아동에 대한 이해가 필요합니다.

유아교육학과는 효과적인 유아 교육을 위해 영유아기 발달 과정을 이해하고, 유아의 특성에 맞는 교육을 개발·적용할 수 있도록 이론과 실습을 병행하여 교육하는 학과입니다.

사람의 일생에서 유아기는 인격의 많은 부분이 형성된다는 점에서 중요한 시기입니다. 유아 교육은 유아를 하나의 인격체로 받아 들이며, 한 개인으로서 올바르게 성장하도록 돕는 것을 교육 목표로 합니다.

따라서 유아교육학과는 교육학의 한 영역으로서 폭넓은 사회과학적 인식을 배경으로 삼고 인간의 기본적인 성품이 유아기에 결정된다는 인식을 바탕으로, 유아 교육에 대한 전문 지식 및 기술을 갖춘 유능한 전문가를 양성하는 데 교육의 목표를 두고 있습니다.

교육 목표와 교육 내용은?

유아교육학과는 유아 교육의 이론과 현상에 대한 연구를 통해 전문인으로서의 학문적 소양을 쌓고, 질 높은 유아 교육을 실천하는 창의적이고 유능한 연구자와 교육 실천자를 육성하는 것을 목표로 하고 있습니다. 또한 건전한 인성과 폭넓은 교양을 갖추고, 유아 교육을 통해 사회의 발전과 기초 교육의 실천에 공헌하는 교사로서의 교육관과 사명감을 갖도록 합니다.

이를 위해 유아교육과에서는 국가수준 누리과정에 기초하여 영유아의 신체·정서·사회성·언어 및 인지발달을 도모하는 교육을 제공해 주어 영유아가 전인적으로 성장하는 기초를 마련해줄 수 있는 교육을 진행합니다. 또한 영유아 교육기관에서 실시되고 있는 대·소집단 활동을 실행하기 위한 교수-학습방법을 익혀서 실제 교육현장에 적용할 수 있도록 교육합니다.

영유아의 건강, 안전, 위생과 관련된 지식을 습득하고, 영유아의 일상생활습관, 건강 및 발육상태에 대한 관찰 및 지도를 실시할 수 있도록 하며, 영유아 교육기관의 영유아, 학부모, 동료 교사, 그리고 지역사회 구성원들과 원활하게 소통하며 협력적으로 업무를 수행할 수 있도록 교육합니다.

마지막으로 영유아 교사에게 필요한 인성과 창의력을 향상시켜 영유아 교육현장에서 미래의 주역이 될 영유아와 인성 및 창의력을 함양하는 교육을 실시하고 있습니다.

» 유아 교육 과정을 효율적으로 운영할 수 있는 전문성과 영유아 교사로서의 능력과 자질을 지닌 인재를 양성합니다.
» 다양한 지식을 융합하여 새로운 가치를 창출할 수 있는 창의적 문제 해결 능력을 지닌 인재를 양성합니다.
» 유아의 개별성과 다양성을 존중하고 배려할 줄 아는 봉사 정신과 공동체 역량을 갖춘 인재를 양성합니다.
» 유아 교육의 질적 향상에 기여할 수 있는 공감 능력과 대인관계 능력을 갖춘 인재를 양성합니다.

학과에 적합한 인재상은?

따뜻한 성품, 남을 배려하는 마음, 교사가 되겠다는 뚜렷한 목표가 있어야 합니다. 단순히 대학에 진학하기 위해서, 아이들을 좋아해서 혹은 자신의 아이를 키우는 데 도움이 되기 위해서가 아니라 이 직업을 가짐으로써 자아를 실현하고, 타인의 아이를 교육하는 데 보람을 느낄 수 있다는 소명 의식을 갖추어야 합니다.

또한 아동의 돌발적이거나 통제되지 않은 상황을 효과적으로 대처할 수 있는 상황대처 능력과 인내심이 필요하며, 아동의 감정을 수용할 수 있는 수용적 태도가 필수적입니다. 무엇보다 아동을 개성이 있는 인간으로서 존중할 수 있는 인간 존엄성이 있어야 하며, 미래를 살아갈 아동들을 돕고자 하는 자세를 지닌 사람에게 적합합니다.

그 외에도, 변화하는 사회의 교육적 요구에 대처할 수 있는 창의적이며, 헌신적이고 봉사정신과 교육자로서 사명감이 투철한 사람에게 유리합니다.

관련 학과는?

보육학과, 아동보육학과, 영유아보육학과, 유아보육과, 유아통합교육학과, 유아특수교육과, 유아특수교육학과, 유아특수보육학전공, 특수교육과(유아특수교육) 등

주요 교육 목표

전문적 역량을 갖춘 교사 양성

- -

돌봄 능력과 리더십을
갖춘 교사 양성

- -

올바른 인성과
창의적·융합적 사고를
갖춘 교사 양성

- -

공감 능력과 소통 능력을
갖춘 교사 양성

 ### 취득 가능 자격증은?

- ☑ 유치원 정교사
- ☑ 미술실기교사
- ☑ 보육교사
- ☑ 사회복지사
- ☑ 방과후아동지도사
- ☑ 미술심리치료사
- ☑ 구연동화지도사
- ☑ 상담심리사
- ☑ 놀이치료사
- ☑ 예절지도사
- ☑ 아동지도사
- ☑ 유아체육지도자 등

진출 직업은?

국립·공립·사립 유치원교사, 원감, 원장, 연구원, 방송국 작가 및 연출가, 유아프로그램개발자, 아동심리사, 인형극연출가, 유아 관련 프로그램 작가 등

추천 도서는?

- 놀이로 자라는 유치원 (기역, 이정희 외)
- 한 아이1(아름드리미디어, 토리 헤이든, 이희재 역)
- 에밀(돋을새김, 장 자크 루소, 이환 역)
- 모리와 함께한 화요일(살림, 미치 앨봄, 공경희 역)
- 딥스(샘터, 버지니아 M. 액슬린, 주정일 역)
- 좋은 삶을 위한 가치 수업(북하우스, 이석재)
- 놀이로 자라는 유치원(기역, 이정희)
- 스스로 마음을 지키는 아이(시공사, 송미경)
- 에듀테크의 미래(책밥, 홍정민)
- 생태유아교육 이해(수양재, 김은영)
- 놀이로 시작하는 유아 생활교육(맘에드림, 이자정)
- 방정환과 어린이 해방 선언 이야기
  (모시는사람들, 이주영)
- 이제 쓸모없는 사람은 없다
  (새물결, 에드가 칸, 구미사랑고리공동체 역)
- 창가의 토토(김영사, 구로야나기 테츠코, 권남희 역)
- 나, 있는 그대로 참 좋다(허밍버드, 조유미)
- 서머힐(매월당, A.S.닐, 이현정 역)
- 학교 밖 학교(누림과이룸, 장재현)
- 얘들아, 밥 먹고 놀자(삶창, 김보민)
- 생일을 모르는 아이(사계절, 구로카와 쇼코)
- 자율적인 아이 만들기(에이지21, 구도 유이치)
- 발도르프 유아교육의 모든 것
  (한국인지학출판사, 샤리파 오펜하이머 외)

학과 주요 교과목은?

기초 과목	영유아발달, 아동복지, 유아교육개론, 유아동작교육, 인지이론과 교육, 유아교육사상사 등
심화 과목	유아연구방법, 유아교육매체, 유아상담과 지도, 영유아 프로그램, 유아관찰 및 평가, 유아교사론, 유아교육실습, 보육실습, 유아음악및동작교육, 영유아프로그램개발 및 평가, 유아사회교육, 유아과학교육 등

졸업 후 진출 분야는?

기업체	아동 상담소, 아동 심리 치료소, 아동 관련 방송 매체, 유아 교육·보육 관련 프로그램 업체, 유아용 멀티미디어 제작 업체, 출판사 등
연구 기관	대학교 연구소, 유아 교육·보육 관련 연구원 등
정부 및 공공 기관	관련 기관 및 연구소, 교육청, 시도 육아 종합 지원 센터, 한국양성평등교육진흥원, 육아정책연구소, 유아교육 진흥원, 한국보육진흥원, 사회 복지기관 등
교육계	대학교, 국립·공립·사립 유치원 및 어린이집, 직장 보육 민간(법인) 어린이집, 특수학교 등

🔍 전공 관련 선택 과목은?

▶ 국어, 영어 교과는 모든 학문의 기초적인 성격을 가진 도구교과로 모든 학과에 이수가 필요하여 생략함.

수능 필수	화법과 언어, 독서와 작문, 문학, 대수, 미적분 I, 확률과 통계, 영어 I, 영어 II, 한국사, 통합사회, 통합과학, 성공적인 직업생활(직업)		
교과군	선택 과목		
	일반 선택	진로 선택	융합 선택
수학, 사회, 과학	사회와 문화, 현대사회와 윤리	윤리와 사상, 인문학과 윤리	사회문제 탐구, 윤리문제 탐구, 기후변화와 지속가능한 세계, 기후변화와 환경생태
체육·예술	음악, 미술, 연극	음악 연주와 창작, 음악 감상과 비평, 미술 창작, 미술 감상과 비평	음악과 미디어, 미술과 매체
기술·가정/정보	기술·가정, 정보	생활과학 탐구	생애 설계와 자립, 아동발달과 부모
제2외국어/한문			
교양	생태와 환경	인간과 철학, 인간과 심리, 교육의 이해, 보건	

학교생활기록부 관리는?

출결 사항	• 미인정(무단) 출결 사항이 없도록 관리하세요. 미인정(무단) 결석 등이 있으면 학교생활 충실도나 인성, 성실성 영역에서 부정적인 평가를 받을 가능성이 높아요.
자율·자치활동	• 대부분의 학교 활동에 참여하고, 참여 후 느낀 점 등이 학교생활기록부에 기록되도록 하세요. • 교내외 다양한 활동을 통해 공감 능력, 책임감, 창의력이 드러나도록 하세요. • 학급 및 학교 활동에 참여하여 행사를 주도적으로 기획하고 실행한 후 그 과정을 학교생활기록부에 기록될 수 있도록 하세요.
동아리활동	• 영유아를 대상으로 하는 교육 또는 봉사 동아리를 결성하세요. • 동아리 활동을 통해 교육 관련 주제 토론, 교육 관련 신문 만들기, 수업 시연, 교육 관련 독서 토론, 학교를 긍정적으로 변화시키는 프로젝트 등 다양한 활동을 기획하고 참여해 보세요. • 학교 교육계획에서 실시하는 봉사활동에 주도적으로 참여하여 공동체 역량을 함양해 보세요.
진로 활동	• 유아 교육에 대한 자료를 조사하여 발표하는 등 다양한 활동을 통해 자신이 아동을 교육하는 데 흥미와 보람을 느낄 수 있는지 확인해 보세요. • 유아들과 어울리고 함께 하는 일이 적성에 맞는지 경험해 보세요.
교과학습 발달상황	• 주요 교과뿐만 아니라 비교과 활동에도 열심히 참여하세요. • 자신의 수업 참여 내용과 그로 인해 변화된 점이 구체적으로 드러나도록 하세요.
독서 활동	• 아동, 교육과 관련된 책을 꾸준히 읽어 풍부한 배경지식을 쌓도록 하세요. • 인문학적 소양뿐만 아니라 미술, 음악, 체육 등과 같은 분야의 책도 꾸준히 읽어야 해요.
행동 발달 특성 및 종합 의견	• 주변 문제에 공감하고, 이를 해결하기 위한 다양한 활동을 경험해 보세요. • 학교생활을 하면서 책임감, 성실성, 의사소통 능력 및 갈등 관리 및 해결 능력이 학교생활기록부에 기록될 수 있도록 관리하세요.

작곡가와 연주자는 어떤 차이가 있을까요?

➡️ 작곡가와 연주자는 음악 분야에서 중요한 역할을 하지만, 그들의 주요 활동 영역과 목표에는 분명한 차이가 있어요. 작곡가는 음악을 창조하는 사람으로, 멜로디, 조화, 리듬 등을 사용하여 새로운 음악 작품을 만들어요. 감정, 사상, 이야기를 음악적 언어로 표현하지요. 반면, 연주자는 이미 작곡된 음악을 해석하고 공연하는 사람이에요. 연주자는 악기 연주나 노래를 통해 작곡가의 음악을 관객에게 전달하며, 개인의 기술, 스타일, 해석으로 작품에 새로운 생명을 불어넣어요.

➡️ 작곡가는 음악의 창조자이며, 연주자는 그 창조된 음악을 전달하는 해석자의 역할을 하지요.

음악교사란?

음악은 인간의 감정과 사상을 전달하는 데 있어 중요한 역할을 하는 창의적 표현의 수단입니다. 이러한 예술의 본질을 교육하고 전달하는 음악교사는 학생들이 음악의 아름다움을 경험하게 하고, 음악성과 창의성을 발달시킬 수 있도록 지원합니다. 음악 교육은 단지 기술의 전달을 넘어서, 음악을 통해 삶의 질을 향상시키고 문화적 가치를 이해하는 것을 목표로 합니다. 음악교사는 학생들이 음악을 통해 더 깊이 있는 삶의 이해와 즐거움을 발견할 수 있도록 하는 데 주력합니다.

음악교사의 역할은 다양한 역량의 개발에 초점을 맞춥니다. 이는 음악적 감성 역량, 음악적 창의·융합 사고 역량, 음악적 소통 역량, 문화적 공동체 역량, 음악 정보 처리역량, 자기 관리 역량 등을 포함합니다. 교사는 학생들이 이러한 역량을 개발할 수 있도록 다양한 음악 활동과 프로젝트를 통해 지도합니다. 이 과정에서 학생들은 음악과 관련된 다양한 상황에 효과적으로 대응할 수 있는 능력을 갖추게 됩니다.

음악교사
음악교육과

또한, 음악교사는 음악과 다른 예술 영역과의 결합을 통해 학생들이 자신의 음악적 정서를 다양한 방법으로 표현하고 소통할 수 있도록 격려합니다. 이는 학생들의 문화적 소양을 향상시키며, 음악이 가진 인문학적, 사회학적, 자연과학적 특성을 탐색하는 기회를 제공합니다. 이러한 접근 방식은 학생들이 자신의 음악적 정체성을 발견하고 발전시키는 데 중요한 역할을 합니다.

마지막으로, 음악교사는 학생 개개인의 요구와 상황에 맞는 악기 선택과 지도를 통해 개인의 음악적 경험을 풍부하게 만듭니다. 이를 통해 학생들은 자신만의 음악적 길을 탐색하고, 음악을 통한 자기 표현의 방법을 배우게 됩니다. 음악교사는 이 과정에서 지속적인 지원과 격려를 제공하며, 학생들이 음악적 잠재력을 최대한 발휘할 수 있도록 돕습니다. 이와 같은 교육적 접근은 학생들이 음악을 통해 삶의 다양한 면모를 탐색하고, 더 풍부하고 의미 있는 삶을 살아가는 데 기여합니다.

음악교사는 예술 교육을 통해서 학생들의 경험을 보다 풍부하게 만들어 주며, 이 과정에서 학생들은 자신만의 음악적 정체성을 발견하고 발전시킬 수 있습니다.

음악교사가 하는 일은?

　음악교사는 중·고등학교에서 학생들의 음악적 정서와 소질을 개발하기 위해 음악, 음악 연주와 창작, 음악 감상과 비평, 음악과 미디어 등의 과목을 교육합니다. 이들은 학생들이 음악을 통해 자신의 감정을 표현하고, 창의력을 발휘하며, 다양한 문화적 배경을 이해할 수 있도록 돕는 중요한 역할을 수행합니다. 교육 과정 분석을 통해 음악교사는 학생들에게 음악적 기술뿐만 아니라, 음악을 통한 자기 표현의 중요성과 음악이 갖는 사회적, 문화적 가치를 깨닫게 합니다. 음악교사는 학교급별, 학년군별, 영역별 연계성을 고려하여 학습 내용을 융통성 있게 재구성하고, 학생들이 음악 학습을 통해 포괄적이고 종합적인 이해와 능력을 발달시킬 수 있도록 지도합니다.

　이 과정에서 음악교사는 학생들의 개인적인 특성과 요구를 반영한 맞춤형 교육을 제공함으로써, 모든 학생이 음악의 세계를 깊이 있고 다채롭게 경험할 수 있도록 합니다.

> » 실제적 경험을 통해 감각을 자극하거나 반응을 이끌어낼 수 있는 관찰학습, 조사학습, 체험학습, 반응중심 학습법 등을 활용한 교육으로 학생의 감수성을 기릅니다.
> » 예술적 소통 능력과 창의·융합 능력을 함양하기 위해 다양한 교과와 연계하여 사고를 확장시키고 상상력을 자극할 수 있는 체험학습, 탐구학습, 조사학습, 토의·토론 학습, 프로젝트 학습 등을 활용하여 수업합니다.
> » 수업을 설계·운영한 결과를 평가하고, 학생의 생활 태도와 진로 선택을 지도하며, 이 과정을 취합하여 학교생활기록부에 기록합니다.
> » 시험을 출제하여 학생의 성적을 평가하고, 최소한의 성적을 달성하지 못한 학생들을 위해 보충학습을 진행합니다.
> » 학생교육 및 안전과 관련된 학습 지도, 생활지도, 행정 업무를 수행합니다.
> » 음악교사의 근무 환경은 대체로 학교 내 음악실이나 연습실에서의 수업 준비와 진행으로 구성되며, 교사는 학생들의 음악적 성장을 지원하기 위해 다양한 교육 자료와 악기를 활용합니다.

Jump Up

특기적성 교사에 대해 알아볼까요?

특기적성 교사는 학생들의 소질 및 적성을 개발할 수 있도록 취미 및 특기를 신장시키기 위한 교육을 담당해요. 특기적성 교육활동과 연계한 동아리를 구성하고, 각 동아리에 맞는 교육을 실시해요. 학생들의 특기 및 적성에 따라 바이올린, 플루트, 피아노 등의 음악교육과 함께 태권도, 탁구 등의 체육교육 그리고 댄스 등과 같은 다양한 특기적성 교육 중 하나를 정규시간 또는 방과후 시간에 전문적으로 교육해요.

음악교사

커리어맵

관련기관

- 교육부 www.moe.go.kr
- 창의인성교육넷 www.crezone.net
- 에듀넷 www.edunet.net
- 학교 알리미 www.schoolinfo.go.kr
- 교육과정평가원 www.kice.re.kr
- 한국교육개발원 www.kedi.re.kr
- 국립국악원 www.gugak.go.kr
- 한국음악협회 www.mak.or.kr
- 한국문화예술교육진흥원 www.arte.or.kr

준비방법

- 음악 실력 향상
- 교육에 대한 역량과 책임감 강화
- 음악 및 예술 관련 독서 활동
- 음악 관련 동아리 활동
- 음악 관련 연주회 참가
- 음악 관련 직업체험 및 학과 탐방

적성과 흥미

- 음악에 대한 열정
- 음악 실기교육에 대한 이해
- 음악 작품 관련 경험
- 창의력
- 유연한 사고
- 책임감
- 성실성
- 문제 해결 능력
- 의사소통 능력
- 공감 능력

관련학과

- 음악교육과
- 음악과
- 실용음악과
- 음악예술학부
- 관현악과
- 국악과
- 기악과
- 성악과
- 작곡과
- 피아노과

음악교사

관련교과

- 국어
- 영어
- 음악

흥미유형

- 예술형
- 사회형

관련자격

- 중등학교 1·2급 정교사
- 평생교육사
- 음악심리지도사
- 음악예술교육사

관련직업

- 교육청 장학사
- 교육학 연구원
- 교육부 행정가
- 교육연구기관 연구원
- 연주가
- 음반기획자
- 음악평론가
- 작곡가
- 편곡가
- 영화음악전문가
- 공연기획자

135

적성과 흥미는?

음악교사를 지망한다면 음악에 대한 깊은 열정과 이해를 가져야 합니다. 이는 다양한 장르의 음악을 폭넓게 경험하고, 하나 이상의 악기를 연주하는 능력뿐만 아니라, 작곡, 음악 이론, 음악사에 대한 지식을 포함합니다. 이러한 지식과 기술은 음악교사로서 학생들에게 다양한 음악적 경험을 제공하고, 음악의 아름다움과 복잡성을 이해시키는 데 필수적입니다. 음악에 대한 이러한 깊은 애정은 교육을 통해 학생들에게 전달되어, 그들이 음악을 통해 자신을 표현하고 삶을 풍부하게 하는 방법을 배울 수 있도록 합니다.

강한 의사소통 능력과 인내심을 갖추어야 합니다. 학생들과의 효과적인 소통은 음악교사가 가져야 할 중요한 특성 중 하나로, 이는 학생들의 음악적 능력과 자신감을 개발하는 데 중요한 역할을 합니다. 음악교사는 학생들의 다양한 배경과 학습 속도를 이해하고 존중하며, 각 학생의 필요와 흥미에 맞춰 교육 내용을 조정할 수 있는 유연성을 지녀야 합니다. 또한, 교육 과정에서 발생할 수 있는 도전과 어려움에 대처하기 위해 창의적인 문제 해결 능력과 높은 수준의 조직 능력을 발휘해야 합니다. 이러한 능력은 학생들이 음악적 잠재력을 최대한 발휘할 수 있는 환경을 조성하는 데 필수적입니다.

마지막으로, 음악교사는 지속적인 학습과 개인적 성장에 대한 열정을 가져야 합니다. 음악과 교육 분야는 지속적으로 발전하고 변화하기 때문에, 음악교사는 최신 교육 방법론, 음악 기술, 그리고 문화적 트렌드에 대한 지식을 갱신하기 위해 끊임없이 노력해야 합니다. 이는 교사 자신의 전문성을 향상시킬 뿐만 아니라, 학생들에게도 최상의 교육 경험을 제공할 수 있도록 합니다. 음악교사로서의 삶은 학생들의 삶에 긍정적인 영향을 미치고, 그들이 자신의 음악적 여정을 탐색하도록 돕는 것에서 큰 보람을 찾습니다. 이러한 적성과 흥미는 음악교사가 되기 위한 중요한 기반이 됩니다.

음악교사
커리어맵

관련 학과 및 자격증은?

➡ 관련 학과 : 음악교육과, 음악과, 실용음악과, 기악과,
　　　　　　　음악예술학부, 관현악과, 국악과, 성악과,
　　　　　　　작곡과, 피아노과 등

➡ 관련 자격증 : 중등학교 1·2급 정교사, 음악심리지도사,
　　　　　　　음악예술교육사, 평생교육사 등

136

진출 방법은?

중등학교 음악교사가 되기 위해서는 대학교나 대학원에서 음악교육과를 졸업하거나, 비사범계 음악관련 전공을 선택하며 교직과목을 이수하는 것입니다. 이 과정을 통해 중등학교 2급 정교사 자격증을 취득할 수 있습니다. 특히, 사범계열의 음악교육과에서는 음악과 교육에 관련된 깊이 있는 이론과 실기를 겸비한 교육을 받게 되며, 비사범계 학생들도 교직과목을 이수함으로써 교사로서 필요한 기본적인 자질과 능력을 갖출 수 있습니다. 이러한 과정은 음악교사가 되기 위한 필수적인 기초를 마련해줍니다.

또한, 교육대학원에 진학하여 석사 학위를 취득하는 것도 중등 음악교사가 되기 위한 하나의 경로입니다. 대학원 과정에서는 음악교육에 대한 보다 심화된 학습과 연구를 진행하며, 교육적 역량을 한층 더 발전시킬 수 있습니다. 교생실습은 이론과 실기를 겸비한 교육 과정의 일환으로, 대학교 4학년 1학기에 주로 진행됩니다. 이 실습을 통해 예비 음악교사는 중·고등학생을 대상으로 실제 수업을 진행해보며, 교과목의 교수·학습 방법을 배우고, 현장 경험을 쌓는 기회를 가집니다. 이 과정을 통해 음악교사로서의 자질과 역량을 갖추는 데 필수적인 실무 경험을 얻을 수 있습니다.

국공립 중등학교 음악교사가 되려면 중등학교 2급 정교사 자격 취득 후 매년 11~12월에 각 시도 교육청에서 시행하는 '국공립중등학교 교사 임용후보자 선정경쟁시험(교원 임용시험)'을 통과해야 합니다. 사립 중·고등학교는 결원이 있을 때 채용 공고가 나며, 채용 절차에 따라 별도의 임용시험을 치른 후 사립 중·고등학교의 학교장 제청에 따라 이사회 의결을 통해 채용합니다. 최근 사립학교 교사 채용은 채용의 투명성 및 공정성 제고를 위해 희망 법인을 대상으로 위탁채용을 실시하는 쪽으로 변화하고 있습니다.

학교 내 특별한 승진 체계는 없지만 '평교사→부장교사→교감→교장'의 단계를 밟을 수 있다. 1급 정교사 자격을 취득하려면 교원으로 임용된 후 3년 이상의 교육 경력을 가지고 소정의 재교육을 받거나, 교육대학원 또는 교육부장관이 지정하는 대학원 교육과에서 석사학위를 받고 1년 이상의 교육 경력이 있어야 합니다. 또한 일정 이상의 교육 경력이 되면 시험을 통해 장학사나 교육연구사 등으로 진출할 수도 있습니다.

관련 직업은?

교육청 장학사, 교육학 연구원, 교육부 행정가, 교육연구기관 연구원, 연주가, 음반기획자, 음악평론가, 작곡가, 편곡가, 영화음악전문가, 공연기획자 등

미래 전망은?

당분간 음악교사의 고용률은 현 수준을 유지하거나 다소 감소할 전망입니다. 중등교사의 고용에 영향을 미치는 요인으로는 학생수 감소와 교육 정책의 변화 등을 꼽을 수 있는데, 이는 긍정적·부정적 영향을 모두 미칠 것으로 보입니다. 먼저 교육부가 공교육의 내실화를 목표로 교원 1인당 학생수를 줄이기 위한 노력을 지속하고 있으며, 최근 들어 청소년의 예술 경험과 예술 교육의 중요성에 대한 인식이 높아지고 있다는 것이 긍정적인 영향입니다. 특히 수능 교과목 중심의 교육에서 벗어나 문화 예술의 향유와 경험이 자존감을 향상시키고 창의적 사고의 원동력이 된다는 것에 대한 공감대가 높아지고, 아름다움에 반응하는 감성과 자기표현 능력이 필수적 요소로 주목되면서 예술 교육에 관한 관심도 커지고 있습니다. 반면, 부정적 영향으로는 사범대학 등 중등 교원양성기관을 통해 배출되는 인력은 증가하는 데 반해 중등학교 학생수는 급격히 줄어들고 신규 채용 예정 교원수는 제한되어 있다는 것입니다. 교육부는 매년 과목별 교원 수요 변동, 교원 증원 상황 등을 반영하여 임용시험으로 선발할 중등교사의 수를 정하고 있다. 교사를 지원하는 사람은 많고, 선발인원은 제한되어 있어 음악교사로 취업하는 데 경쟁이 치열할 것으로 예상됩니다.

Jump Up

음악과와 음악교육과는 어떤 차이가 있을까요?

음악과는 일반적으로 연주, 작곡, 음악 이론 및 역사 등 음악 자체의 전문적인 연구와 실습에 중점을 두는 전공이에요. 반면, 음악교육과는 음악의 전문적인 지식과 기술을 가르치는 방법론에 초점을 맞추며, 미래의 음악 교사 양성을 목표로 해요. 음악교육과 학생들은 음악 이론, 연주 능력 뿐만 아니라 교육학, 교육 심리학 등 교육에 필요한 다양한 분야의 지식을 습득하며, 실제 교육 현장에서 음악을 가르칠 수 있는 능력을 개발하는 데 집중해요.

음악교육과
음악교사 전공 분석

어떤 학과인가?

음악은 인간의 감정을 세심하게 다루며, 음악교육을 통해서 학생들이 소리를 지각하고 이에 반응하는 음악적 감수성을 발달시킵니다. 음악교육과는 학생들이 정서와 지각 반응이 상호작용하며 심미적인 음악 경험을 풍부하게 하고, 비언어적 표현력을 통해 창의적인 의사소통 능력을 키울 수 있도록 설계되어 있습니다. 이러한 교육을 통해 음악교육과는 학생들이 다양한 음악 활동을 통해 자신의 감정을 이해하고 타인과 공감할 수 있는 능력을 개발하도록 돕습니다. 또한, 이는 학생들이 음악을 통해 자신의 내면을 탐색하고, 감정을 건강하게 표현하는 방법을 배우는 데 중요한 역할을 합니다.

음악교육과는 학생들에게 음악 교육자로서 필요한 기본적인 소양과 수업에 필요한 다양한 역량을 갖출 수 있도록 지원합니다. 이를 위해 실기와 이론을 포함한 음악의 다양한 분야를 창의적이고 포괄적인 방식으로 접근하게 하며, 음악 교사가 되기 위한 교육 과정을 운영합니다. 이 과정에서 학생들은 음악 교육의 본질적 가치를 이해하고, 학교 현장에서 학생들을 효과적으로 지도할 수 있는 능력을 개발합니다. 음악교육과는 따라서 미래의 음악 교사들이 학생들에게 음악의 아름다움을 전달하고, 그들의 삶에 긍정적인 영향을 끼칠 수 있도록 준비시키는 중요한 역할을 수행합니다.

교육 목표와 교육 내용은?

음악교육과의 교육 목표는 학생들이 음악을 통해 감정을 섬세하게 표현하고 이해하는 능력을 키우는 데 중점을 둡니다. 이 과정은 소리에 대한 지각과 반응을 통해 음악적 감수성을 극대화하고, 정서적, 지각적 반응이 서로 상호작용하면서 심미적인 음악 경험을 넓히는 것을 목표로 합니다. 이를 통해 학생들은 자신의 감정을 깊이 있게 탐색하고, 음악을 통한 비언어적 표현력을 발달시킬 수 있습니다. 이러한 교육은 학생들에게 창의적인 의사소통 능력을 함양시키며, 음악을 통해 자신과 타인과의 관계를 더욱 풍부하게 만들 수 있는 기회를 제공합니다.

또한, 음악교육과는 학생들이 미래의 음악 교사로서 필요한 핵심 역량을 갖출 수 있도록 지원합니다. 이는 학생들로 하여금 음악 교육의 본질적 가치를 이해하고, 학교 현장에서 학생들을 지도하는 데 필요한 비언어적 표현력 및 창의적 의사소통 능력을 개발하는 것을 포함합니다. 음악교육과의 교육 목표는 따라서 학생들이 음악의 심미적 가치를 깊이 이해하고, 이를 통해 학생들의 정서적 성장을 돕고, 창의적인 교육 방법을 통해 음악 교육의 가능성을 확장하는 데 중점을 둡니다. 이 과정을 통해 학생들은 음악을 통해 인간의 감정을 세심하게 다루고, 교육 현장에서 긍정적인 변화를 이끌어낼 수 있는 능력이 있는 교사를 양성합니다.

» 음악을 통한 의사소통 능력과 감수성이 뛰어난 교사를 양성합니다.
» 비언어적 표현력을 통해 창의적인 의사소통 능력이 우수한 인재를 양성합니다.
» 학생들의 정서적, 지각적 반응을 이해하고 이를 교육에 활용할 수 있는 교사를 양성합니다.
» 음악을 통해 인간의 감정을 세심하게 다룰 수 있는 교육자를 양성합니다.
» 심미적인 음악 경험을 제공하여 학생들의 정서적 성장을 돕는 인재를 양성합니다.
» 음악 교육의 본질적 가치를 이해하고 현장에서 효과적으로 지도할 수 있는 교사를 양성합니다.
» 창의적이고 포괄적인 음악 교육 방법을 개발하고 적용할 수 있는 능력을 갖춘 인재를 양성합니다.

학과에 적합한 인재상은?

음악교육과를 희망한다면 음악을 단순히 즐기는 것을 넘어서, 그 구성 요소와 이론, 역사에 대해 탐구하고자 하는 열정이 중요합니다. 이는 다양한 장르의 음악을 폭넓게 경험하고 분석하는 데 필수적이며, 음악의 본질과 가치를 이해하려는 깊은 호기심을 바탕으로 합니다. 음악교육과 학생으로서 이러한 흥미는 지속적인 학습 동기를 부여하고, 음악교육자로서의 전문성을 쌓는 데 기초가 됩니다.

음악교육과는 음악적 재능과 더불어 교육에 대한 열정을 가진 이들에게 적합합니다. 학생들은 다양한 연령대와 배경을 가진 사람들에게 음악의 아름다움과 가치를 전달할 수 있는 능력을 개발해야 합니다. 이를 위해서는 음악적 기술과 지식을 넘어서, 타인과의 의사소통 능력, 공감 능력, 그리고 교육적 접근 방법에 대한 이해가 필요합니다. 음악교육과 학생들은 음악을 통해 타인의 삶에 긍정적인 영향을 미치고자 하는 강한 동기를 가져야 합니다.

마지막으로, 창의적 사고와 혁신적 접근이 중요합니다. 음악교육은 전통적인 방식을 넘어서 현대의 다양한 교육 기술과 접목되어야 하며, 학생들은 새로운 교육 방법을 탐색하고 개발할 수 있는 창의력을 필요로 합니다. 이는 기술의 발전과 사회의 변화에 맞춰 음악 교육의 방향을 재정립하고, 학생들에게 더욱 풍부하고 다채로운 음악 경험을 제공하는 데 중요합니다.

주요 교육 목표

창의적 사고와 비판적 분석
능력 함양

- - - - - - - - - - - - - - - - -

심도 있는 지식 및 실기 능력 습득

- - - - - - - - - - - - - - - - -

음악교육 프로그램 설계 및 실행

- - - - - - - - - - - - - - - - -

음악교육 이론과 실천 능력 함양

- - - - - - - - - - - - - - - - -

음악교육 방법론 연구 능력 함양

- - - - - - - - - - - - - - - - -

현대 사회의 변화에 대응하는
음악교사 양성

관련 학과는?

음악과, 음악학과, 음악학부, 실용음악과, 작곡과, 성악과, 성악전공, 관현악과, 관현악전공, 기악과, 예술학부, 피아노과, 피아노학과, 국악과, 국악학과, 한국음악과, 전통예술학부, 음악콘텐츠학과 등

취득 가능 자격증은?

- ☑ 중등학교 2급 정교사
- ☑ 평생교육사
- ☑ 문화예술교육사
- ☑ 음악심리상담사
- ☑ 피아노실기지도사
- ☑ 피아노조율기능사 등

진출 직업은?

중등학교 교사, 장학사, 교육공무원, 가수, 악기수리원 및 조율사, 연주가, 음반기획자, 음악평론가, 음악 프로듀서, 작곡가, 편곡가, 영화음악전문가, 공연기획자, 보이스트레이닝전문가 등

추천 도서는?

- 국악 실기교육의 이해(음악세계, 서승미)
- 예비 음악교사를 위한 피아노 반주법
  (교육과학사, 조성기 외 1인)
- 초등 음악교육(학지사, 민경훈 외 3인)
- 음악과 교수학습의 실제(교육과학사, 조성기 외 5인)
- 음악교육의 기초(교육과학사, 권덕원 외 8인)
- 문화예술교육사를 위한 음악교육론
  (교육과학사, 최미영 외 7인)
- 열려라 클래식(돋을새김, 이헌석)
- 쇼팽, 그 삶과 음악(포노, 제러미 니콜러스, 임희근 역)
- Classics A to Z : 서양 음악의 이해
  (음악세계, 민은기 외 1인)
- 내가 사랑하는 클래식(시공사, 박종호)
- 음악의 기쁨 스페셜 에디션
  (북노마드, 롤랑 마뉘엘, 이세진 역)
- 쇼스타코비치, 그 삶과 음악
  (포노, 리치드 화이트하우스, 김형수 역)
- 대중음악 공연기획(커뮤니케이션북스, 권준원)
- 말러, 그 삶과 음악(포노, 스티븐 존슨, 임선근 역)
- 음악이 흐르는 동안, 당신은 음악이다
  (바다출판사, 빅토리아 윌리엄슨, 노승림 역)
- 김이나의 작사법(문학동네, 김이나)
- 음악에서 무엇을 들어 낼 것인가
  (포노, 에런 코플런드, 이석호 역)
- 다락방 재즈(그책, 황덕호)
- 하노버에서 온 음악 편지(중앙북스, 손열음)

학과 주요 교과목은?

기초 과목	전공실기, 합창 합주, 피아노 반주법, 음악분석 및 형식론, 교육학개론, 교육철학 및 교육사, 교육과정, 교육평가, 교육방법 및 교육공학, 교육심리, 교육행정 및 교육경영, 생활지도 등
심화 과목	음악과 인성교육, 부전공악기, 장구반주법, 악기연구 및 기악지도법, 음악이론, 시창, 청음, 국악개론, 서양음악사, 가창지도법, 화성학, 음악융합교육, 음악교재 및 연구법, 전통음악, 컴퓨터음악, 다문화음악교육의 이해, 지휘 및 편곡법 등

졸업 후 진출 분야는?

기업체	음반 제작 회사, 연주 단체, 출판사, 방송사, 잡지사, 음악 학원, 음반 기획사, 공연 기획 업체, 악기 관련 업체 등
연구소	한국문화정보원, 한국문화예술교육진흥원 등
정부 및 공공 기관	국공립 중등학교, 대학, 예술의전당, 합창단, 예술경영 지원센터, 한국예술인복지재단 등

🔍 전공 관련 선택 과목은?

▶ 국어, 영어 교과는 모든 학문의 기초적인 성격을 가진 도구교과로 모든 학과에 이수가 필요하여 생략함.

수능 필수	화법과 언어, 독서와 작문, 문학, 대수, 미적분Ⅰ, 확률과 통계, 영어Ⅰ, 영어Ⅱ, 한국사, 통합사회, 통합과학, 성공적인 직업생활(직업)		
교과군	선택 과목		
	일반 선택	진로 선택	융합 선택
수학, 사회, 과학	세계시민과 지리, 사회와 문화, 현대사회와 윤리	동아시아 역사 기행, 윤리와 사상, 인문학과 윤리	윤리문제 탐구
체육·예술	음악	음악 연주와 창작, 음악 감상과 비평	음악과 미디어
기술·가정/정보			
제2외국어/한문	제2외국어		
교양		인간과 철학, 인간과 심리, 교육의 이해	

학교생활기록부 관리는?

출결 사항	• 미인정 출결 내용이 없도록 관리하세요. 미인정 출결 내용이 있으면 인성, 성실성 영역 등에서 부정적 평가를 받을 가능성이 높아요.
자율·자치활동	• 다양한 교내외 활동에서 자기주도적 참여를 통해서 음악과 교육분야에 대한 관심과 흥미, 창의적 문제 해결 능력, 의사소통 능력, 협업 능력, 발전 가능성 등이 드러나도록 하세요.
동아리활동	• 음악 및 예술, 교육 관련 동아리 활동 참여를 통해서 음악과 교육 관련 전공에 대한 준비를 하세요. • 가입동기, 본인의 역할, 배우고 느낀 점, 음악교육과 진학을 위해 기울인 활동과 노력이 나타날 수 있도록 참여하세요. • 학교내에서 타인을 위해 할 수 있는 지속적인 봉사 활동을 하세요. • 학교에서 주관하는 공연, 전시회, 또래 멘토링, 다문화 가정 학생 돕기 등 예술 및 교육과 관련된 봉사 활동을 하세요.
진로 활동	• 음악이나 교육 분야의 직업 정보 탐색 활동을 권장해요. • 음악 관련 기관 및 관련 학과 체험 활동이 무척 중요해요. • 음악이나 교육 분야에 대한 적극적 진로 탐색 활동을 통해서 자신의 진로 역량, 공동체 역량, 발전 가능성 등이 나타날 수 있도록 하세요.
교과학습 발달상황	• 국어, 영어, 음악 등 교육 및 예술과 관련된 교과 성적은 상위권으로 유지시키고, 관련 교과 수업에서 학업 역량, 진로 역량, 공동체 역량, 자기주도성, 문제 해결 능력, 창의력, 발전가능성 등의 역량이 발휘될 수 있도록 수업에 적극 참여하세요. • 음악 및 교육 관련 분야의 교과 연계 독서활동 내용이 기록되도록 하세요.
독서 활동	• 음악, 예술, 교육, 인문학, 철학 등 다양한 분야의 책을 읽으세요. • 음악이론, 음악실기, 교육 분야의 독서 활동을 통해서 음악교사의 기본적인 지식을 쌓는 것이 중요해요.
행동 발달 특성 및 종합 의견	• 창의력, 문제 해결 능력, 의사소통 능력, 협업 능력, 리더십, 발전 가능성, 진로 역량 등이 드러날 수 있도록 하세요. • 자기주도성, 경험의 다양성, 성실성, 나눔과 배려, 학업 태도와 학업 의지에 대한 자신의 장점이 생활기록부에 기록되도록 관리하세요.

Jump Up

AI 교육에 대해 알아볼까요?

인공지능 교육은 인공지능(AI, Arificial Intelligence)의 혜택을 누리기 위해 필요한 지식과 기능을 배우고 인공지능과 함께 살아가기 위해 필요한 가치와 삶의 방식을 배우는 교육으로, 최근 인공지능에 대한 시대적 요구에 따라 관심이 높아지고 있어요. 이러한 관심에 부응하기 위해 모든 학생이 기초 소양으로 인공지능에 대한 기본적인 지식과 역량을 갖추고, 다양한 환경과 상황에 적용할 수 있는 능력을 기르는 것이 중요해졌어요. 모든 학생이 인공지능 기초 소양을 함양할 수 있는 기회를 공평하게 누리기 위해서는 학교에서의 정보교육을 통해 인공지능 교육을 제공해야 한다는 목소리가 커지고 있어요.

정보교사란?

　21세기 지식정보화 사회에서의 인재는 정보와 정보처리 기술을 올바르게 활용할 수 있는 능력뿐만 아니라 새로운 지식과 정보, 기술을 창의적으로 생성하고 문제를 해결하는 능력을 갖추어야 합니다. 정보는 컴퓨터 과학의 기본 개념과 원리 및 기술을 바탕으로 실생활과 다양한 학문 분야의 문제를 창의적이고 효율적으로 해결하기 위한 학문 분야입니다. 정보 과목은 컴퓨터와 관련된 과학적 지식과 기술의 탐구, 실생활의 문제해결을 위해 새로운 지식과 기술을 창출하고 통합적으로 적용하는 능력과 태도를 함양하는 과목이므로 컴퓨터 교사는 이러한 정보와 컴퓨터 과학 및 관련 기술 분야의 능력을 갖춘 전문 교육자로서 학생들에게 컴퓨터 소프트웨어 및 하드웨어의 기초를 가르칩니다.

　우리나라에서 정보/컴퓨터 교육은 2차 교육과정 시기(1970년대)에 직업교육의 형태로 처음 시작되었습니다. 현재는 학교에서 적용 중인 '2015 개정교육과정'에서 SW(소프트웨어) 교육의 모습으로 변화했습니다. 정보 과목이 실생활 및 다양한 학문 분야와 융합

정보교사
컴퓨터교육과

하여 컴퓨터 사고력을 위해 선택과목에서 중학교 필수 과목이 되었습니다.

현재 초중고에서 정보교사는 컴퓨팅사고력, 정보문화소양, 협력적 문제해결력을 키울 수 있도록 교육하고, 특히 중학교와 고등학교에는 4개의 영역(정보문화, 자료와 정보, 문제해결과 프로그래밍, 컴퓨팅시스템)에서 3개의 교과 역량(컴퓨팅 사고력, 정보문화 소양, 협력적 문제해결력)을 함께 함양하기 위해 다양한 방법을 적용하여 교육하고 있습니다. 더불어 교육부에서는 '2022 개정 교육과정'을 통해 디지털 기초 소양을 함양할 수 있도록 다양한 정책을 지원한다고 밝혔습니다. 그 밖에도 인공지능(AI)교육이 정보/컴퓨터 교육의 내용으로 추가하여 교육할 것이라고 합니다.

정보교사가 하는 일은?

컴퓨터과학의 기본 개념과 원리를 바탕으로 실생활 및 다양한 학문 분야의 문제를 창의적으로 해결하는 컴퓨팅 사고력을 기를 수 있게 돕고, 네트워크 컴퓨팅 기반 환경의 다양한 공동체에서 협력적 문제 해결 능력을 기르기 위한 수업을 계획하고 진행, 평가하는 일을 합니다. 정보 수업을 통해 정보 윤리의식, 정보 보호 능력, 정보기술 활용 능력을 기르고, 컴퓨터과학의 기본 개념과 원리, 컴퓨팅 기술을 바탕으로 실생활의 다양한 학문 분야의 문제를 창의적이고 효율적으로 해결하는 능력과 협력적 태도 함양을 위해 수업을 계획하여 진행합니다. 다양한 정보를 활용하여 자료와 정보를 수집, 분석, 관리하는 능력과 태도를 기르게 하며, 컴퓨터 프로그래밍을 설계하거나 소프트웨어를 구현하여 자동화할 수 있는 능력을 배양하기 위한 방법을 연구합니다.

교과서 및 시청각 자료 등 다양한 학습 자료를 활용하여 학습자가 자신의 수준과 진로에 따라 꿈과 재능을 발휘할 수 있도록 지도하여 수업을 설계·운영한 결과를 평가하고, 학생의 생활 태도와 진로 선택을 지도하며, 이 과정을 취합하여 학교생활기록부에 기록합니다. 시험을 출제하여 학생의 성적을 평가하고, 최소한의 성적을 달성하지 못한 학생들을 위해 보충학습을 진행하기도 합니다.

상황에 따라 학교의 네트워크나 교사, 학생의 컴퓨터 관련 업무를 처리하거나 학생들이 창의성을 격려하고, 컴퓨터 장비의 적절한 작동을 유지하게 하며, 컴퓨터 관련 최신의 전문 정보에 대해 탐색하여 연구합니다.

> » 컴퓨터의 기본 개념과 원리를 바탕으로 실생활의 문제를 창의적으로 해결하는 컴퓨팅 사고력을 기를 수 있게 돕습니다.
> » 정보 수업을 통해 정보 윤리 의식, 정보 보호 능력, 정보기술 활용 능력을 기르도록 수업합니다.
> » 교과서 및 시청각 자료 등 다양한 학습 자료를 활용하여 학습자가 자신의 수준과 진로에 따라 꿈과 재능을 발휘할 수 있도록 지도합니다.
> » 수업을 설계·운영한 결과를 평가하고, 학생의 생활 태도와 진로 선택을 지도하며, 이 과정을 취합하여 학교생활기록부에 기록합니다.
> » 시험을 출제하여 학생의 성적을 평가하고, 최소한의 성적을 달성하지 못한 학생들을 위해 보충학습을 진행하기도 합니다.
> » 상황에 따라 학교의 네트워크나 교사, 학생의 컴퓨터 관련 업무를 처리합니다.
> » 컴퓨터 관련 최신의 전문 정보에 대해 탐색하여 연구합니다.

Jump Up

컴퓨터공학과 소프트웨어공학의 차이를 알아볼까요?

학생의 입장에서는 컴퓨터공학과 및 소프트웨어공학과는 커리큘럼에서 조금의 차이가 있긴 하지만 이 학과들은 '사실상 같은 학과다'라고 생각하는 것이 올바른 선택에 도움이 되어요.

다만 세부적으로 살펴보면 위의 학과들이 완전히 같지는 않아요. 예를 들어 소프트웨어학과와 컴퓨터공학과, 그리고 컴퓨터과학과와 정보보안학과 등을 비교해보면 당연히 커리큘럼에서 차이가 있어요. 그러나 프로그래밍을 하는데 있어서 필요한 기초 지식이나 소양은 상당 부분 겹치는 부분도 많아요. 그렇기 때문에 컴퓨터공학과에 가면 이룰 수 있는데, 소프트웨어학과에 가면 이룰 수 없고 하는 그런 일은 일어나지 않을 것이에요. 특히나 대학원 혹은 그 이상의 단계가 아닌 대학 학부 단계에서는 더더욱 그래요. 다만 이 두 학과를 비교하자면 컴퓨터공학은 컴퓨터 이론과 계산 프로세스의 설계 및 이해를 포함하는 반면, 소프트웨어공학은 소프트웨어 시스템 구축 연구를 통해 소프트웨어 애플리케이션을 분석하고 설계하여 구축 및 테스트하는 프로세스라고 이해하면 쉬워요.

정보교사

커리어맵

관련기관
- 교육부 www.moe.go.kr
- 창의인성교육넷 www.crezone.net
- 에듀넷 www.edunet.net
- 학교 알리미 www.schoolinfo.go.kr
- 교육과정평가원 www.kice.re.kr
- 한국교육개발원 www.kedi.re.kr
- 정보보호교육센터 sec.keris.or.kr
- 한국과학기술정보통신부 www.msit.go.kr

준비방법
- 대인관계 능력 키우기
- 컴퓨터 및 소프트웨어 활용 역량 기르기
- 최신 에듀테크 교수학습방법에 대한 탐구 활동
- 컴퓨터교육 관련 학과 탐방
- 컴퓨터교육 관련 직업 체험 활동
- 컴퓨터 교육관련 독서 활동

적성과 흥미
- 공감 능력
- 컴퓨터에 활용 능력
- 논리력
- 창의성
- 지적 호기심
- 자기주도능력
- 문제 해결 능력

관련학과
- 컴퓨터교육과
- 컴퓨터학과
- 정보융합학과
- 스프투웨어융합학과
- 인공지능학과

정보교사

흥미유형
- 사회형
- 탐구형
- 진취형

관련교과
- 수학
- 과학
- 기술·가정
- 정보

관련자격
- 중등학교 1급·2급 정교사
- 컴퓨터활용능력
- 정보처리기사

관련직업
- 장학사
- 초중고등학교교사
- 교육행정사무원
- 교재 및 교구 개발자
- 입학사정관
- 웹프로그래머
- 네트워크관리자
- 컴퓨터보안전문가

145

정보교사는 기본적으로 컴퓨터 하드웨어와 다양한 응용소프트웨어에 대한 관심과 흥미가 있어야 하며, 논리적인 추리력과 창의력이 필요합니다. 컴퓨터의 특성상 다른 분야에 비해 발전 속도가 매우 빠르기 때문에 새로운 것에 대한 호기심과 관심이 중요합니다. 기초과학에도 관심을 가지고 끊임없이 탐구하는 자세와 창의적이고 독창적인 시각으로 사회 변화를 관찰하는 능력도 요구됩니다. 더불어 컴퓨터 기술에 대한 능력을 가지고, 일대일 및 그룹 학습 활동을 용이하게 하는 다양한 교수 스타일이나 시간 관리 기술, 의사소통 기술을 기른다면 적합합니다.

또한 컴퓨터의 언어라고 할 수 있는 코딩과 프로그래밍을 스스로 직접 계획하고 만들어보는 경험을 하는 것이 필요합니다. 실패를 두려워하지 말고 계속해서 반복적으로 도전할 수 있는 인내심을 기르는 것도 효과적입니다.

더하여 중등교사는 청소년기의 학생들을 대하므로 솔직하고 도덕적인 성격, 다른 사람들과 즐거운 관계를 유지하기 위한 협조적 태도를 갖추는 것이 중요합니다. 또한 학생들의 욕구나 느낌에 민감하게 반응하고, 이들을 이해하고 도와주는 등 타인에 대한 배려심을 갖추는 것도 포함할 수 있습니다.

정보교사
커리어맵

Jump Up

컴퓨터관련 유망 직업에는 무엇이 있을까요? (데이터과학자, 데브옵스엔지니어)

미국의 한 구인 사이트에서는 매년 소득, 직업 만족도, 구인건수 등을 토대로 그해 가장 유망할 직업을 선정하는데, 1위 ~ 10위 사이의 직업이 바로 컴퓨터와 관련된 직업이었습니다.

그 중에서도 가장 유망할 것으로 선정된 직업이 엔터프라이즈 아키텍트 (Enterprise Architect)인데, 엔터프라이즈 아키텍트는 한 조직의 IT 네트워크와 서비스에 대한 유지 관리 업무를 담당하는 것을 말합니다. 다시 말해 엔터프라이즈 서비스, 소프트웨어, 하드웨어를 총괄하고 개선하며 업그레이드하는 일을 하게 되는데, 이를 위해 최신 동향과 기술을 숙지해야 하고, 다양한 사업부와 비즈니스 프로세스의 수요를 파악할 줄 알아야 합니다. 또한 최근에 지속적으로 상위권을 유지하는 직업으로는 데이터 과학자와 데브옵스 엔지니어가 있습니다. 최근 IT 기업들이 데이터 과학자를 채용하기 위해 원격 근무, 유연 근무제 등등 파격적인 복지 혜택을 제시하고 있는데, 이전에는 결코 다룰 수 없었던 복잡하고 어려운 문제를 해결할 수 있는 데이터 과학자를 구하기 위해 고군분투하고 있다는 뜻입니다. 데이터 과학자는 컴퓨터 공학, 통계학, 수학 등 광범위한 학문적 배경을 바탕으로 강력한 알고리즘을 구축하고, 데이터를 분석, 처리, 모델링하여 결과를 해석하며 실행 가능한 계획을 생성하는 일을 합니다.

마지막으로 데브옵스 엔지니어는 4차 산업혁명의 흐름을 반영한 직업입니다. 개발(Development)과 운영(Operation)의 합성어인 데브옵스는 소프트웨어의 신속한 개발, 통합, 자동화가 필요해지면서 발생했습니다. 소프트웨어의 개발과 배포를 맡는 분리된 두 팀을 하나로 통합하려는 움직임 속에서 떠오른 직업입니다. 서비스 제공과 유지에 필요한 시스템을 설계, 구축, 운용하면서 다양한 정보 기술 이슈에 대응하는 일을 합니다.

진출 방법은?

정보교사가 되기 위해서는 대학교나 대학원에서 중등학교 2급 정교사 자격증을 취득해야 합니다. 이를 위해서는 사범계열 학과를 졸업하거나 비사범계열 학과의 경우 컴퓨터 관련 학과에 재학하면서 교직과목 이수 또는 졸업 후 교육대학원 진학을 통해 석사 과정을 거쳐 중등교사 2급 자격증을 취득해야 합니다.

국공립 중고등학교의 교사가 되려면 2급 정교사 자격증 취득 후 각 시도 교육청에서 시행하는 '국공립 중등학교 교사 임용 시험 후보자 선정 경쟁시험(교원임용 시험)'에 합격해야 합니다. 교원 임용 시험은 매년 11~12월에 시행되며, 시험 내용은 필기, 논술, 면접 등으로 이루어집니다.

사립 중고등학교의 교사가 되려면 2급 정교사 자격증을 취득하되 교원 임용 시험에 합격하지 않아도 됩니다. 결원이 생기면 각 학교별로 채용 공고를 내고, 학교장의 제청에 따라 이사회의 의결을 통해 채용합니다. 최근 사립학교 교사 채용은 채용의 투명성 및 공정성 제고를 위해 희망 법인을 대상으로 위탁채용을 실시하는 방향으로 변화하고 있습니다. 사립학교 법인으로부터 위탁받아 공립학교교사 임용시험과 동일하게 1차 필기시험을 실시하고, 선발 인원의 5배수 이내로 합격자를 결정하여 법인에 통보 후 최종합격자는 법인별로 시행하는 2차 시험을 거쳐 채용을 결정하게 됩니다.

관련 직업은?

정보·컴퓨터교사, 공무원(기술직,교육직),
소프트웨어 기술자(시스템소프트웨프로그래머,
웹마스터, 웹기획, 네트워크프로그래머),
컴퓨터하드웨어 기술자, 데이터베이스 개발자,
임베디드 전문가, 네트워크 관리자,
정보시스템 운영자, 컴퓨터보안 전문가, 연구원,
게임관련 기업, 장학사, 교육행정직 공무원,
교재 및 교구개발원, 입학사정관 등

관련 학과 및 자격증은?

➡ 관련 학 과 : 컴퓨터교육과, 컴퓨터학과, 정보융합학부, 스마트융합보안학과,
　　　　　　　컴퓨터과학과, 소프트웨어융합학과, 인공지능학과, AI융합학과,
　　　　　　　AI소프트웨어융합학부, IT인공지능학부, 사물인터넷학과, 사이버
　　　　　　　보안학과 등

➡ 관련 자격증 : 중등학교 1·2급 정교사, 평생교육사, 컴퓨터활용능력,
　　　　　　　정보처리기사 등

미래 전망은?

정보교사의 고용률은 현 수준을 유지하거나 다소 증가할 것으로 전망하고 있습니다. 2014년부터 정부가 SW교육 강화라는 교육목표를 추진한 결과, 2015 문·이과 통합 교육과정 개편으로 우리나라의 컴퓨터교육이 중학교 필수교과, 고등학교 일반선택 과목으로 전환되면서 그 수요가 증가하고 있습니다. 또한 교육부가 2022 개정 교육과정에서 수학, 과학, 정보 교육을 강조하고 있고, 우리나라의 주요 경쟁국인 중국, 일본, 북한, 대만 등에서 정보교육을 더욱 강화하고 있음을 고려할 때 향후 정보교육이 지금보다 더 강화될 것으로 전망합니다. 더구나 공교육 내 실화를 위해 교원 1인당 학생수를 줄이는 노력을 하고 있기 때문에 정보교사의 수요는 더 늘어날 것으로 예상됩니다.

단 부정적 영향으로는 사범대학 등 중등교원 양성 기관을 통해 배출되는 인력은 증가하는데 비해 중등학교의 학생 수는 급격히 감소하여 신규 채용 예정 교원수가 제한되고 있다는 점입니다. 교사에 지원하는 사람은 많고, 선발 인원은 제한되어 있어 중등교사로 취업하는데 경쟁이 매우 치열할 것으로 예상됩니다.

그러나 컴퓨터교육은 대표적인 융합학문분야이므로 정보기술공학과 교육이라고 하는 사회과학분야가 결합된 분야로서 다양한 산업의 분야로 진출이 가능하다고 할 수 있습니다. 따라서 관련 대기업과 중견기업에 많이 취업할 수 있고, 컴퓨터 혹은 교육 관련 분야의 국내 대학원이나 해외의 대학원의 연구원 과정으로도 많이 진출하고 있습니다.

컴퓨터교육과
정보교사 전공 분석

어떤 학과인가?

최근 인공지능, 빅데이터, 사물인터넷 그리고 모바일 기술의 발전으로 언제 어디서나 디지털화된 정보를 공유하고 활용할 수 있는 시대가 도래하였습니다. 4차 산업혁명 시대는 로봇이나 인공지능으로 무장한 컴퓨터와 인류가 협동하는 사회가 될 것이라고 전문가들은 말하기도 합니다. 또한 기존의 독립적인 업무에 인공지능, 기계, 로봇 등이 접목되면서 이를 다룰 수 있는 창의성을 가진 인간이 중요한 역할을 해야 할 필요성이 요구되고 있습니다. 따라서 컴퓨터교육은 창의성과 인성에 융합적 사고력과 역량을 더하고, 인문학적 상상력과 과학기술적 창의성, 바른 인성을 토대로 다양한 지식을 융합하여 새로운 가치를 창출할 수 있는 창의융합형 인재를 키워내는 데에 목적을 두어야 합니다. 그 중에서 코딩교육은 문제해결 과정 속에서 생각하는 힘을 가진 인재양성의 도구로서 활용된다는 의미에서 매우 중요하다고 할 수 있습니다.

이에 컴퓨터교육과는 정보화 사회에 대비하여 미래의 컴퓨터 교육을 주도하고, 인류사회 복지에 선도적으로 공헌할 수 있는 창의적이고 책임감 있으며, 도전 의식과 적응 능력을 겸비한 컴퓨터 분야의 교사 및 컴퓨터교육 전문가 양성을 목표로 두고 있습니다. 또한 대한민국, 나아가 세계적 정보 교육 현황에 대한 이해와, 변화에 적응할 수 있는 능력, 태도, 소양을 갖춰, 학교 현장에서의 문제에 대한 분석, 해법을 설명하고 발전 방향을 설계할 수 있는 정보교사를 양성합니다.

교육 목표와 교육 내용은?

정보·컴퓨터교육의 새로운 이론 및 연구동향을 탐색하고, 이를 교육현장에 적용하는 방법을 체득하여 성실한 정보교육관련 전문인으로서의 자질과 능력의 향상이 목적입니다. 변화하는 정보통신환경에 대한 이해를 높이고, 새로이 등장하는 정보·컴퓨터교육관련 첨단기술을 효과적으로 교육현장에서 활용할 수 있는 능력을 길러 전문적인 교육이 가능한 유능한 교육인을 양성합니다.

또한 4차 산업혁명 시대에 인공지능은 생활, 산업, 교육 등 사회 전반에서 중요한 탐구분야로 부상하고 있습니다. 그렇기 때문에 급속도로 변화하는 미래 사회의 환경에 유연하게 대응할 수 있는 역량을 갖추는 것이 무엇보다 중요하므로 정보 교사의 역할과 책임은 막중해졌다고 할 수 있습니다. 이에 정보·컴퓨터공학교육의 이론 및 연구방법론을 익히고 이를 교육현장에서 활용할 수 있는 능력을 갖춘 인재로의 성장을 돕습니다. 컴퓨터 전문지식을 토대로 학교 및 교육행정 전산화에 기여할 수 있고 정보·컴퓨터 교육 도구를 개발할 수 있는 역량을 지닌 인재의 양성에 중점을 둡니다. 전공지식과 교수 방법 등에 대한 이론을 체계적으로 이해하고 교육현장에서 이를 실천할 수 있도록 돕고, 정보통신 사회에서의 바람직한 정보교육관과 올바른 인성교육을 통하여 올바른 정보윤리관을 전달하는 교사를 양성하고자 합니다.

> » 급속히 발전하는 컴퓨터교육의 최신 이론 및 내용을 깊이 이해하고 이를 현장교육 활동에 응용할 수 있는 능력을 갖춘 인재를 양성합니다.
> » 지속적으로 변화하는 정보환경에 대한 이해를 높이고, 최신 정보매체와 도구를 활용할 수 있는 능력을 갖춘 전문 교육인을 양성합니다.
> » 컴퓨터교육의 전문지식을 토대로 최첨단 장비와 시스템을 활용하여 학교 및 교육행정 전산화에 기여하고, 새로운 교육도구를 개발할 수 있는 능력 갖춘 전문인력을 양성합니다.

학과에 적합한 인재상은?

컴퓨터공학 관련 학문을 학습하기 위해서는 과학, 수학 등 논리적이고 수리적인 학문을 좋아해야 합니다. 새로운 분야에 대한 호기심과 적극적 탐구능력이 필요하고, 인터넷과 미디어 분야에 관심이 많은 학생이 유리합니다. 기초적인 수학 능력을 갖추고, 첨단 정보 시대에 여러 컴퓨터 관련 정보를 탐색해보는 열정이 많고, 그 활용 및 응용 능력을 발전시키려는 노력을 한다면 좋습니다. 논리력과 창의성을 바탕으로 소프트웨어 응용을 위한 창의적인 발상에 대한 아이디어가 풍부하거나 첨단 기술 및 정보 매체를 활용하여 자기 주도적 학습 능력을 키워나가려는 자세를 가진 학생이 도전할 수 있습니다. 반복되는 프로그래밍 실패에도 포기하지 않고 계속해서 도전하려는 끈기와 도전정신, 더하여 국제적인 언어 구사능력을 함께 갖춘다면 컴퓨터교육 전공에 매우 적합할 것입니다.

마지막으로 중등교사로서 학생들에게 확고한 신념을 가지고, 진심과 열정을 다해 소통하려는 올바른 교육관을 지니고 있다면 더욱더 바람직한 컴퓨터교사가 될 수 있을 것입니다.

관련 학과는?

컴퓨터과학과, 컴퓨터학과, 컴퓨터IT학과, 컴퓨터데이터정보학과, 정보컴퓨터공학부, 정보융합학부, 정보컴퓨터공학부, 정보통신학과, SW융합학부, 스마트융합보안학과, 컴퓨터과학과, 소프트웨어융합학과, 인공지능학과, AI융합학과, AI소프트웨어융합학부, IT인공지능학부, 사물인터넷학과, 사이버보안학과, 데이터과학과 등

진출 직업은?

교사, 교수, 학원 강사, 웹프로그래머, 네트워크 관리자, 응용소프트웨어 개발자, 데이터베이스 개발자, 정보시스템운영자, 변리사, 컴퓨터보안 전문가, 시스템소프트웨어 개발자, 디지털포렌식 수사관, 웹마스터 등

주요 교육 목표

컴퓨터 정보의 수집·분석 및 가공·활용 능력을 갖춘 전문적 인재 양성

컴퓨터 교과 교육의 전문지식과 교육현장 적용 능력을 갖춘 교사 및 교육 전문가 양성

새로운 정보통신기술에 대한 연구능력과 교육적 활용능력을 갖춘 인재 양성

정보과학 및 컴퓨터과학의 풍부한 전문지식과 활용능력을 갖춘 전문인력 양성

정보화 시대의 전문지식 및 연구능력, 사명감을 갖춘 국제적 고급 인력 양성

학교교육행정 전산화에 기여하고, 새로운 교육도구 개발 능력을 지닌 교육인 양성

 ### 취득 가능 자격증은?

☑ 중등학교 2급 정교사 ☑ 평생교육사
☑ 사무자동화산업기사 ☑ 워드프로세서
☑ 전자상거래 관리사 ☑ 전산회계운용사
☑ 데이터분석 전문가 ☑ 컴퓨터 활용능력
☑ 정보기기운용기능사 ☑ 정보관리기술사
☑ 반도체설계기사 ☑ 정보처리기사
☑ 컴퓨터시스템응용기술사
☑ 멀티미디어콘텐츠제작 전문가
☑ 전자계산기조직응용기사
☑ 임베디드SW개발 전문가 등

추천 도서는?

- 4차 산업혁명 문제는 과학이야(MID, 박재용)
- 짜릿짜릿 전자회로 DIY 플러스
  (인사이트, 팔스 플랫)
- 바이오테크 시대(민음사, 제러미 리프킨, 전영택 역)
- 한국의 IT 천재들(북스타, 유한준)
- 딥러닝을 위한 수학
  (위키북스, 아카이시 마사노리, 신상재 역)
- 소프트웨어 교육 방법(생능출판사, 한선관)
- 이것이 MySQL이다.(한빛미디어, 우재남)
- 알고리즘 리더(알파미디어, 마이크 월시, 방영호 역)
- 사물인터넷이 바꾸는 세상
  (한울엠플러스, 새뮤얼 그린가드, 최은창 역)
- 손에 답히는 데이터통신(한빛아카데미, 임석구)
- 그림으로 공부하는 IT 인프라 구조
  (제이펍, 야마자키 아스시, 김완섭 역)
- 생각하지 않는 사람들
  (청림출판, 니콜라스 카, 최지향 역)
- 그림으로 배우는 프로그래밍 구조
  (영진닷컴, 마스이 도시카츠, 김성훈 역)
- 1억 배 빠른 양자 컴퓨터가 온다
  (로드북, 니시모리 히데토시, 신상재 역)
- 교사 어떻게 되었을까?(한승배, 캠퍼스멘토)

학과 주요 교과목은?

기초과목	교육과 인터넷, 기본프로그래밍, UNIX입문, 컴퓨터교육개론, 인터넷윤리, 시스템프로그래밍, 객체지향프로그래밍, 논리회로, 컴퓨터수업설계 및 연습, 컴퓨터교육과정론, 비주얼프로그래밍, 인터넷시스템, 자료 구조 등
심화과목	교육용멀티미디어, 데이터통신기술, 데이터베이스알고리즘, 컴퓨터구조, 교육용소프트웨어개발, 인터넷서버구축론, 객체지향소프트웨어개발, 컴파일러, 컴퓨터교과과정개발, 컴퓨터교과교육론, 소프트웨어공학, 컴퓨터그래픽스, 운영체제, 프로그래밍언어론, 네트워크운영관리, 인공지능, 분산처리개론, 컴퓨터보안 등

졸업 후 진출 분야는?

기업체	학습지 및 교재 개발 업체, 교구 개발 업체, 학원, 컴퓨터 관련 기업, 벤처 기업, 금융·소프트웨어·게임·모바일 웹 개발업체, IT정보보안회사, 통신사, 전자상거래 업체 등
연구소	한국전자통신연구원, 한국인터넷진흥원, 국가보안기술연구소, 소프트웨어정책연구소 등
정부 및 공공 기관	국공립 초중등학교, 국방부, 전산직 공무원 등

🔍 전공 관련 선택 과목은?

▶ 국어, 영어 교과는 모든 학문의 기초적인 성격을 가진 도구교과로 모든 학과에 이수가 필요하여 생략함.

수능 필수	화법과 언어, 독서와 작문, 문학, 대수, 미적분Ⅰ, 확률과 통계, 영어Ⅰ, 영어Ⅱ, 한국사, 통합사회, 통합과학, 성공적인 직업생활(직업)		
교과군	**선택 과목**		
	일반 선택	진로 선택	융합 선택
수학, 사회, 과학	대수, 미적분Ⅰ, 확률과 통계, 현대사회와 윤리, 물리학	기하, 미적분Ⅱ, 인공지능 수학, 윤리와 사상, 인문학과 윤리, 전자기와 양자, 물질과 에너지	수학과제 탐구, 사회과제 탐구, 윤리문제 탐구, 융합과학 탐구
체육·예술			
기술·가정/정보	기술·가정, 정보	로봇과 공학세계, 인공지능 기초, 데이터 과학	창의 공학 설계, 지식 재산 일반, 소프트웨어와 생활
제2외국어/한문			
교양		인간과 철학, 인간과 심리, 교육의 이해	

학교생활기록부 관리는?

출결 사항	• 미인정 출결 내용이 없도록 관리하세요. 미인정 출결 내용이 있으면 인성, 성실성 영역 등에서 부정적 평가를 받을 가능성이 높아요. • 학교폭력과 관련된 내용이 있을 시 대학 입학에 불이익이 있으니 출결 및 학적사항에 기록되지 않도록 하세요.
자율·자치활동	• 다양한 교내외 활동에서 자기주도적 참여를 통해서 컴퓨터 및 소프트웨어공학 분야에 대한 관심과 흥미, 창의적 문제 해결 능력, 의사소통 능력, 협업능력, 발전가능성 등이 드러나도록 하세요. • 학급 및 학교 특색 사업 시간에 컴퓨터를 활용하여 학교의 불편한 점을 해결하는 적극적인 모습을 보이고 유의미한 결과를 만들기 위해 노력하는 과정을 학교생활기록부에 기록될 수 있도록 노력하세요.
동아리활동	• 컴퓨터, 코딩, 교육 관련 동아리 활동 참여를 통해서 컴퓨터 교육 전공에 대한 진로 역량을 함양하기 위해 다양한 활동에 적극적으로 참여하세요. • 동아리 활동을 통해 가입동기, 본인의 역할, 배우고 느낀 점을 기록하고 컴퓨터교육과 진학을 위해 기울인 활동과 노력이 학교생활기록부에 나타날 수 있도록 노력하세요.
진로 활동	• 컴퓨터교육 분야의 직업 정보 탐색 활동을 권장해요. • 컴퓨터 및 소프트웨어 관련 기관 및 고등학교에서 진행하는 관련 학과 체험 활동에 참여하고 학과 탐색 및 최근 연구 분야에 대해 심화 탐구해 보세요. • 컴퓨터 교육 분야에 대한 적극적 진로 탐색 활동을 통해서 자신의 진로 역량, 학업 역량, 공동체 역량 등이 나타날 수 있도록 하세요.
교과학습 발달상황	• 수학, 과학, 정보 등 이공계와 관련된 교과 성적은 상위권으로 유지시키고, 관련 교과 수업에서 학업 역량, 진로 역량, 공동체 역량이 발휘될 수 있도록 수업에 적극 참여하세요. • 교과 시간에 배운 내용에 대한 호기심을 교사 및 스스로에게 연계 질문하고 새로운 문제 해결 방법을 학교 프로그램 및 교과 연계 독서를 활용하여 탐구하고 그 내용이 기록되도록 하세요.
독서 활동	• 인문학, 철학, 역사, 과학, 공학 등 다양한 분야의 책을 읽으세요. • 프로그래밍, 정보통신, 4차 산업혁명 분야의 독서 활동을 통해서 컴퓨터교육과의 기본적인 지식을 쌓는 것이 중요해요.
행동 발달 특성 및 종합 의견	• 창의력, 문제 해결 능력, 의사소통 능력, 협업 능력, 리더십, 발전 가능성, 전공 적합성 등이 드러날 수 있도록 하세요. • 자기주도성, 경험의 다양성, 성실성, 나눔과 배려, 학업 태도와 학업 의지에 대한 자신의 장점이 생활기록부에 기록되도록 관리하세요.

우리나라 제2외국어 교육의 역사에 대해 알아볼까요?

🔶 중등 수준(고등학교)에서 외국어교육이 공식적으로 도입된 것은 제1차 교육과정기(1954-1963)부터로 이 시기에는 독일어와 중국어 두 교과를 외국어 교과로 두었습니다. 이어 2차 교육과정기(1963-1973)에 프랑스어, 스페인어가 추가되었고, 3차 교육과정기(1973-1981)에 일본어가 추가되어 총5개 교과가, 제4차(1981-1988), 제5차(1988-1992) 교육과정 기간까지 지정되어 교육했습니다. 6차 교육과정기(1992-1998)에 러시아어가 추가되었고, 7차(1997-현재)에 아랍어가 추가되어 현재는 독일어, 프랑스어, 스페인어, 중국어, 일본어 러시아어, 아랍어 등 총 7개 교과가 편제되어 있습니다. 7차 교육과정 개정시 외국어 교육과 관련지어 특기할 만한 것은 중학교 재량 활동 시간에도 선택 교과로 외국어를 설치한 것입니다. 교과수에 있어서 처음 2개 교과에서 현재 7개 교과로 늘어난 것과 최초로 외국어 교과를 중학교 수준에서 교육할 수 있도록 개정한 것을 보면 외국어는 광복 이후 1차 교육과정이 개발·공포된 시기부터 시작되어 현재까지 비약적인 발전을 한 것으로 보입니다.

🔶 그러나 외국어 기초 학습에 필요한 최소한의 시간을 대략 400시간으로 가정한다고 한다면 이에 비해 우리나라 고등학교에 배당되어 있는 시간은 제2외국어 1, II를 다 이수한다 해도 204시간에 불과해 이와 같은 수업 시수로는 정상적인 외국어 교육을 실시하기 어렵다는 한계도 분명하다고 할 수 있습니다. 또한 과목수를 늘려 외국어 교육을 강화하기 보다는 외국어 수업시수의 확대나 교수·학습 자료 개선에 관한 문제를 논의하는 노력이 더 필요하다고 할 수 있습니다.

제2외국어교사란?

언어란 문화를 비추어주는 거울이라고 할 수 있습니다. 특정 문화는 그 문화를 공유하는 사람들이 사용하는 언어를 통해 가장 잘 드러나게 되므로 다양한 외국어를 교육한다는 것은 다양한 문화를 접하는 것을 의미함과 동시에 우리 문화와 외국 문화를 비교 분석하고 외국 문화를 선택적으로 수용하는 태도를 갖도록 하여 폭 넓고 조화로운 인간이 될 수 있는 조건을 만들어 주는 것과 같다고 할 수 있습니다.

제2외국어란 일반적으로 국제 공용어 역할을 하는 영어 이외에 배우는 모든 외국어의 총칭으로 쓰이고 있습니다. 여러 나라의 언어들을 제2외국어로 묶어서 칭하는 이유는 다른 나라들과 달린 우리나라에서는 제1외국어인 영어가 아닌 다른 외국어를 먼저 배우거나 초중고 과정에서 외국어를 3개 이상 배우는 경우가 드물기 때문입니다.

국제화 시대를 맞이하면서 이제는 영어를 구사한다는 것이 기본이 되어 영어 이외에 외국어를 배우는 것 또한 중요해지고 있는 추

제2외국어교사
제2외국어교육과

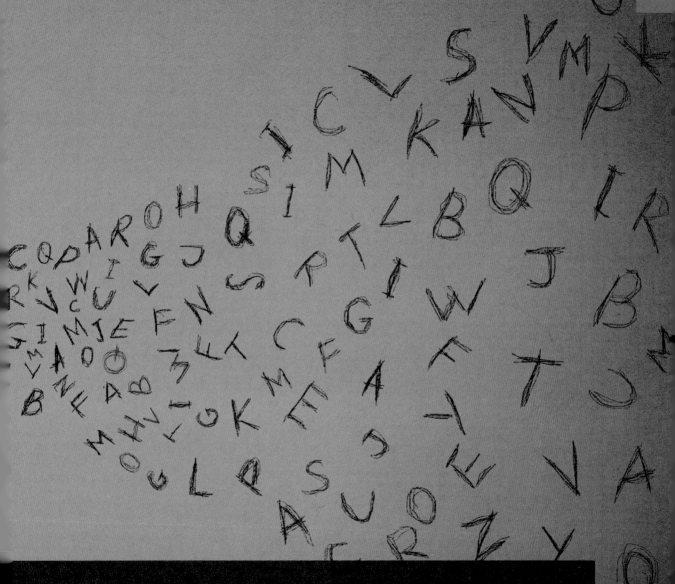

세입니다. 우리나라에서 주로 선택하는 제2외국어는 영어 다음으로 국제적 강세를 보이는 중국어, 일본어, 프랑스어, 독일어, 스페인어, 러시아어 순으로 비율이 높은 편입니다. 특히 우리나라는 외국어 교육열이 강한 편이라 모국어 뿐만 아니라 영어를 포함한 외국어 교육에 관심이 뜨겁습니다.

　제2외국어 교사란 모국어인 한국어와 영어가 아닌 다른 나라의 언어를 중등교육기관에서 가르치는 직업입니다. 학교에서 이루어지는 외국어 교육은 언어 기능의 연마라는 실용적 가치 이외에 인격의 성장이라는 교육적 가치에 대한 고려가 있어야 합니다. 이에 제2외국어 교사는 감수성이 풍부한 청소년기에 접하는 다양한 외국어를 통해 학습자로 하여금 다양한 문화에 대해 긍정적인 가치관을 가지게 됨으로써 세계 속의 한국인으로 살아가는 데 필요한 기본적 소양을 기를 수 있도록 돕는 것입니다.

제2외국어교사가 하는 일은?

제2외국어교사는 국·공·사립학교에서 학생들을 대상으로 교육과정에 따라 외국어 수업지도, 학급운영, 생활지도 등을 담당합니다.

일상생활에 필요한 기초적인 외국어 의사소통 능력을 배양하기 위해 기초적인 의사소통 기본 표현과 그것을 상황에 맞게 적극적으로 활용할 수 있도록 수업내용을 구성합니다. 외국 언어 뿐만 아니라 외국 문화에 대한 이해를 돕기 위한 상황을 다양하게 구성하여, 해당 문화에 대한 배려심과 존중의 자세를 갖출 수 있도록 돕습니다. 다양한 매체와 자료를 통해 해당 외국어의 나라에 관련된 자료를 선별하여 활용합니다.

또한 교사로서 학생들이 원만한 친구관계를 맺고 다른 사람과 더불어 생활하는 법과 안전사고 및 폭력 예방, 성교육, 기본 생활 습관, 급식지도, 등·하교지도 등 생활지도를 합니다. 학교생활, 가정생활, 교우관계 등에 대해 부모와 학생들과 상담을 하기도 하며, 학생들의 전학, 입학, 출석사항 관리, 생활기록부 관리, 학부모에게 보내는 가정통신문 준비 등의 학사업무를 하며, 학교 교육과정의 편성 및 운영에 참여하고 교직원 회의에 참석하는 등 학교 업무를 수행합니다.

> » 언어기능, 의사소통 활동, 언어재료의 영역으로 구성되며 구체적으로 독해, 회화, 작문 등에 대해서 가르칩니다.
> » 해당 외국어로 학생들의 의사소통 능력을 키우기 위해 문법과 더불어 일상 회화에 비중을 두고 가르칩니다.
> » 감각과 놀이 중심의 체험학습, 멀티미디어를 활용한 매체 학습 등 다양한 방법론을 통해 언어 감각과 회화기법을 지도합니다.
> » 교과서 및 시청각자료 등 다양한 학습 자료를 활용하여 수업을 진행합니다.
> » 과제를 내주고 결과를 검토 및 지도합니다.
> » 시험을 출제하고 학생의 성적을 평가합니다.

Jump Up

우리나라 제2외국어 교육의 현실에 대해 알아볼까요?

우리나라는 국내 체류 외국인이 약 253만 명(전 국민의 약 4.8%-2019년) 이상으로 사회학적으로는 다민족국가에 근접하고 있어요. 특히 결혼이주자 가정의 급증으로 인한 급속한 다문화사회로 진입했다고 본다면 이러한 다문화가정을 포용하고 이해하기 위해서 이들의 언어와 문화를 이해하려는 자세가 필요하고, 다양한 나라 사람들과 소통하려는 자세가 필요해요.

그런 의미에서 제2외국어 과목은 다양한 국가의 언어와 문화를 고르게 학습할 수 있는 지구촌 인재 육성면에서 필수 과목임에도 불구하고 영어만 따로 떼어 두고, 나머지 외국어를 뭉뚱그려서 '제2외국어(Second Foreign Language)'라고 하는 것은 제도적으로나 사회적으로나 많은 부족한 인식을 낳게 되는 것이 현실이에요. 이에 영어 외에 제2외국어로 중국어, 일본어, 프랑스어, 독일어, 스페인어, 러시아어, 아랍어, 베트남어의 8개 뿐인 과목을 더욱더 확장할 필요가 있어요. 또한 현행처럼 영어와 제2외국어를 분리하여 국가 교육과정을 편제하기 보다는 우리와 같이 비영어권 국가인 중국, 일본, 프랑스 등과 같이 '외국어' 영역으로 모든 외국어를 편성하여 영어와 동급으로 편제하는 것도 고려해봐야 할 과제에요.

제2외국어교사
커리어맵

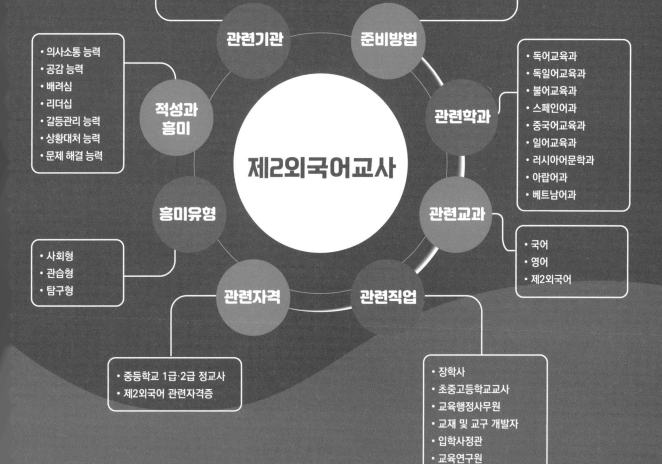

관련기관
• 교육부 www.moe.go.kr
• 창의인성교육넷 www.crezone.net
• 에듀넷 www.edunet.net
• 학교 알리미 www.schoolinfo.go.kr
• 교육과정평가원 www.kice.re.kr
• 한국교육개발원 www.kedi.re.kr
• 한국외국어교육학회www.kafle.or.kr

준비방법
• 언어능력 향상하기
• 대인관계 능력 키우기
• 교육에 대한 역량 및 책임감 기르기
• 교육관련 동아리활동
• 외국어 교육 관련 학과 탐방
• 외국어 관련 직업 체험 활동
• 교육관련 독서 활동

적성과 흥미
• 의사소통 능력
• 공감 능력
• 배려심
• 리더십
• 갈등관리 능력
• 상황대처 능력
• 문제 해결 능력

관련학과
• 독어교육과
• 독일어교육과
• 불어교육과
• 스페인어과
• 중국어교육과
• 일어교육과
• 러시아어문학과
• 아랍어과
• 베트남어과

관련교과
• 국어
• 영어
• 제2외국어

흥미유형
• 사회형
• 관습형
• 탐구형

관련자격
• 중등학교 1급·2급 정교사
• 제2외국어 관련자격증

관련직업
• 장학사
• 초중고등학교교사
• 교육행정사무원
• 교재 및 교구 개발자
• 입학사정관
• 교육연구원
• 학원강사

제2외국어교사

155

적성과 흥미는?

기본적으로 영어를 포함하여 다양한 외국어에 대한 관심과 흥미가 필요합니다. 비단 외국어 능력뿐만 아니라 한글을 정확하게 이해하고 그 의미를 이해하기 쉽게 표현할 수 있는 능력과 어휘력도 필수입니다. 왜냐하면 그러한 능력들이 수반되어야 학습자에게 외국의 언어를 정확하게 이해시킬 수 있기 때문입니다. 더하여 해당 나라에 대한 문화와 역사, 사회, 정치 등에 대해서도 관심을 가지면 좋습니다. 새로운 것을 공부하는 것을 즐기는 지적 호기심이 풍부하다면 적성에 적합하다고 할 수 있습니다. 그렇게 하기 위해서는 평소 다양한 분야의 독서 활동과 자기계발이 필수적으로 요구됩니다.

또한 교사로서 학생들과 함께 생활하며 발생할 수 있는 다양한 문제를 해결하기 위한 성실성, 의사소통 능력, 공감 능력, 문제 해결 능력, 상황대처 능력이 요구됩니다. 청소년기 학생들의 욕구나 느낌에 민감하고 이들을 이해하고 도와주려 하는 등 타인에 대한 배려심이 많은 성격과 다른 사람들과 즐거운 관계를 유지하려는 협조적인 태도도 필요합니다. 아울러 물리적, 생물학적, 문화적 현상에 호기심을 가지고 관찰하는 것을 즐기는 탐구형의 흥미유형이 적합하다고 할 수 있습니다.

제2외국어교사

커리어맵

관련 학과 및 자격증은?

➡ 관련 학과 : 독어교육과, 독일어교육과, 불어교육과, 스페인어과, 스페인어학과, 중국어교육과, 일어교육과, 러시아어 문학과, 러시아어학과, 아랍어과, 베트남어과 등

➡ 관련 자격증 : 중등학교 1·2급 정교사, 평생교육사, 관광통역 안내사, 무역영어, 독어, 일어, 중국어, 프랑스어 등

진출 방법은?

제2외국어교사가 되기 위해서는 사범대학에서 해당 외국어 전공 교육학과를 나오거나 일반 대학의 유사전공과에서 교직이수를 해야 합니다. 예를 들어 일어교사가 되기 위해서는 일어교육과를 나오거나 일어일문학과에서의 교직이수를 해야 하고, 중등학교 2급 정교사 자격증을 취득해야 합니다. 또한 비사범계열 학과를 졸업한 경우라면 교육대학원에 진학하여 일어교육 석사 학위를 취득하면 2급 정교사 자격증을 취득할 수 있습니다.

중등교사 2급 정교사 자격 취득 후 시·도 교육청별로 실시되는 중등교사 임용 시험(중등학교 교사임용후보자 선정경쟁시험)에 합격하여야 합니다. 시험은 제1차 시험과 제2차 시험으로 구분하여 실시하되, 제1차 시험에 합격하지 못하면 제2차 시험에 응시할 수 없습니다. 또한 한국사 인증시험 3급 이상의 자격을 요구합니다. 사립 중고등학교의 교사가 되려면 2급 정교사 자격증을 취득하되 교원 임용 시험에 합격하지 않아도 됩니다. 결원이 생기면 각 학교별로 채용 공고를 내고, 학교장의 제청에 따라 이사회의 의결을 통해 채용합니다. 출산 및 육아 휴직 등으로 일정 기간 휴직하는 교사를 대체하기 위한 기간제교사의 경우에도 교원 임용 시험의 합격 여부와 관계없이 중등학교 2급 이상 정교사 자격증이 있다면 채용 가능합니다.

관련 직업은?

중등학교 제2외국어교사, 교재 및 교구 개발자, 교재개발 편집자, 연구원, 어문계열 교수, 신문기자, 언론인, 일반 공무원, 작가, 출판물 기획자, 통역사, 관광통역원, 입학사정관, 학원 강사 등

미래 전망은?

제2외국어 교사의 전망은 다소 현 수준을 유지하거나 감소할 전망입니다. 학령인구 감소 등에 따른 소수 과목의 내신 부담 및 관련 국가와의 외교 관계 악화 등으로 학생들의 관심에서 멀어지고 있는 것이 부정적 요인으로 꼽을 수 있습니다. 제2외국어 교사 신규임용이 잘 이루어지지 않은 원인도 학령인구 감소 속 학생들의 내신 경쟁 심화에 의해 밀려나고, 임용을 늘리게 된다면 그만큼 학교의 행정에 부담이 되기 때문입니다.

그나마 긍정적 영향으로는 교육부가 공교육의 내실화를 목표로 교원 1인당 학생 수를 줄이기 위한 노력을 지속한다는 것입니다. 이에 교원 1인당 학생 수는 꾸준히 감소하고 있는 추세입니다.

거시적인 관점에서 외국어교육은 의사소통 수단을 얻는다는 실용적인 목적만 가지는 것이 아니라 새로운 문화와 세계관을 경험하고 이해하여 국제화 시대에 꼭 필요한 우수한 외국어 인재 자원을 양성하는 것이 중요합니다. 그렇게 하기 위해서라도 일정 수준 이상의 외국어 교사 임용 규모를 늘려야 할 필요가 있습니다.

Jump Up

교직이수는 어떻게 하는 건가요?

교직이수의 기준은 대학마다 조금씩 차이가 있으나 대학 1학년 때의 성적을 기준으로 교직이수 대상자들을 선발해요. 이전에 교사의 수급이 부족했을 때에는 정원의 30% 정도에게 교직이수 자격을 부여해 왔지만 요즘은 교사 공급 과잉으로 인하여 정원의 5~10% 정도에게만 교직이수 자격을 부여하고 있어요. 또한 모든 학과에서 교직이수가 허용되는 것은 아니기 때문에 입학하려고 하는 학과가 교직 과정을 운영하고 있는지 확인해야 해요.

대학교마다 다소 차이가 있기는 하지만 1학년 2학기 말이나 2학년 1학기 말 즈음에 학과 사무실에서 교직이수 관련 사항이 공지가 될 것이고, 1차로 성적 등의 정량 평가와 2차로 면접 평가를 통해 최종적으로 교직 이수자를 선발하게 되어요. 다만 한 가지 명심해야 할 점이 꼭 교사를 꿈꾸는 학생들만 교직이수 과정을 욕심내는 것은 아니라는 점이에요. 특정 전공에서 교직이수 자격을 얻었다는 것은 해당 전공의 재학생들 중에서도 최상위권의 성적을 유지했다는 일종의 보증처럼 인정되기도 하므로 취업 시장에서도 굉장히 긍정적인 평가를 받기도 해요.

제2외국어교육과
제2외국어교사 전공 분석

어떤 학과인가?

　일어교육과는 일본어라는 매개체를 통하여 일본의 문화를 탐구함은 물론 다양한 어학 훈련을 통해 완숙한 중등교사를 양성하고, 사회에서 요구하는 일본어 실력이 뛰어난 인재를 배출하는 데 그 목적이 있습니다. 일어교육과는 다양하고 심도있는 지식과 새롭게 변해가는 교수법 등을 연구함으로써 일본어로 일상적 의사소통이 가능한 실용적 언어 능력과 일본의 정치, 경제, 사회, 문화 전반에 관한 전문적 지식을 배양합니다. 동시에 우리 문화에 대해 깊은 소양과 자긍심을 가진 글로벌한 인재를 키우기 위해 노력합니다.

　중국어는 한반도에서 가장 오랜 접촉과 교육의 역사를 가지고 있으며, 한국과 중국은 개혁, 개방과 수교를 거치며 발전의 관계를 유지하고 있습니다. 이에 중국어교육과는 중국 문화와 역사, 전통, 중국어의 특징에 대한 인식을 기초로 효과적인 교수 방법을 통해 중국어와 중국 문학을 지도함으로써, 시대가 요구하는 인재를 길러낼 수 있는 중국어 교육전문가 양성을 목표로 합니다.

　독어독문학과는 독일의 언어, 문학, 역사, 문화 등을 배우는 학과입니다. 독일어를 말하고 쓰는 훈련뿐만 아니라 헤세, 릴케, 괴테 등 세계적 명성을 기진 독일 직가들의 작품을 분석하며 녹일의 가치관과 문화, 나아가 역사적 특수성 등을 공부합니다. 더불어 스위스, 오스트리아 등 독일어권의 다양한 국가의 문화와 문학에 대해서도 연구함으로써 전문 지식을 갖춘 전문가를 양성합니다.

　노어노문학과는 19세기부터 오늘날에 이르기까지 세계 문학에 지대한 영향을 미치면서 인류 문화의 한축을 이룬 러시아의 문학과 언어, 나아가 사회 문화 전반에 대해 연구하는 학과입니다. 러시아는 개발되지 않은 천연자원과 정치경제적 잠재력을 가지고 있으며, 우리나라와 지리적으로 인접해 있어 관련 전문가의 수요도 증가하는 추세입니다. 노어노문학과는 이러한 한·러 관계에 중추적인 역할을 담당하게 될 고급 전문 인력을 양성합니다.

　불어불문학과는 프랑스와 프랑스 문화를 익히고, 프랑스 문학의 전통을 연구하며, 프랑스 언어학의 기본적인 이론과 개념을 해석하는 학문을 배우는 학과입니다. 프랑스어는 영어, 아랍어, 중국어, 스페인어, 러시아어와 함께 UN 공식 언어로 지정될 정도로 외교와 국제기구에서 매우 중요한 위치를 차지하고 있습니다. 이에 불어불문학과에서는 프랑스와 프랑스어 사용 국가의 문화와 정신을 이해하고 그 나라들과의 교류를 확대발전시키는 것을 목표로 프랑스어학과 문학, 사회 문화를 배우는 학과입니다.

　스페인어는 사용 국가 수 기준으로 세계 제2의 언어로 중남미 대부분의 국가를 비롯하여 전세계 20여 개국에서 모국어로 사용하고 있습니다. 이에 미국과 유럽 등 대다수의 선진국들이 스페인어를 제1외국어로 선택하고 있습니다. 따라서 스페인어학과에서는 세계 시장에서 활동하는 글로벌 리더 양성에 주력하고 해당 문화권의 문학, 문화, 사회 등의 다양한 과목을 공부하여 해당 국가들과 교류를 활성화할 수 있는 지역 전문가 및 전문 인력의 양성에 그 목표가 있습니다.

　아랍어는 아라비아어라고도 하며 마호메트의 출현 이래 현재까지 문학의 언어로서 사용되는 아라비아 반도의 귀중한 문화적 유산이라고 할 수 있습니다. 아랍어과에서는 아랍과 이슬람 세계와 연관된 제반 학문을 연구하고, 그와 관련된 사회의 요구에 부응할 수 있는 훌륭한 인재를 양성합니다. 아랍어를 모국어로 하는 북아프리카 지역과 중동 지역 국가들과 다방면의 교류를 위한 언어와 문화, 역사에 대해 전문적 지식을 갖춘 인재를 육성하는 데 그 목적이 있습니다.

교육 목표와 교육 내용은?

　중국, 일본, 프랑스, 독일, 스페인, 러시아, 아랍 등 제2외국어 과정에 해당하는 나라들의 언어와 문학, 사회, 정치, 역사 등

> » 세계의 다양한 나라의 언어와 문화를 학습자에게 전달하여 시대에 맞는 개방적 사고를 할 수 있도록 돕는 교육인을 양성합니다.
> » 외국어를 통해 다양한 나라의 문화를 탐구하여 우리나라의 문화와 비교하여 세계적 흐름에 적극적으로 대처할 수 있는 능력을 갖춘 인재를 양성합니다.
> » 해당 언어권의 문화분만 아니라 역사, 지리, 경제 등 다양한 분야에 대한 풍부한 지식을 가진 전문 인재를 양성합니다.

을 연구하여 학습자들에게 그 나라들과 우리나라와의 역사적, 사회적, 경제적 관계에 대해 이해할 수 있도록 돕는 데에 그 목표가 있습니다.

외국어를 다양화시켜 여러 문화를 접하게 하고, 동시에 상대주의적 관점에서 우리 문화와 외국 문화를 비교분석하여 외국의 문화를 선택적으로 수용할 수 있는 조화로운 교육자를 양성합니다. 실용적인 비즈니스 언어분만 아니라 심도있는 언어의 역사를 통틀어 연구하여 학생들로 하여금 빠르게 변화하는 현재 시대의 흐름 속에서 과거와 현재, 그리고 미래를 배우고 그것을 바탕으로 미래를 꿈꾸고, 개선하려는 노력을 하는 등 진정한 의미의 국제화, 세계화를 달성할 수 있도록 돕는 우수한 외국어 인재를 양성합니다.

학과에 적합한 인재상은?

영미권분만 아니라 그 외의 언어권의 문화와 문학, 언어학에 관심과 소질이 있는 학생에게 유리합니다. 언어에 대해 읽기, 듣기, 쓰기, 말하기 등 전문적인 지식을 확장해 나갈 수 있으며, 각종 영어 매체 및 미디어를 통한 시사적인 내용을 접하는 것에 관심이 많다면 영어교육과가 적성에 맞을 수 있습니다. 다른 나라 학생들과의 화상 토론 및 온라인 토론을 통해 다문화 수용 능력을 확장하는 것에 흥미와 관심이 많은 학생들에게 효과적입니다. 다른 나라의 언어를 과학적으로 탐구할 수 있는 꼼꼼한 성격과 매사에 종합적으로 분석하는 성격을 갖추게 된다면 더욱더 좋습니다. 가르치는 학생에 대한 사랑과 심신의 건강, 성실하고 원만한 성품 및 다방면의 풍부한 교양을 갖추고, 특히 영어권을 포함 다양한 나라의 음악이나 드라마, 영화, 원서 등에 대한 관심과 실력을 미리 쌓아놓는 것도 도움이 됩니다.

관련 학과는?

독어교육과, 독일어교육과, 불어교육과, 스페인어과, 스페인어학과, 중국어교육과 일어교육과, 러시아어문학과, 러시아어학과, 아랍어과, 베트남어과, 일어일문학과, 일본어과, 중어중문학과, 중국어과, 불어불문과, 노어노문과, 독어독문과, 국제학부, 글로벌학부, 외국어자율전공학부 등

진출 직업은?

국공립사립 중등교사, 대기업 혹은 공기업 회사, 외국어학원 강사, 교육행정 공무원, 방송기사 및 PD, 대학 교수, 외국어 관련 전문저술가, 통역사, 교재 및 참고서 전문출판인, 관광통역원, 방송기자, 잡지사, 교재개발 편집자, 문화평론가, 평생교육사, 방문교사 등

주요 교육 목표

국어와 영어, 외국어를 정확하게 이해하고, 표현하는 능력을 갖춘 인재 양성

외국인의 문화와 철학 등 다양한 분야에 대한 지식과 탐구 역량을 갖춘 인재 양성

타문화에 대한 이해와 공감할 수 있는 품성을 지닌 인재 양성

국제 정세의 급속한 변화에 능동적으로 대처할 수 있는 능력을 갖춘 인재 양성

언어 교육과 학생에 대한 애정, 리더십을 갖춘 인재 양성

세계 문화와 의식을 전달하고 학습 의욕을 높일 수 있는 지도 역량을 갖춘 교사 양성

취득 가능 자격증은?

☑ 중등학교 2급 정교사
☑ 평생교육사
☑ 국제공인외국어시험
☑ 관광통역 안내사
☑ 각종 번역능력인증시험
☑ 무역외국어 등

추천 도서는?

- 노트르담 드 파리(구름서재, 빅토르 위고, 이찬규 역)
- 라틴아메리카역사 다이제스트100
  (가람기획, 이강혁)
- 구어체 및 언어문화 이해를 위한 기호 언어학
  (시간의물레, 윤성노)
- 말 : 감각의 형태(은행나무, 정지은)
- 일본인과 일본문화(휴먼메이커, 류희승)
- 처음 읽는 중국사(휴머니스트, 전국역사교사모임)
- 리링의 주역 강의(글항아리, 리링)
- 히타이트 제국 문자와 페니키아 문자 기원
  (한국문화사, 조두상)
- 내가 사랑하는 독일 문학(제인 컴퍼니, 김연정)
- 독일시집(자음과모음, 김창환)
- 독일이 사랑한 천재들(열대림, 조성관)
- 러시아 명화 속 문학을 말하다(아담북스, 김은희)
- 러시아 문학의 넓이와 깊이(세창출판사, 조주관)
- 프랑스 언어학의 이해(북치는 소년, 김이정)
- 내가 사랑한 프랑스 문학(제인 컴퍼니, 김연정)
- 세계를 뒤흔든 스페인의 다섯 가지 힘
  (유노북스, 김훈)

학과 주요 교과목은?

기초 과목	일본어회화, 기초일본어문법, 일본어독해, 실전일본어, 일본역사와 문화, 중문법, 중국어발음의 이해, 초중급중 회화, 중국문학사, 전공독어, 교양독어, 독일의 생활문화, 독어학개론, 프랑스어문법, 프랑스문학사, 기초프랑스어, 유럽문화와 문화정책, 전공러시아어, 러시아문학기행, 러시아문화, 초급아랍어문법, 아랍학입문, 아랍사회의 이해, 아랍언어 실습, 스페인어회화, 스페인문화사, 스페인어회화, 중남미외교와 남미지역의 이해 등
심화 과목	일본사회와 생활문화, 중급일본어회화, 비즈니스일본어 회화, 고급일본어, 실용중어, 무역중어, 중국명시감상, 중국 방언의 이해, 독어학연습, 독일어권문화와 예술, 독문학 작품번역, 중급프랑스어회화, 관광프랑스어, 프랑스희곡, 고급러시아어, 러시아사상과 문학비평, 러시아문학사, 무역아랍어, 아랍고대문학, 이슬람역사, 아랍어번역연습, 중남미 정치, 스페인어발달사, 스페인어음운론 등

졸업 후 진출 분야는?

기업체	일반기업체의 기획 및 해외 영업부서, 해당 국가의 기업, 해운 업체, 국제 통상 업체, 무역 회사, 은행, 항공 회사, 국내외 여행사, 언론사, 출판사, 광고 회사, 사설 학원 등
연구소	정부 관련 연구소 및 민간 해당 국가 연구소, 한국교육 학술정보원 등
정부 및 공공 기관	국공립 중등학교, 각 시도교육청, 교육부, 교육과정평가원, 한국국제협력단, 한국교육방송공사, 국립국제교육원, 외교관, 국가정보원, 무역진흥기구, 대한상공회의소, 법조계, 한국직업능력개발원 등
교육계	국공립사립 중고등학교, 대학교, 학원 등

🔍 전공 관련 선택 과목은?

▶ 국어, 영어 교과는 모든 학문의 기초적인 성격을 가진 도구교과로 모든 학과에 이수가 필요하여 생략함.

수능 필수	화법과 언어, 독서와 작문, 문학, 대수, 미적분Ⅰ, 확률과 통계, 영어Ⅰ, 영어Ⅱ, 한국사, 통합사회, 통합과학, 성공적인 직업생활(직업)		
교과군	선택 과목		
	일반 선택	진로 선택	융합 선택
수학, 사회, 과학	세계시민과 지리, 사회와 문화, 현대사회와 윤리	동아시아 역사 기행, 윤리와 사상, 인문학과 윤리, 국제 관계의 의해	여행지리, 사회문제 탐구, 윤리문제 탐구, 기후변화와 지속가능한 세계
체육·예술			
기술·가정/정보			
제2외국어/한문	제2외국어, 한문	제2외국어, 한문 고전 읽기	제2외국어, 언어생활과 한자
교양		인간과 철학, 인간과 심리, 교육의 이해	

학교생활기록부 관리는?

출결 사항	• 출결은 학생으로서 당연히 해야 하는 의무를 책임감 있게 수행하고 있는가를 판단하는 중요한 자료입니다. 미인정 출결사항이 있으면 부정적인 평가를 받을 수 있으니 미인정 출결이 없도록 관리하세요. • 학교폭력과 관련된 내용이 있을 시 대학 입학에 불이익이 있으니 출결 및 학적사항에 기록되지 않도록 하세요.
자율·자치활동	• 다양한 교내 활동에서 자기주도적 참여를 통해서 언어 및 다른 나라 문화에 대한 관심과 흥미, 의사소통 능력, 협업능력, 발전가능성 등이 드러나도록 하세요. • 학급 및 학교 활동으로 진행하는 멘토링이 참여하여 자신과 멘토의 학업 역량을 함양하고 이 내용이 학교생활기록부에 기록될 수 있도록 하세요.
동아리활동	• 교육관련 동아리를 만들어 멘토링 및 교육관련 프로젝트를 진행하고, 이를 통해 다양한 지식을 효율적으로 전달할 수 있는 다양한 방법을 탐구하여 적용해 보세요. • 선생님들의 교수학습방법을 비교 분석하여 장단점을 알아보는 탐구활동을 진행하고 다양한 선행연구를 통해 자신의 생각을 정리하여 발표해 보세요.
진로 활동	• 언어 및 제2외국어 관련 직업 정보 및 관련 역량을 탐색하고 고등학교 생활에서 함양할 수 있는 역량이 무엇인지 확인하여 이에 대한 노력을 기울여 보세요. • 다른 나라의 문화 및 문학 작품에 대해 지속적으로 관심을 가지고 이를 심화 탐구하여 진로 시간에 발표하여 학교생활기록부에 기록될 수 있도록 하세요.
교과학습 발달상황	• 국어 및 영어, 제2외국어와 관련된 교과 성적은 상위권으로 유지시키고, 관련 교과 수업에서 학업 역량, 진로 역량, 공동체 역량이 발휘될 수 있도록 수업에 적극 참여하세요. • 교과 시간에 배운 내용에 대한 호기심을 교사 및 스스로에게 연계 질문하고 새로운 문제 해결 방법을 학교 프로그램 및 교과 연계 독서를 활용하여 탐구하고 그 내용이 기록되도록 하세요.
독서 활동	• 인문학, 철학, 역사, 교육관련 다양한 분야의 책을 읽으세요. • 문학 및 비문학, 교수학습방법 및 에듀테크 관련 독서 활동을 통해서 국어교육 관련 기본적인 지식을 쌓는 것이 중요해요.
행동 발달 특성 및 종합 의견	• 대인관계 능력과 문제 해결 능력, 의사소통 능력 및 언어적 역량 등이 드러날 수 있도록 해요. • 학교생활에서 경험의 다양성, 성실성, 나눔과 배려, 학업 태도와 학업 의지에 대한 장점이 기록되도록 관리해야 해요.

체육과 스포츠의 차이에 대해 알아볼까요?

- ➡ 체육과 스포츠는 신체적 활동을 기반으로 한다는 점이 동일하지만 개념에는 다소 차이가 있어요.
- ➡ 체육은 건전한 몸과 온전한 운동 능력을 기르는 것을 목적으로 하는 교육을 의미하지만, 스포츠는 일정한 체계적 룰을 가진 경쟁과 유희성을 가진 신체 활동을 의미해요. 즉, 체육은 신체 활동을 통해 심신의 발달과 전인 교육을 하는 것을 의미해요.

체육교사란?

체육이란 운동, 스포츠, 게임, 무용 등과 같은 활발한 신체 활동을 통해 인간의 신체적·정신적·사회적 성장과 발달을 돕는 계획적인 교육 활동입니다. 청소년들은 신체 활동에 참여하는 동안 성취감을 느끼며, 스스로 또는 남과 더불어 하는 행동에 대한 책임을 지는 동시에, 참여에 따르는 즐거움을 느끼게 됩니다. 또한 규칙적으로 건강 관리를 할 수 있는 습관도 기를 수 있습니다.

이러한 의미에서 청소년기 체육 활동은 청소년들이 한국 사회의 건강한 주역으로 성장하는 데 있어 그 의미가 매우 크다고 할 수 있습니다.

하지만 최근의 학교의 상황은 정반대로 진행되고 있습니다. 대학 입시가 모든 학교의 운영에 지대한 영향을 끼치는 가운데 학생의

체육교사
체육교육과

건강, 감성, 창의성, 사회성을 성장시킬 수 있는 교과들이 위축되었고, 지나치게 주요 교과 중심의 교육이 진행되고 있어 학교 현장에서 '지덕체(智德體) 교육'은 찾아보기 힘들게 되었습니다.

이러한 학교 현장에서 체육 수업을 통해 체력 강화 및 적정 체중을 유지하도록 하며, 일상생활에서 쌓인 스트레스를 해소하고 또래 친구들과 함께 어울리며 더불어 살아가는 존재임을 느끼도록 교육하는 직업인이 바로 체육교사입니다.

체육교사는 학생들이 신체 활동을 통해 운동 능력을 비롯한 건강하고 활기찬 삶에 필요한 능력을 기르고, 사회 속에서 바람직한 인성을 발휘함으로써 자신의 삶을 개척하고 체육을 즐길 수 있도록 지도합니다.

체육교사가 하는 일은?

학교에서 수업의 장소가 다양하고, 여러 종목을 수행하는 교과목은 바로 체육입니다. 교실은 물론이고 체육관, 운동장, 수영장, 테니스장, 소강당 등 실내외를 막론하고 학교의 시설에 따라 교육 장소가 다양하며, 체육교사는 이 장소들을 이용하여 창의적이고 독창적이고 흥미로운 수업을 진행할 수 있습니다.

또한 다른 교과와 달리 교과 교육의 도구가 유일하게 신체 활동인것은 체육 수업이며, 체육 수업을 잘 운영하면 학생들의 체력 및 건강 증진은 물론, 운동 기능 습득, 비판력, 창의성, 심미안, 동료를 위한 배려심 등을 기를 수 있습니다. 이러한 측면에서 체육교사는 기초 종목인 육상이나 체조를 익혀야 하며, 구기 종목인 축구나 농구, 배구, 야구, 핸드볼, 배드민턴 등 누구나 쉽게 접하고 알고 있는 스포츠를 학생들에게 시범을 보일 수 있어야 합니다.

또한 학생들을 어떻게 교육시킬 것인가에 대한 방법인 교육학의 이론과 건강과 연결되는 보건, 그리고 기능적인 스포츠뿐만 아니라 스포츠와 관계된 생리학, 역학, 심리학, 사회학 등 여러 가지 방면의 체육과 관계된 다양한 지식들을 학생들에게 교육합니다. 무엇보다도 체육교사는 체육을 하는 것이 건강한 생활을 유지하는 수단이 될 분만 아니라 체육 문화 자체가 가치 있다는 것을 학습시키는 일을 합니다.

> » 운동 종목의 역사와 목적을 설명하고 육상, 체조, 구기, 수영, 무용 등에 관한 동작 원리, 기술 등을 설명하고 시범을 보입니다.
> » 게임 활동, 표현 활동, 보건에 관한 기본 움직임과 이론을 교육하고, 학생들의 체력 활동 시 동작을 관찰하고 교정하며 이를 평가합니다.
> » 축구, 배구, 야구, 태권도, 유도, 씨름 등의 종목에서 학생 선수단을 조직하여 지도·감독하기도 합니다.
> » 수업을 설계·운영한 결과를 평가하고, 학생의 생활 태도와 진로 선택을 지도하며, 이 과정을 취합하여 학교생활기록부에 기록합니다.
> » 교수·학습 환경을 구성하는 요소(학급 규모, 시간, 시설 및 용·기구, 학습자의 특성 등)들을 고려하여 수업 목표 도달을 위한 효율성과 안전성을 높일 수 있도록 계획합니다.
> » 교수·학습 계획을 실천하는 데 있어 발생 가능한 우발적 상황에 대비하여 계획합니다.

Jump Up

학교 스포츠 클럽 활동이란 무엇일까요?

학업 스트레스에서 벗어나 체력을 증진하고, 바른 인성을 함양해 학생의 전인적 성장에 큰 역할을 할 수 있도록 체육 활동을 확대하는 정책이 추진되고 있어요. 이러한 정책의 일환으로 '학교 스포츠 클럽 활동'이 인성 교육 강화와 학교 폭력 예방이라는 목적하에 2012년 7월 개정 고시된 초·중등 교육 과정에 따라 중학교 전 학년을 대상으로 시행되고 있어요.

'학교 스포츠 클럽 활동'은 중학교 전 학년에 연간 34~68시간(총 136시간)을 '창의적 체험 활동' 등 정규 교육 과정 내 수업으로 편성하도록 되어 있어 학생들이 의무적으로 참여해야 돼요.

체육교사 커리어맵

- 교육부 www.moe.go.kr
- 창의인성교육넷 www.crezone.net
- 에듀넷 www.edunet.net
- 학교알리미 www.schoolinfo.go.kr
- 교육과정평가원 www.kice.re.kr
- 한국교육개발원 www.kedi.re.kr
- 한국체육교육학회 ksspe.co.kr
- 한국스포츠사회학괴 ksss.org

- 신체적 강인함, 유연성 및 운동 역량 기르기
- 체육 및 봉사 관련 동아리 활동
- 교내외 체육 대회 참여
- 체육 관련 학과 탐방 및 전공자 인터뷰 활동
- 체육 관련 직업 체험 활동

- 운동 능력
- 리더십
- 창의력
- 사회성
- 책임감
- 예술적 감각
- 자기관리 능력
- 대인관계 능력
- 문제 해결 능력
- 상황대처 능력

관련기관

준비방법

적성과 흥미

체육교사

관련학과

- 체육교육과
- 체육학과
- 사회체육학과
- 생활체육학과
- 스포츠과학과
- 태권도과

흥미유형

관련교과

- 체육
- 보건

- 예술형
- 현실형

관련자격

관련직업

- 중등학교 1급·2급 정교사

- 스포츠강사
- 경기감독 및 코치
- 스포츠트레이너
- 운동처방사

적성과 흥미는?

체육교사는 학생들의 건강을 증진시키고 기본 움직임, 원리, 기능, 전술, 태도를 포함한 종합적인 운동 능력을 기를 수 있도록 지도해야 하므로 뛰어난 운동 신경을 가진 사람에게 유리합니다. 또한 학생을 교육해야 하므로 가르치는 것에 흥미와 애정이 있어야 하고, 교사로서의 자질뿐만 아니라 예술가로서의 창의력, 예술적 감각 등이 필요합니다.

또한 체육교사는 학생들이 바람직한 성품과 사회성을 함양하고, 건강하고 안전한 생활 습관을 갖도록 교육하므로 자기 관리 능력과 대인관계 능력, 창의력 및 문제 해결 능력을 갖춘 사람에게 유리합니다.

긍정적이며 적극적이고 명랑한 성격의 소유자에게 적합한 직업이며, 예기치 못한 안전사고가 발생했을 때 신속하고 정확하게 대처할 수 있는 상황대처 능력이 요구됩니다. 또한 각종 운동 기구 및 안전 관리에 대한 지식을 가지고 있어야 하며, 타인의 운동을 지도하는 입장이므로 리더십이 필요합니다.

예술형과 현실형의 흥미를 가진 사람에게 적합하며, 자기 통제 능력, 배려, 사회성 등의 성격을 가진 사람에게 적합합니다.

체육교사 커리어맵

관련 학과 및 자격증은?

→ 관련 학과 : 체육교육과, 체육학과, 사회체육학과, 생활체육학과, 스포츠과학과, 태권도과, 특수 체육교육과 등

→ 관련 자격증 : 중등학교 1급·2급 정교사, 생활체육지도사, 생활스포츠지도사, 스포츠경영관리사, 평생교육사 등

진출 방법은?

체육교사가 되기 위해 2급 정교사 자격을 취득하는 방법은 다음과 같습니다. 첫번째, 사범계열의 체육교육학과를 졸업합니다. 두 번째, 비사범계열의 체육 관련 학과에서 교직 과목을 이수하여 졸업합니다. 재학 중 3, 4학년 때 교직 과목을 이수할수 있는 기회는 통상적으로 한 학년의 5% 내의 성적 우수자에게 주어집니다. 이를 위해서는 대학 1, 2학년 때 학점 관리를 잘해야 합니다. 세 번째, 비사범계열 체육 관련 학과를 졸업한 후 교육대학원에 진학하여 석사 학위를 취득합니다.

교직 과목을 이수하면 학생들을 가르치는 데 필요한 교육학 영역을 비롯해 각 교과목의 내용과 전달 방법 등에 대해 배울 수 있습니다. 보통 4학년 1학기에는 중·고등학교에서 학생들을 대상으로 교육 실습(

교생 실습)을 합니다.

국공립 중·고등학교에서 일하려면 중등학교 2급 정교사 자격 취득 후 각 시도 교육청에서 시행하는 '국공립 중등학교 교사 임용 후보자 선정 경쟁시험(교원 임용시험)'을 치러야 합니다. 교원 임용 시험은 매년 11~12월에 시행되며, 시험 내용은 필기, 논술, 면접 등으로 이루어집니다.

사립 중·고등학교의 교사가 되려면 2급 정교사 자격은 취득하되 교원 임용 시험에 합격하지 않아도 됩니다. 결원이 생기면 각 학교별로 채용 공고를 내고, 학교장의 제청에 따라 이사회의 의결을 통해 채용합니다.

관련 직업은?

예능강사, 스포츠강사, 헬스케어컨설턴트, 경기감독 및 코치, 경기심판, 스포츠트레이너, 운동처방사, 스포츠에이전트 등

미래 전망은?

향후 5년간 체육교사의 고용률은 현 상태를 유지하고나 다소 감소할 것으로 보입니다. 정부의 학급 당 학생 수 감축정책에 따라 중등학교의 학급 수가 증가하고 있어 중등교사의 일자리에 긍정적인 영향을 미치고 있습니다.

또한 체력 증진과 비만 예방, 일상생활에서 쌓인 스트레스를 해소하고, 자신을 표현하는 기회를 제공하며, 친구들과 어울릴 수 있는 기회를 제공하기 위해 중학교 1학년부터 고등학교 3학년까지 모든 학년에서 체육 수업이 진행되어야 한다는 목소리가 높아지고 있어 체육 교육의 전망에 긍정적인 영향을 주고 있습니다.

그러나 이러한 사회적 요구에도 불구하고 학생 수가 감소하기 시작했고, 이러한 경향은 향후 심화될 것이므로 중등교사에 대한 수요가 증가하기 어려울 것으로 예상됩니다. 중등교사가 되기 위한 임용 시험의 합격자는 지원자 수 대비 10% 미만이므로 점차 경쟁이 치열해질 것으로 예상됩니다.

Jump Up

헬스케어컨설턴트에 대해 알아볼까요?

헬스케어컨설턴트는 질병 예방 및 치료를 위해 상담을 실시하고, 개인이 체계적으로 건강 관리를 할 수 있도록 도와주는 사람이에요. 특정 질병이 발생할 경우 적절한 병원을 소개하고, 환자의 병원 스케줄을 관리하며, 개인의 건강을 위해 식단 관리 방법, 스트레스 관리 기법, 운동 방법 등 의료정보를 수집하여 제공해요. 또한 의학적 지식을 바탕으로 운동 프로그램을 개발하고 지도하는 일을 해요.

체육교육학과
체육교사 전공 분석

어떤 학과인가?

체육교육학과에서는 신체 활동이 가지고 있는 다양한 가치 요소를 종합적으로 체험하여 신체 활동의 가치를 내면화하고, 이를 삶속에서 실천할 수 있는 인간상을 추구합니다. 즉, 체육은 다양한 신체 활동에 지속적으로 참여하면서 신체 활동의 가치를 내면화하고, 체육과의 역량인 건강 관리 능력, 신체 수련 능력, 경기 수행 능력, 신체 표현 능력을 길러, 자신의 삶을 스스로 계발하고 신체 문화 활동을 할 수 있는 능력을 발전시키는 과목입니다.

이러한 의미에서 체육교육학과는 신체 활동을 근간으로 하는 스포츠 활동을 학문적으로 연구함과 동시에, 중등학교 체육교사를 양성하는 데 목표를 둡니다.

즉, 체육의 이론과 실제에 관한 연구 및 중등학교 체육교사 양성을 목적으로 하고 있으며, 체육을 가르치는 데 필요한 이론적 지식과 이와 병행하여 운동 기술의 습득을 위한 내용을 교육합니다. 체육은 이론과 함께 각종 운동 기술 습득에 필요한 운동 적성이나 특정 운동 종목의 수행 능력이 동시에 필요하지만, 체육교육학에서는 운동선수와 경기 지도자를 양성함은 물론, 체육학의 이론적 연구와 신체활동을 수단으로 하여 교육하는 고급 체육 연구가 및 지도자를 양성합니다.

교육 목표와 교육 내용은?

체육교육학과는 신체의 움직임을 통한 교육의 근본 목적 달성에 적합하고, 지·덕·체를 고루 함양하는 훌륭한 체육교사를 만드는 데 목적이 있습니다.

이를 위해 체육교육학과에서는 이론 및 실기 교과들을 다양하게 제공함으로써 체육교사로서 갖추어야 할 전반적인 능력을 함양하고, 국민 체력 향상 및 체육의 과학적 연구에 헌신할 수 있는 지도자를 양성합니다.

또한, 스포츠의 본질과 특성을 이해하고, 다양한 스포츠수행에 요구되는 기술 및 전술을 갖추고 있으며, 스포츠경기에 경기 지식과 수행 방법을 잘 알고 실천하는 사람를 양성하고자 교육하고 있습니다. 그 외에도 스포츠의 전통, 규범, 의례, 가치를 잘 알고 있으며, 이를 바탕으로 구현되는 스포츠의 교육적 역할과 사회적 역할에 대한 인식을 통해 학교 현장 안과 밖에서 스포츠를 창조적으로 실천하는 사람을 양성하며, 스포츠의 교육적 역할과 사회적 역할을 존중하며, 학교와 사회에서 나타나는 바람직한 스포츠 문화적 현상을 적극적으로 국내, 외로 전파하는 인재 양성을 목표로 합니다.

» 미래 사회가 요구하는 인성 및 전문성을 갖춘 우수 체육교사를 양성합니다.
» 체육 교육 분야의 우월성을 갖춘 체육 교육 전문 인력을 양성합니다.
» 학교 체육뿐만 아니라 생활 체육 및 엘리트 체육 분야에서 필요로 하는 체육 인재를 양성합니다.
» 체계적인 이론 및 실기 교육을 통한 체육교사, 학교 및 사회 현장 교육을 통한 실무적 중등교사를 양성합니다.
» 전인교육실현을 위한 중등교원양성과 한국의 체육교육을 이끌어 갈 글로벌 체육리더를 양성합니다.
» 교육과 학문의 중추적 역할을 담당하고 체육의 미래를 창조하는 스포츠 지도자를 양성합니다.

학과에 적합한 인재상은?

체육교육학과에서는 자기 관리 역량, 지식 정보 처리 역량, 창의적 사고 역량, 심미적 감성 역량, 의사소통 역량, 공동체 역량을 요구하므로 이러한 역량을 지닌 사람에게 유리합니다.

자신의 신체 수준을 이해하고, 적극적으로 높은 수준의 신체적 기량을 습득하고자 하는 진취적인 노력이 필요하며, 경기 수행과 신체의 움직임을 매개로 생각과 느낌을 표현하고 수용하는 능력을 갖춘 사람에게 적합합니다. 또한 체육교사로서의 지도력과 각종 스포츠 및 체육학을 공부하는 데 필요한 적성이 요구됩니다.

그 외에도 학생들을 사랑하는 마음과 풍부한 지식이 요구되며, 가르치는 일과 학생들과 함께 생활하는 것에 대해 관심과 흥미가 있어야 합니다.

주요 교육 목표

인성 및 전문성을 갖춘
체육교사 양성

- -

창의적 이론 탐색과 연구를 통한
체육 교육 전문가 양성

- -

생활 체육 및 엘리트 체육을 위한
우수한 체육 인재 양성

- -

현장 교육을 통한 실무적
체육교사 양성

관련 학과는?

체육교육과, 특수체육교육과, 체육학과, 사회체육과, 생활스포츠과, 생활체육과, 스포츠과학학부, 스포츠복지과, 특수체육전공, 노인체육복지학과, 문화예술체육대학, 생활체육지도학과, 생활체육리더양성학과, 스포츠산업체육학과, 스포츠학부, 체육과학과, 특수체육교육과 등

진출 직업은?

스포츠과학연구원, 체육교사, 유아 및 아동 체육지도자, 노인체육지도자, 여가교육전문가, 경기지도사, 선수트레이너, 스포츠심리상담사, 스포츠에이전트, 스포츠마케터, 스포츠기자, 방송인, 프로스포츠 단체 행정 전문인, 스포츠 마케팅 전문가 등

 취득 가능 자격증은?

☑ 중등학교 2급 정교사
☑ 생활체육자격증
☑ 경기지도자자격증
☑ 생활스포츠지도사 등

추천 도서는?

- 바디워칭(범양사, 데즈먼드 모리스, 이규범 역)
- 교사와 학생 사이(양철북, 하임 G. 기너트, 신홍민 역)
- 운동화 신은 뇌(녹색지팡이, 존 레이티, 이상헌 역)
- 그림으로 읽는 잠 못들 정도로 재미있는 이야기 : 물리로 보는 스포츠(성안당, 모치즈키 오사무, 이영란 역)
- 초등 수업을 살리는 체육 레시(천재교육, 같이교육)
- 쫌 이상한 체육시간(창비교육, 최진환)
- 쏭쌤의 놀이를 적용한 체육수업(미래와 경영, 송성근)
- 나는 체육 교사입니다.(성안당, 김정섭)
- 선생님, 오늘 체육 뭐해요?(학토재, 성기백)
- 실내에서 끝낭내는 체육노로이(시공미디어, 엄혁주)
- 스포츠사회학(레인보우북스, 한국스포츠사회학회)
- 체육교육심리학 이론과 실제(한미의학, 송용관)
- 초등 체육수업 보물찾기(바른북스. 손혁준)
- 업그레이드 체육 수업(휴먼컬처아리랑, 이재풍)
- 십 대를 위한 실패수업: 사회, 정치, 스포츠 편 (청어람e, 루크 레이놀즈)
- 뉴스포츠를 활용한 체육수업(이담북스, 고문수)
- 학교체육의 놀라운 힘(꿈엔들, 이태구 외)
- 인공지능이 스포츠 심판이라면 (다른, 스포츠문화연구소)
- 스포츠 리터러시 교육론(레인보우북스, 최의창)
- 꼭 봐야 할 신규 체육 교사 백서(지식과감성, 윤정기)

학과 주요 교과목은?

기초 과목	교육학개론, 교육심리학, 교육사회학, 교육과정 및 평가 교육행정, 운동생리학 등
심화 과목	교과교육론, 교재연구 및 지도법, 교재강독, 스포츠심리학, 육상경기, 체육측정평가, 레크리에이션, 기계체조, 체육학, 스포츠사회학, 운동처방 및 재활, 체육관리, 구급법, 무용교육, 운동학습 및 심리, 응급처치와 심폐소생술, 운동역학 등

졸업 후 진출 분야는?

기업체	신문사, 방송국, 스포츠 센터, 경호 업체, 스포츠 관련 기업, 스포츠 마케팅기업, 스포츠 관련 사업체, 스포츠 에이전시 등
연구소	한국교육과정평가원, 한국교육개발원, 한국스포츠정책과학원, 스포츠과학 연구소, 스포츠 산업 연구소 등
정부 및 공공 기관	소방직 공무원, 경찰, 문화체육관광부, 대한체육회, 체육지도자연수원, 국민체육진흥공단, 대한장애인체육회, 태권도진흥재단, 지역 스포츠센터 등
교육계	국공립·사립 중·고등학교, 대학교수, 여가 교육 업계 등

🔍 전공 관련 선택 과목은?

▶ 국어, 영어 교과는 모든 학문의 기초적인 성격을 가진 도구교과로 모든 학과에 이수가 필요하여 생략함.

수능 필수	화법과 언어, 독서와 작문, 문학, 대수, 미적분Ⅰ, 확률과 통계, 영어Ⅰ, 영어Ⅱ, 한국사, 통합사회, 통합과학, 성공적인 직업생활(직업)		
교과군	선택 과목		
	일반 선택	진로 선택	융합 선택
수학, 사회, 과학	현대사회와 윤리, 생명과학	정치, 법과 사회, 윤리와 사상, 인문학과 윤리	윤리문제 탐구
체육·예술	체육1, 체육2	운동과 건강, 스포츠 문화, 스포츠 과학	스포츠 생활1, 스포츠 생활2
기술·가정/정보			
제2외국어/한문			
교양		인간과 철학, 인간과 심리, 교육의 이해, 보건	

학교생활기록부 관리는?

출결 사항
- 미인정(무단) 사항이 없도록 관리해요. 교사가 되기를 희망한다면 출결 사항에 성실성이 반영되어야 해요.
- 학교폭력과 관련된 내용이 있을 시 대학 입학에 불이익이 있으니 출결 및 학적사항에 기록되지 않도록 하세요.

자율·자치활동
- 학급 자치 활동 등에 적극 참여하여 리더십과 사회성을 표현해 보세요.
- 학교 행사에 참여한 후 자신에게 있어 행사 참여의 의미와 행사를 통해 느낀 점을 기록해 두세요.
- 학급 및 학교 갈등 상황에 적극 개입하여 문제를 합리적으로 해결하는 공동체 역량을 보여주세요.

동아리활동
- 체육 관련 동아리를 조직하고, 다양한 종목의 운동을 경험해 보세요.
- 운동 시 정확한 자세를 유지하려는 노력과 함께 운동 종목의 규칙을 정확히 숙지해 보세요.
- 학교 교육계획에서 실시하는 체육대회 및 체험활동 봉사활동에 참여하고 느낀점을 기록해 두세요.

진로 활동
- 체육 관련 학과를 탐방하거나 전공 선배들을 인터뷰하여 관련 직업의 장·단점을 확인해 보세요.
- 진학을 위한 성적 향상 방법 및 진로 체험 활동을 계획하고, 계획대로 실행되고 있는지 확인해 보세요.

교과학습 발달상황
- 체육 관련 교과 외에 다양한 교과 활동에 적극 참여하는 성실성을 보여 주세요.
- 수업 활동과 과제 수행 과정에서 주도적인 노력과 진심, 성취 수준, 다양한 탐구 방법의 모색 등의 의미 있는 성취 결과가 나타나도록 하세요.

독서 활동
- 체육 및 보건 관련 책을 지속적으로 읽어 보세요.
- 자기 계발 서적 및 인문학, 사회 분야의 책을 읽고, 느낀 점을 기록해 보세요.
- 관심 있는 분야의 책을 정독하면서 자신을 성찰하고, 평소 자신이 궁금해 했던 내용을 해소하기 위한 독서를 하세요.

행동 발달 특성 및 종합 의견
- 학교생활에 적극적으로 참여하려는 노력이 필요해요.
- 이러한 활동을 통해 리더십, 대인관계 능력, 의사소통 능력, 문제 해결 능력이 표현되도록 하세요.

초등교사와 중등교사의 차이에 대해 알아볼까요?

➡ 초등교사와 중등교사의 가장 큰 차이점은 교육의 대상으로, 초등교사는 초등학생을, 중등교사는 중학생과 고등학생을 교육해요.

➡ 두 번째 차이점은 자격증이에요. 초등교사 2급 자격증은 각 지역의 교육대학교를 졸업하거나 이화여대, 제주대, 한국교원대 등의 초등교육과를 졸업해야 발급돼요. 반면, 중등교사 2급 자격증은 각 대학의 사범대학을 졸업하거나 일반 대학에서 교직을 이수한 후 졸업하거나 대학 졸업 후 교육대학원에서 석사 학위를 이수해야만 발급돼요.

➡ 그 외 차이점으로는 초등교사는 담임 교사가 특수 교과를 제외한 전 과목을 가르치는 반면, 중등교사는 자신이 전공한 과목만 가르친다는 것이에유

초등교사란?

유럽에서는 중세 시대까지 아이들을 돌봄의 대상이라기보다는 '작은 어른'으로 여겼습니다. 그래서 대다수 아이들이 정식 교육을 받지 못하고, 힘든 노동을 해야 했습니다. 교육이라고는 마을 성당에서 하는 인성 교육이 전부였습니다.

그러다 18세기에 영국에서 산업 혁명이 일어나면서 사람들이 하던 일을 기계가 대신하게 되고, 아이들에게도 기계 다루는 법을 가르쳐야 했기에 교육의 필요성이 대두되었습니다. 그러나 당시 노동자 가정에서는 아이들을 제대로 교육시킬 수가 없었습니다. '하루 종일 공장에서 일하는 부모 대신 아이들에게 여러 가지 지식을 가르쳐야 한다.'라는 부모들의 목소리가 커지자 학교가 생겨나기 시작했고, 아이들을 가르치는 교사라는 직업도 필요하게 되었습니다.

초등학교는 아동들이 지식은 물론, 사회적 규범과 역할을 배우고 익히도록 적극적으로 돕는 기관입니다.

초등교사는 부모만큼 가까이에서 아이들의 발달을 돕는 사람입니다. 수업은 물론, 생활 지도도 하고 학부모와 협력해 학교와 가정

에서 조화롭게 교육이 이루어지도록 노력합니다. 초등학생 시기에는 신체적·정신적 발달의 기초가 다져지므로 초등교사는 아이들 한 명 한 명을 세심하게 이해하고 돌보아야 합니다. 그러기 위해서는 초등교사는 아이들의 눈높이에서 생각할 수 있어야 하고, 높은 사명감과 도덕성이 필요합니다.

또한 초등교사는 아동의 심리적 특성을 파악하고, 국어, 수학, 미술 등 다양한 교과에 대한 이론적 기초를 가르치는 직업입니다.

하지만 단순 지식 전달자가 아닌 인성 발달을 위한 전인 교육을 한다는 점에서 다른 직업과 다소 차이가 있습니다. 특히 초등교사는 학생에게 매우 큰 영향력을 미치기 때문에 전문성이 더욱 중요합니다.

초등교사가 하는 일은?

초등교사는 초등학교에서 초등학생에게 도덕, 국어, 사회, 수학, 과학, 체육, 음악, 미술 및 실과, 영어 등 초등 전 교과목을 가르치는 것이 일반적입니다. 또한 바른 인성과 품행을 갖도록 생활 지도도 합니다.

학교 교육 계획과 수업 일수 등을 고려하여 각 교과목의 학급 계획안을 작성하고, 이에 맞게 교재 연구 및 교수·학습 자료를 준비합니다. 대부분의 수업은 교실에서 이루어지지만 과학, 체육, 음악 등은 과학실, 운동장, 체육관, 음악실 등에서 수업을 하기도 합니다.

교과목에 따라 실험·실습을 하거나 현장 체험 학습, 야외 수업을 하여 학생들의 흥미를 높이기도 합니다.

방과 후에는 학습 부진아를 지도하기도 하며, 학습 과제물을 검사하고, 시험 문제를 출제하기도 합니다. 학생들이 원만한 친구 관계를 맺고 다른 사람과 더불어 생활하는 법, 안전사고 및 폭력 예방, 성교육, 기본 생활 습관 지도, 급식 지도, 등·하교 지도 등의 생활 지도를 합니다. 학생들의 학교생활, 가정생활, 교우 관계 등에 대해 학생 및 학부모와 상담을 합니다. 이외에 학생들의 전학, 입학, 출석사항 관리, 학교생활기록부 관리, 가정 통신문 준비 등의 담임 업무를 수행하거나 교육기획부, 교육과정부, 방과후교육부, 과학정보부, 교육연수부, 생활체육부 등의 부서에 소속되어 담당 업무를 수행합니다.

» 국립·공립·사립 초등학교에서 초등학생을 대상으로 수업 지도, 학급 운영, 생활 지도 등을 합니다.
» 교육 계획과 수업 일수 등을 고려하여 각 교과목의 학습 계획안을 작성하고, 이에 맞는 교재 연구 및 학습 자료를 준비합니다.
» 학습 과제물을 검사하고, 시험을 출제하고 평가하는 등 학습 평가를 실시합니다.
» 학생들이 원만한 친구 관계를 맺고, 다른 사람과 더불어 생활하는 법과 안전사고 및 폭력 예방, 성교육, 기본 생활 습관 지도, 급식 지도, 등·하교 지도 등 생활 지도를 합니다.
» 학교생활, 가정생활, 교우 관계 등에 대해 학부모 및 학생들과 상담합니다.
» 전학, 입학, 출석 사항 관리, 학교생활기록부 관리, 가정 통신문 준비 등의 학사 업무를 합니다.
» 학교 교육 과정의 편성 및 운영에 참여하고, 교직원 회의에 참석하는 등 학교업무를 합니다.

Jump Up

초등학교 교과전담교사에 대해 알아볼까요?

초등학교에서 한 사람의 담임 교사가 모든 과목의 수업을 하며 다양한 생활 지도까지 한다는 것은 쉽지 않기 때문에 교과전담교사 제도를 도입하게 되었어요.

초등교사의 업무 부담을 줄이고, 교육의 질을 높이기 위해 '초·중등교육법시행령'에는 체육, 음악, 미술, 영어 등의 교과전담교사를 학교별로 3학년 이상 3학급마다 0.75인으로 산정해 배치하도록 하였으나, 교육부가 2013년에 이를 폐지하여 현재는 시도 교육청별로 자체 기준을 만들어 운영하고 있어요.

초등교사 커리어맵

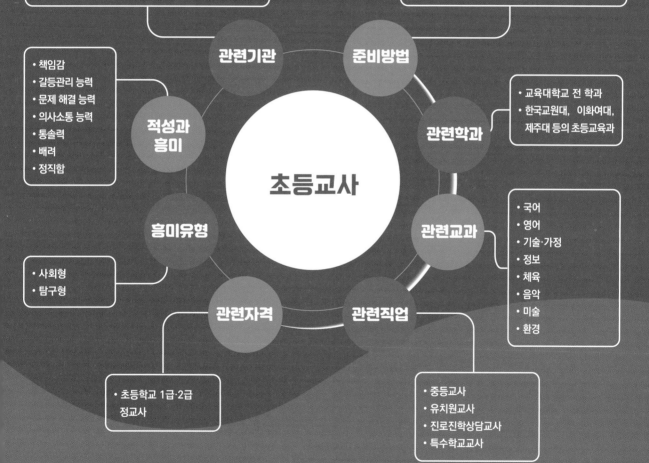

- 교육부 www.moe.go.kr
- 창의인성교육넷 www.crezone.net
- 에듀넷 www.edunet.net
- 학교알리미 www.schoolinfo.go.kr
- 교육과정평가원 www.kice.re.kr
- 한국교육개발원 www.kedi.re.kr
- 한국초등교육학회 www.kssee.net/

- 교육에 대한 역량 및 책임감 기르기
- 교육 관련 동아리 활동
- 교육 관련 멘토링 봉사 활동
- 초등교육학과 탐방
- 교사 관련 직업 체험 활동
- 교육 관련 독서 및 토론, 프로젝트 활동

- 책임감
- 갈등관리 능력
- 문제 해결 능력
- 의사소통 능력
- 통솔력
- 배려
- 정직함

- 교육대학교 전 학과
- 한국교원대, 이화여대, 제주대 등의 초등교육과

- 국어
- 영어
- 기술·가정
- 정보
- 체육
- 음악
- 미술
- 환경

- 사회형
- 탐구형

- 초등학교 1급·2급 정교사

- 중등교사
- 유치원교사
- 진로진학상담교사
- 특수학교교사

관련기관
준비방법
적성과 흥미
관련학과
초등교사
흥미유형
관련교과
관련자격
관련직업

175

초등교사는 어린 학생들을 대하므로 솔직하고 도덕적인 성격을 지니고, 다른 사람들과 즐거운 관계를 유지하며, 협조적인 태도를 지니는 것이 필요합니다. 어린 학생들의 욕구나 느낌에 민감하고, 이를 이해하고 도와주는 등 배려심을 갖추는 것이 필요합니다. 또한 다양한 교과를 가르치게 되므로 국어, 수학, 미술, 음악, 사회, 과학 등 다양한 과목에 관심을 가지며, 다양한 교육 방법을 적용할 수 있는 창의성을 지닌 사람에게 유리합니다.

초등교사는 다른 사람을 훈련시키고 발달시키며 치료하는 활동을 선호하는 사회형과 물리적·생물학적·문화적 현상에 호기심을 가지고 관찰하는 탐구형의 흥미 유형을 지닌 사람에게 적합합니다.

초등교사 커리어맵

관련 직업은?

특수학교교사, 진로진학상담교사, 유치원교사 등

Jump Up

초등학교 돌봄 교실에 대해 알아볼까요?

핵가족화의 심화와 여성 경제 활동 인구 증가로 양육 환경이 변화함에 따라 돌봄에 대한 사회적 요구가 증가하였고, 영유아 보육 지원과 비교해 초등학교 대상 돌봄 지원은 상대적으로 부족하여 방과 후와 방학 중 돌봄 사각지대가 발생하게 되었어요.

이런 문제를 해결하기 위해 별도 시설이 갖추어진 공간에서 돌봄이 필요한 학생들을 대상으로 정규 수업 이외에 이루어지는 돌봄 활동을 초등 돌봄 교실이라고 해요.

진출 방법은?

초등교사가 되기 위해서는 우선 전국의 10개 교육대학교를 졸업하거나 한국교원대학교, 이화여자대학교, 제주대학교의 초등교육과를 졸업하여 초등학교 2급 정교사 자격증을 취득해야 합니다.

초등교사는 공립 초등학교나 교육대학교 부설 국립 초등학교 또는 사립 초등학교에서 근무합니다.

국공립 초등학교의 교사가 되려면 초등학교 2급 정교사 자격증을 취득한 후 각 시도에서 시행하는 국공립 초등학교 교사 임용 후보자 선정 경쟁시험(교원 임용 시험)에 합격해야 합니다. 교원 임용 시험은 매년 11~12월에 치러지며, 1차 전공 필기, 2차 전공 논술, 3차 수업 실기 및 면접시험 등으로 평가합니다.

교원 임용 시험에 합격하지 못하더라도 2급 정교사 자격증이 있으면 사립 초등학교 교사 채용에 응시할 수 있지만, 2015년 기준 전체 초등교사 중 사립 초등학교의 교사 수는 약 1%에 불과하므로 경쟁률이 매우 높은편입니다.

초등학교 1급 정교사 자격증은 2급 정교사 자격을 가진 자가 3년 이상의 교육 경력을 가지고 소정의 재교육을 받거나, 2급 정교사 자격증을 가지고 초등 교육 관련 교육대학원에서 석사 학위를 받은 자로서 1년 이상의 교육 경력이 있으면 취득할 수 있습니다.

학교 내에 특별한 승진 체계는 없지만 '평교사→부장교사→교감→교장'의 단계를 밟을 수 있습니다. 또한 일정 이상의 교육 경력이 되면 시험을 통해 장학사나 교육연구사 등으로 진출할 수 있습니다.

관련 학과 및 자격증은?

→ 관련 학과 : 각 지역 교육대학교의 전 학과, 한국교원 대학교 초등교육과, 이화여자대학교 초등교육과, 제주 대학교 초등교육과 등

→ 관련 자격증 : 초등학교 1급·2급 정교사, 논술지도사, 독서지도사, 방과후아동지도사, 미술심리치료사, 구연동화지도사, 상담심리사, 놀이치료사, 예절지도사, 아동지도사, 유아체육지도자 등

미래 전망은?

향후 10년간 초등교사의 고용률은 현 상태를 유지할 것으로 전망입니다.

'교육 통계 연보'에 따르면 공교육 내실화 방안의 일환인 초등학교의 학급당 학생수를 감축하려는 정부 정책으로, 경제협력개발기구(OECD) 2020년 평균 기준보다 각 14.4명, 20.3명인데 반해 2027년까지 교사 1인당 학생 수 12.4명과 학급당 학생 수 15.9명으로 낮아질 것으로 전망하고 있습니다.

하지만 교육부는 학령인구가 감소함에 따라 교원 감축이 불가피하다는 입장입니다. 2023년 253만9000명인 초등학생은 2027년 197만6000명으로 56만3000명(22.1%) 줄어드는 것과 같이 초유의 저출산으로 학생 수 감소폭은 갈수록 커질 전망입니다. 이는 초등교사의 수요에 부정적인 영향을 미칠 것입니다.

Jump Up

방과후지도사에 대해 알아볼까요?

방과후지도사는 학령기의 아동들에게 학교 수업 전이나 학교 수업 후에 이루어지는 모든 교육 관련 활동을 지원하는 전문가로서, 아동이 건강하고 올바르게 성장하는 데 적합한 교육을 지원해요.

방과후지도사는 주로 초·중등학교, 지역 아동 센터 등에서 방과 후 지도를 하는데, 이외에도 어린이집 및 유치원의 방과 후 교실, 학습 상담 교사, 문화 센터, 복지 시설 등으로 진출할 수 있으며, 교습소, 홈스쿨, 학원 등을 창업 할 수 있어요.

초등교육과
초등교사 전공 분석

어떤 학과인가?

초등교육학과에서는 아동의 심리적 특성을 파악하고 국어, 수학, 미술 등 다양한 교과에 대한 이론적 기초를 토대로 교육 현장에서 교사로서 활약할 수 있는 방법들을 공부합니다. 교사는 단순히 지식 전달자가 아닌 인성 발달을 위한 전인 교육을 해야 한다는 점에서 다른 직업과 다르다고 할 수 있습니다.

특히 초등교사는 아동에게 매우 큰 영향을 미치는 위치이므로 교사로서의 전문성이 더욱 중요합니다. 초등교육학의 교육 과정은 교육학 분야와 교과 교육 분야로 구분됩니다. 교육학 분야는 초등교사와 학계 전문 인력이 될 사람들에게 교육학의 기초 이론과 교사로서의 사명과 의무를 교육합니다. 교과 교육 분야는 초등교사로서 알아야 하는 교육 과정과 교수 방법을 교육하고, 모의 수업을 통해 실습의 기회를 가집니다.

초등교육학과에서는 아동의 학습에 필요한 능력을 사용하거나 또는 그 기능을 발전시켜 나갈 수 있는 내용으로 말하기, 듣기, 읽기, 쓰기를 비롯해 가르치는 능력, 계산 능력, 문제 분석 능력, 추리 능력, 물건을 만드는 능력 등을 길러 주는 내용을 교육합니다. 또한 집단 생활에서 일어나는 여러 가지 문제를 해결할 수 있는 능력을 길러

주는 내용과 인간생활의 물질적·자연적 환경에 대해 이해할 수 있도록 하는 내용, 아동이 창조적 표현을 할 수 있도록 하는 내용, 아동의 건강 생활에 관한 내용 등을 교육합니다.

» 올바른 품성과 건강한 신체, 올바르게 판단할 수 있는 교직에 관한 확고한 가치관을 지닌 인재를 양성합니다.
» 아동 학습 지도에 대한 체험의 기회를 많이 갖춘 인재를 양성합니다.
» 교사에게 필요한 교육 체험과 연구 활동을 지속적으로 진행할 수 있는 인재를 양성합니다.

Jump Up

교육대학교와 일반 대학의 초등교육과의 차이점을 알아볼까요?

교육대학교는 초등학교 교원을 전문적으로 양성하기 위해 설립된 교원 양성 대학이에요. 교육 과정도 철저히 초등 교원 양성에 초점이 맞춰져 있어 초등교사의 전문성 향상시키는 데 매우 유리해요.

한편 한국교원대학교, 이화여자대학교, 제주대학교에도 초등교육과가 있어요. 그중 한국교원대학교는 초등교육과에 입학해 중등 교육을 복수 전공하면 중등 임용 자격을 받을 수 있는 장점이 있어요. 이화여자대학교나 제주대학교는 종합 대학이기 때문에 초등교육과 뿐만 아니라 다양한 일반 학과(경영, 사회 등)도 복수 전공을 할 수 있어 교사 이외의 다양한 분야로 진출할 수 있는 장점이 있어요.

교육 목표와 교육 내용은?

국가와 사회 발전에 헌신할 수 있는 교육자로서 아동 교육을 이끌어 갈 초등교사를 양성하고, 초등 교육을 학문적으로 연구하는 전문인을 양성하는 것을 목표로 합니다.

학과에 적합한 인재상은?

초등교사는 유아기에서 아동기로 변하는 아이들을 대상으로 교육하므로 이 시기의 아이들을 좋아하고, 잘 이해할 수 있으면 좋습니다. 다양한 교과를 가르쳐야 하므로 국어, 수학, 미술, 사회, 과학 등 다양한 과목에 관심이 있어야 합니다. 한창 자라나는 아이들에게 다양한 교육 방법을 적용할 수 있는 창의력이 필요하고, 다양한 상황 속에서도 차분하게 일을 처리할 수 있는 상황대처 능력이 필요합니다.

또한 솔직하고 도덕적인 성격을 지닌 사람에게 적합하며, 다른 사람들과 즐거운 관계를 유지하며 협조적인 태도를 갖추는 것이 필요합니다.

관련 학과는?

각 지역 교육대학교의 전 학과, 한국교원대학교 초등교육과, 이화여자대학교 초등교육과, 제주대학교 초등교육과 등

주요 교육 목표

각 교과를 가르칠 수 있는 교수 학습 능력을 갖춘 인재 양성

- - - - - - - - - - - - - - - - - - -

아동의 성장 발달과 행동에 대해 이해 능력을 갖춘 인재 양성

- - - - - - - - - - - - - - - - - - -

건전한 인격과 헌신적 생활 태도를 갖춘 인재 양성

- - - - - - - - - - - - - - - - - - -

교육자로서의 사명과 확고한 신념을 갖춘 인재 양성

취득 가능 자격증은?

- ☑ 초등학교 2급 정교사
- ☑ 논술지도사
- ☑ 독서지도사
- ☑ 방과후아동지도사
- ☑ 미술심리치료사
- ☑ 구연동화지도사
- ☑ 상담심리사
- ☑ 놀이치료사
- ☑ 예절지도사
- ☑ 아동지도사
- ☑ 유아체육지도자 등

진출 직업은?

초등교사, 교감, 교장, 장학사, 교육연구사, 아동 관련 방송작가 및 연출가, 아동용앱개발자, 출판기획자, 아동교재개발자, 병원의 아동생활전문가, 난독증학습장애지도사, 아동발달전문가, 아동상품기획자, 1인 미디어 콘텐츠창작자 등

추천 도서는?

- 경계선 지능을 가진 아이들(이담북스, 박찬선 외)
- 대한민국에 이런 학교가 있었어?(한문화, 이승헌)
- 회복적 생활 교육을 위한 교실 상담
  (지식프레임, 이주영 외)
- 교육 정책 스포트라이트1
  (테크빌교육, 교육 정책디자인연구소 정책팀)
- 초등 학부모 상담(푸른칠판, 김연민)
- 학급긍정훈육법 : 문제 해결편
  (에듀니티, 제인 넬슨 외, 김도윤 외 역)
- 교사119 이럴 땐 이렇게(에듀니티, 송형호 외)
- 신학기가 두렵지 않은 차근차근
  학급경영(우리학교, 장홍월 외)
- 아이들의 목소리가 보여!
  (한울림스페셜, 웬디 모스, 조선미 역)
- 프로젝트 수업, 배움을 디자인하다
  (행복한미래, 이현정 외)
- 학급자치2(테크빌교육, 김성천)
- 교사, 교육전문가로 성장하다(행복한 미래, 하건예)
- 들꽃처럼 피어나라 교육의 봄날(작은숲, 이성대)
- 무엇을 가르칠 것인가
  (유아이북스, 하버트 스펜서, 유지훈 역)
- 아이들은 무엇을 어떻게 배워야 하는가
  (착한책가게, 비노바 바베, 김성오 역)

학과 주요 교과목은?

기초 과목	아동발달과 교육, 초등교육론, 아동문학, 특수교육의 이해, 교육현장의 이해, 학교폭력예방의 이론과 실제 등
심화 과목	초등교육과정, 초등수학기초이론, 초등영어기초이론, 초등실과교육, 초등학교교육사, 창의성교육, 초등교육행정 및 경영, 초등교육이론 및 실제, 다문화교육의 이론 및 실제, 융합합시대초등교육, 세계의 초등교육 등

졸업 후 진출 분야는?

기업체	방송국, 출판사, 몬테소리, 교재 제작 업체, 아동용 앱 개발 업체, 눈높이 대교닷컴, 웅진씽크빅, 에듀넷, 초록우산어린이재단 등
연구소	한국교육개발원, 한국교육과정평가원, 초등교육연구소, 육아정책연구소, EBS미래교육연구소 등
정부 및 공공 기관	초등 교육 관련 교육 전문가, 교육청, 교육부, 과학영재 교육원, 미술 영재교육원, 소프트웨어 영재 교육원 등
교육계	국립·공립·사립 초등학교, 특수학교 등

🔍 전공 관련 선택 과목은?

▶ 국어, 영어 교과는 모든 학문의 기초적인 성격을 가진 도구교과로 모든 학과에 이수가 필요하여 생략함.

수능 필수	화법과 언어, 독서와 작문, 문학, 대수, 미적분Ⅰ, 확률과 통계, 영어Ⅰ, 영어Ⅱ, 한국사, 통합사회, 통합과학, 성공적인 직업생활(직업)		
교과군	선택 과목		
	일반 선택	진로 선택	융합 선택
수학, 사회, 과학	세계시민과 지리, 사회와 문화, 현대사회와 윤리	동아시아 역사 기행, 윤리와 사상, 인문학과 윤리	사회문제 탐구, 윤리문제 탐구, 기후변화와 지속가능한 세계, 기후변화와 환경생태
체육·예술	체육1, 체육2, 음악, 미술, 연극	운동과 건강, 스포츠 문화, 음악 연주와 창작, 음악 감상과 비평, 미술 창작, 미술 감상과 비평	스포츠 생활1, 스포츠 생활2, 음악과 미디어, 미술과 매체
기술·가정/정보	기술·가정, 정보	생활과학 탐구	생애 설계와 자립, 아동발달과 부모
제2외국어/한문			
교양	생태와 환경	인간과 철학, 인간과 심리, 교육의 이해, 보건	

학교생활기록부 관리는?

출결 사항	• 미인정(무단) 출결 사항이 없도록 관리하세요. 미인정(무단) 결석 등이 있으면 학교생활 충실도나 인성, 성실성 영역에서 부정적인 평가를 받을 가능성이 높아요.
자율·자치활동	• 학급 자치 활동 등에 적극 참여하여 갈등 관리, 리더십, 상황대처 능력 등이 드러나도록 하세요. • 학교생활 속에서 불편한 점을 찾아 개선하기 위한 활동을 하세요. • 학급의 학업에 어려움을 겪는 친구들과 함께 멘토링을 기획하고 다양한 방법을 활용하여 멘티의 성장을 도와주세요.
동아리활동	• 교육 관련 동아리를 만들어 멘토링 및 교육 관련 프로젝트를 진행하고, 이를 통해 다양한 지식을 효율적으로 전달할 수 있는 방법을 습득해 보세요. • 교육 관련 주제 토론, 독서 활동 등을 통해 교사로서의 태도와 마음가짐을 함양해 보세요.
진로 활동	• 학교 선생님들의 진행하는 다양한 교수학습 및 에듀테크 기술에 대해 관심을 가지고 이를 적용하는 활동을 진행하고 장단점을 기록해 보세요. • 다양한 진로 경험을 통해 아동을 상대하는 일이 자신의 적성에 맞는지 확인해 보세요. • 초등교사 인터뷰, 교육대학교에 진학한 선배와의 만남, 교육 관련 독서 등 진로 탐색에 관련된 활동을 하고, 이를 기록해 두세요.
교과학습 발달상황	• 언어, 수학, 영어, 사회, 과학분만 아니라 체육, 음악, 미술 및 교양 과목 모두 성적이 좋아야 해요. • 다양한 교과 활동에 적극 참여하고, 그로 인한 자신의 성장 과정이 학교생활기록부에 기록되도록 노력하세요.
독서 활동	• 인문학, 철학, 역사, 사회 등 다양한 분야의 책을 읽고, 인접 학문과 연계하여 통합적으로 이해하는 노력이 필요해요. • 독서를 통해 느낀 점과 자신의 성장에 도움이 된 점 등을 기록하세요.
행동 발달 특성 및 종합 의견	• 친구들과 소통하려는 모습, 자신의 재능을 향상시키기 위해 노력하는 모습 등이 학교생활기록부에 기록되도록 노력하세요. • 이러한 활동을 통해 책임감, 리더십, 의사소통 능력, 문제 해결 능력이 표현될 수 있도록 하세요.

Jump Up

일반 교사와 특수교사의 차이점에 대해 알아볼까요?

➡ 흔히 특수교사라고 하면 일반 교사와 전혀 다르다고 생각해요. 심지어 특공 무술 교육이나 영재 교육을 연상하는 사람들도 있어요. 일반 교사는 국어, 수학, 영어처럼 특정 과목과 관련된 교육과를 졸업하고, 학생들을 대상으로 국가에서 정한 교육 과정에 따라 수업을 해요.

➡ 반면, 특수교사는 특수교육과를 졸업하고, 특별한 도움이 필요한 장애 학생을 대상으로 교육을 해요. 국가에서 정한 교육 과정을 따름과 동시에 각 학생의 특성에 맞는 개별화 교육을 실시함으로써 학생들이 재능과 특기를 찾고, 그것을 개발할 수 있도록 도와주는 일을 해요.

특수교사란?

취학 인구가 줄고 있지만, 장애 학생은 계속 늘어 2018년 기준 특수 교육 대상자가 9만 명을 넘었습니다. 이는 5년 전보다 4.6% 늘어난 것으로, 장애 학생 교육의 필요성에 대한 인식이 확산되면서 특수 교육 대상자로 등록하는 학생 수가 계속 늘어나고 있기 때문입니다.

특수교사는 특수 교육 대상 학생만을 위해 설립된 특수 학교, 일반 학교의 특수 학급, 교육청의 특수 교육 지원 센터 등에서 근무하며, 특수 학생의 교육을 담당하는 교사입니다.

특수 학교는 시각장애특수학교, 청각장애특수학교, 지체장애 특수학교, 정신지체특수학교, 정서장애특수학교 등 장애 영역별로 구분됩니다. 특수 학교에는 특수 교육의 대상이 되는 학생들이 다수이고, 이들은 복수의 장애를 가지고 있기 때문에 대부분의 특수학교가 2가지 이상의 장애 영역을 포함하고 있습니다. 또한 한 학교 안에 유치원, 초등학교, 중학교, 고등학교 과정이 같이 있으며, 최근

특수교사
특수교육과

에는 장애 영아 학급과 고등학교를 졸업한 장애 학생의 직업교육 학교도 늘어나고 있습니다.

일반 학교에서 운영하는 특수 학급은 일반 초·중·고등학교에 재학하는 장애 학생을 위한 학급으로, 다양한 장애를 가진 학생들이 특수교사의 도움을 받아 교과나 특별 활동, 재량 활동 등을 공부합니다. 특수 교육 지원 센터는 시도 교육청이나 지역 교육청에 설치되어 있으며, 장애 학생의 장애 진단 평가 등을 담당합니다.

한편, 특수 교육의 대상이 되는 학생들이 학교에 다닐 형편이 되지 못할 때 교사가 직접 학생이 거주하는 곳에 방문하여 지도하기도 하는데, 이러한 교사를 순회교사라고 합니다. 이들은 소아암, 심장병 등의 질병과 사고 등으로 장기간 입원해 있거나 집이나 보육 시설 등에서 나올 수 없는 학생을 찾아가 순회 교육을 합니다.

특수교사가 하는 일은?

특수교사는 장애가 있어 특수한 교육이 필요한 학생들을 가르치고 돌보는 교사입니다. 특수교사는 교과 학습 지도와 생활 지도는 물론 일상생활을 위한 훈련, 건강 관리, 직업 교육 등에도 관여하는데, 학생의 장애 유형에 따라 교육 방법과 내용을 달리합니다.

시각 장애 학생의 경우 촉각과 소리를 이용해 학습을 진행하며, 주로 점자 익히기, 보행 훈련, 맹인용 물건 사용법 등을 지도합니다.

청각 장애 학생의 경우 수화 및 입술 모양을 보고 말을 알아들을 수 있는 순독 등을 지도합니다. 정신 지체 학생의 경우 기본 생활 훈련과 수 개념 이해, 글자 해독 등을 가르치는데, 이해나 기억을 돕기위해 구체물, 그림 카드 등을 활용합니다. 지체 장애 학생의 경우 목발 사용법, 휠체어 사용법, 서기 자세 등을 훈련시켜 학생이 스스로 움직임을 제어할 수 있도록 합니다.

대부분의 특수 학교가 장애 유형별로 학생을 모집하여 그에 맞는 교육을 하고 있으나, 중복 장애를 가진 학생도 상당수이므로 특수교사는 장애에 따라 알맞은 교육 방법과 교육 내용을 활용할 수 있어야 합니다. 이와 같은 이유루 특수교사는 일반 교사에 비해 담당하는 학생의 수가 적은데, 학급당 정원은 유치원은 4명, 초등학교와 중학교는 6명, 고등학교는 7명입니다. 수업은 학급 학생 전체를 대상으로 먼저 진행한 뒤 개별 지도를 하는 방식으로 진행됩니다.

» 신체적·정신적 장애를 겪고 있는 학생이 장애를 극복하고, 사회 구성원으로서 살아갈 수 있도록 지식 및 기능을 가르칩니다.
» 식사 및 등하교 지도, 의복 착탈의, 몸단장, 씻기 등 학생의 생활 지도 및 인성 지도를 담당합니다.
» 장애에 따라 학생들이 겪는 어려움에 맞추어 도움을 줍니다.
» 장애 학생의 발달 정도, 장애 특성에 따라 교육의 범위도 다르게 교육합니다.
» 지적 장애 학생에게는 식사 예절을 교육하거나, 등하교 지도, 몸단장, 씻기, 의복 예절 등 기본적인 생활 지도가 주를 이룹니다.
» 시각 장애나 청각 장애 학생처럼 지적 능력에는 지체가 없지만 정보를 습득하는 방식이 다른 학생들은 학습 위주의 교육이 진행됩니다.
» 즉, 학생의 요건에 맞는 환경과 수업을 제공하는 일을 합니다.

Jump Up

특수 교육에 대해 알아볼까요?

특수 교육이란 시각 장애, 청각 장애, 지체 부자유, 정신 지체 등으로 인해 일반 학교나 학급에서는 교육 목표에 도달하지 못하는 학생을 위해 특별 학급을 마련하고, 각 장애의 특성에 맞는 교육 과정과 서비스로 교육하는 것을 말해요.
특수 교육이 국가 교육 체제로 정립된 것은 18~19세기로, 1755년 래퍼에 의해 파리에 세계 최초의 농아 학교가 설립 되었고, 1784년 아위에 의해 파리에 세계 최초의 맹아 학교가 설립되었어요. 이 맹아 학교에서 채택한 수화법과 점자법은 맹아 교육의 주류가 되어 유럽과 미국에도 큰 영향을 미쳤어요.
한국의 특수 교육은 1894년 로제타 셔우드 홀 여사가 시각 장애인 소녀에게 점자를 가르치면서부터 시작되었어요.

특수교사

커리어맵

관련기관
- 교육부 국립특수교육원 www.nise.go.kr
- 한국산업인력공단 www.hrdkorea.or.kr
- 한국특수교육총연합회 kase.or.kr

준비방법
- 교사 관련 역량 및 책임감 익히기
- 장애인 교육 및 봉사 관련 동아리 활동
- 교육 관련 멘토링 활동
- 특수 교육 관련 학과, 기관, 기업체 탐방
- 장애인 관련 직업 체험 활동

적성과 흥미
- 배려심
- 책임감
- 문제 해결 능력
- 자기통제 능력
- 학습 전달 능력
- 봉사 정신
- 인내심

관련학과
- 특수교육학과
- 유아특수교육학과
- 초등특수교육학과
- 중등특수교육학과
- 특수체육교육학과

특수교사

흥미유형
- 사회형
- 탐구형

관련교과
- 국어
- 영어
- 과학
- 체육
- 음악
- 미술
- 보건

관련자격
- 특수학교(유치원) 1급·2급 정교사
- 특수학교(초등) 1급·2급 정교사
- 특수학교(중등) 1급·2급 정교사

관련직업
- 초등교사
- 중등학교 교사
- 진로진학상담교사
- 직업능력개발훈련교사
- 유치원교사

적성과 흥미는?

여러 가지 형태의 장애가 있는 학생들의 욕구나 느낌에 민감하고, 이해하고 도와주려는 등 장애인에 대한 배려심이 필요합니다. 장애인을 돕는 데 어려움이 있어도 포기하지 않는 인내심, 장애인에 대한 남다른 애정과 희생, 봉사 정신이 필요합니다.

특수교사는 학생을 가르치는 교사로서의 자질과 함께, 어떤 상황에서도 침착하게 문제를 해결할 수 있는 문제 해결 능력과 상황대처 능력, 자기 통제 능력, 학습 전달 능력이 필요합니다.

다른 사람들을 훈련시키고 발달시키며 치료하는 활동을 선호하는 사회형과 물리적·생물학적·문학적 현상에 호기심을 가지고 관찰하는 것을 즐기는 탐구형의 흥미 유형을 지닌 사람에게 적합합니다.

관련 직업은?

초등교사, 중등교사, 진로진학상담교사, 직업능력개발훈련교사, 유치원교사 보육교사 등

특수교사 커리어맵

Jump Up

통합 교육의 정의에 대해 알아볼까요?

'특수교육진흥법' 제2조 6항에는 통합 교육을 '특수 교육 대상자의 정상적인 사회 적응 능력의 발달을 위해 일반 학교에서 특수 교육 대상자를 교육하거나 특수 교육 기관의 재학생을 일반 학교의 교육 과정에 일시적으로 참여시켜 교육하는 것을 말한다.'로 정의하고 있어요. 그러나 교육 대상자나 교육 과정을 물리적으로 통합한다고 해서 진정한 통합 교육이라고는 할 수 없어요.

이런 이유로 최근에는 통합 교육을 '모든 아동에게 일반 학교의 구성원으로서 자격을 부여하고, 양질의 교육이 제공되는 생활 연령에 적합한 일반 학교 교실에서 함께 교육받음으로써 모든 아동의 가치를 인정하고, 교육적인 욕구를 충족시켜 나가는 교육'이라고 새롭게 정의하고 있어요.

진출 방법은?

특수교사가 되려면 대학에서 특수 교육 관련 학과를 졸업하거나 대학원에서 특수교육 관련 석사 학위를 취득하여 특수교사 2급 정교사 자격증을 취득해야 합니다. 특수 교육은 학교에 따라 유아특수교육과, 초등특수교육과, 중등특수교육과 등으로 전공이 세분화되어 있습니다. 유치원과 초등 과정의 특수 학교 교사는 시·청각 장애, 지체 부자유 등의 심신 장애별로 자격을 구분하며, 중등 과정은 중등교사의 담당 과목과 심신 장애 구분을 동시에 적용하여 자격을 구분합니다.

국립 특수 학교의 특수교사가 되기 위해서는 특수교사 2급 정교사 자격증을 취득한 후 임용 시험에 합격해야 합니다. 유·초등 특수교사 임용 시험의 경우, 1차에서는 교직 논술, 교육 과정, 한국사(한국사능력검정시험으로 대체 가능)를 평가하며, 2차에서는 교직 적성 면접 및

수업 실연으로 평가합니다.

중등 특수교사 임용 시험의 경우, 1차에서는 교육학, 교과교육학, 교과내용학에 해당하는 전공 A, B 및 한국사(한국사능력검정시험으로 대체 가능)를 평가하며, 2차에서는 유·초등과 같이 교직 적성 면접 및 수업 실연으로 평가합니다.

사립 특수 학교에서 특수교사를 임용할 때에는 교육청에 위탁하거나 해당 학교 법인의 시험 절차에 따라 합격자를 결정합니다.

임용되어 3년 이상 교육 경력이 있는 교사는 특수교사 1급 자격 취득을 위한 연수를 받을 수 있습니다. 또한 일반 교사 자격증을 가진 사람이 교육대학원과 특수 교육대학원에서 석사 과정을 이수하면 특수교사 자격증을 취득할 수 있습니다.

관련 학과 및 자격증은?

➡ 관련 학과 : 특수교육학과, 유아특수교육학과,
　　　　　　 초등특수교육학과, 중등특수교육학과,
　　　　　　 특수체육교육과 등

➡ 관련 자격증 : 특수학교(유치원) 1급·2급 정교사,
　　　　　　　 특수학교(초등) 1급·2급 정교사,
　　　　　　　 특수학교(중등) 1급·2급 정교사 등

미래 전망은?

향후 10년간 특수교사의 고용률은 현 상태를 유지할 것으로 전망됩니다. 중장기 인력수급 수정전망 2015~2025 (한국고용정보원, 2016)에 따르면, 특수교육교사는 연평균 2.3% 비율로 증가하여 2025년 약 2만10,00명에 달할 것으로 전망됩니다. 그동안 사회적 약자에 대한 인식과 관심이 높아지면서 특수 교육 대상 학생에 대한교육 기회 확대와 적극적 지원이 필요하다는 요구가 반영되고 있습니다. 또한 장애 학생을 특수학교가 아닌 일반 학교에서 통합 교육을 하려는 경향이 증가하고 있어 일반 학교의 특수 학급이 늘어나고 있습니다. 이를 반영하듯 정부는 2025년부터는 특수교사의 통합 학급 지원 및 협력수업 확대를 추진하기로 하였습니다. 특수학교 수도 올해 12개에서 2027년에는 22개로 2배 가까이 늘어날 것이며 유치원 특수학급은 올해 1437학급에서 1837학급으로 대폭 증가할 예정입니다.

한편, 사회 전반적으로 고용 불안이 심화되면서 국립·공립·사립 학교에서 근무하기 위해 교원 임용 시험에 도전하는 사람이 증가하고 있어, 최근에는 특수교사가 되기 위한 경쟁률이 높아지고 있는 상황입니다.

Jump Up

통합 학급의 교사의 역할에 대해 알아볼까요?

통합 학급의 교사는 일반 아동의 교육 전문가로서, 통합 학급 내에서 일반 교육 과정을 수행할 뿐만 아니라 일반 아동의 연령에 적합한 학습이나 행동들의 일반적인 기준을 토대로 장애 아동과 일반 아동들의 행동을 관찰하고 평가해요.

통합 학급의 교사는 장애 아동이 지닌 문제의 본질과 심각성을 확인하기 위해서 일반적인 발달 단계별 기준과 장애 아동의 행동을 비교하면서 장애 아동의 행동을 관찰할 수 있는 능력도 갖추어야 해요. 또한 책임 의식과 적극적인 태도를 가지고, 특수교사와 협력하여 장애 아동이 통합 학급에서 통합 교육을 받을 수 있도록 역할을 수행해야 해요.

특수교육과
특수교사 전공 분석

어떤 학과인가?

우리나라 특수 교육은 1960년 한국사회사업대학(현 대구대학교)에 특수교육과가 개설되면서 근간을 확립했습니다. 특수교육과가 급속도로 늘어나게 된 배경은 김대중 대통령 시절 장애인 관련 법률이 급속히 신설되면서 특수교사의 필요성이 대두되었고, 이에 20개 대학에 특수교육학과가 설립되었습니다.

특수교육학과는 지적 기능, 사회적 기술, 의사소통, 감각 기능, 신체기능 중 한 가지 이상 결함이 있어 학습과 사회 활동에 어려움이 있는 아동과 학생들을 특별한 방법으로 교육함으로써 사회 구성원으로 당당히 설 수 있는 방법을 연구하는 학과입니다.

장애인은 신체적·정서적으로 어려움이 있기 때문에 비장애인과 똑같은 교육을 받는 데 힘든 면이 있습니다. 일반 교육을 받기 곤란한 시각 장애아, 청각 장애아, 지체 부자유아, 언어 장애아 등에게 그들의 특성에 맞는 교육을 제공하여 장애를 효과적으로 극복하고 사회에 잘 적응할 수 있도록 해야 합니다.

특수교육학 분야는 인간의 존엄성에 대한 실천적·응용적 접근을 중시합니다. 장애인이 지닌 가능성과 강점에 관심을 가지고 더불어 사는 사회를 실현함으로써 그들이 만족스런 삶을 살아갈 수 있도록 도와주는 학문입니다. 연구 분야는 의학, 심리학, 과학, 철학, 생리학, 영양학, 사회학 및 교육학을 바탕으로 의료교육학, 치료교육학, 재활교육학, 정형교육학 등의 분야가 있습니다.

교육 목표와 교육 내용은?

특수교육학과는 전문성을 갖춘 양질의 유·초·중등 특수교사를 양성하는 것을 목표로 하고 있습니다.

이를 위해 특수교육대상학생 교육을 위한 전문적 이론과 증거기반 교수방법을 익히고 다양한 특수교육현장에서의 교육봉사활동과 교육실습을 통하여 실제를 경험할 수 있는 교육과정을 제공하고 있습니다.

특수교육학, 지적장애, 자폐성장애, 학습장애, 정서·행동장애, 시각장애, 청각장애, 지체장애, 특수교육교육과정 등의 기본과목을 수강하고, 특수교육영역에서 적용되는 공학, 전환교육, 가족지원에 대한 심화 된 내용을 학습합니다. 아울러 특수교육대상학생을 위한 진단평가방법, 맞춤형 개별화교수 설계, 행동지도 등 특수교육대상학생의 특성에 맞는 교육을 제공하는데 필요한 전문 기술을 함양하고 있습니다.

특수교육학과는 특수교육현장을 관찰하고 경험하는 것을 중시합니다. 이에, 유·초·중등 특수학교와 특수학급과 같은 교육현장 뿐만 아니라 장애인복지관, 치료실 등 다양한 현장에서 장애학생을 지도할 수 있는 특수교육전문가 양성을 목표하고 있습니다.

» 특수 교육을 통해 복지 국가 및 사회의 건설에 공헌하려는 사명감을 지닌 인재를 양성합니다.
» 특수 아동의 발달 단계에 기초한 현장 적용 능력을 갖춘 인재를 양성합니다.
» 특수 교육의 현장 적용 원리 및 방법에 대한 이해와 기능을 지닌 인재를 양성합니다.
» 특수 교육 대상 학생 지도 능력, 연구 능력, 그리고 행정 능력을 갖춘 인재를 양성합니다.
» 미래 사회가 요구하는 특수 교육 프로그램 개발 능력과 첨단 학습 매체 활용 능력을 갖춘 인재를 양성합니다

학과에 적합한 인재상은?

특수교육학과는 신체적·정신적으로 불편을 겪고 있는 학생을 교육하는 방법에 대해 배우는 학과이므로 특수교사가 되는 데 필요한 자질과 소양을 갖추어야 합니다.

무엇보다도 장애 학생들이 더 밝은 내일을 준비할 수 있도록 도와주고 싶어 하는 사랑하는 마음과 소명 의식이 필요합니다. 또한 가르치는 일과 장애를 가진 학생들과 생활하는 것에 대해 관심과 흥미가 있어야 합니다.

이를 위해 투철한 봉사와 희생정신을 갖고 있어야 하며, 어떠한 상황에서도 당황하지 않고 항상 침착하게 행동할 수 있는 자기 통제 능력과 상황대처 능력이 필요합니다. 일반 학생에 비해 학습 능력이 떨어지는 장애 학생들을 교육하려면 인내심도 필요합니다.

관련 학과는?

초등특수교육과, 중등특수교육과, 유아특수교육과, 특수체육교육과 등

주요 교육 목표

특수 아동 지도에 대한
전문적 역량을 갖춘 인재 양성

- - - - - - - - - - - - - - - - - - - -

특수 교육의 현장 적용 능력을
갖춘 인재 양성

- - - - - - - - - - - - - - - - - - - -

복지 사회 건설에 공헌하려는
사명감을 지닌 인재 양성

- - - - - - - - - - - - - - - - - - - -

학교 현장을 이해하고
실무 능력을 겸비한 인재 양성

진출 직업은?

특수교사, 물리치료사, 보육교사, 심리상담사, 복지사, 병원 및 클리닉 교사, 언어치료사, 장애 관련 협회 사무원, 장애 관련 연구위원 등

 취득 가능 자격증은?

☑ 특수학교 2급 정교사
(이수 과목에 따라 유치원·초등·중등
특수 교육으로 구분함)
☑ 언어치료사
☑ 청각치료사
☑ 사회복지사
☑ 의지보조기기사 등

추천 도서는?

- 학습장애 학생을 위한 교수-학습전략
  (교육과학사, 김윤옥)
- 아이들의 목소리가 보여!
  (한울림스페셜, 웬디 모스, 조선미 역)
- 한 아이1(아름드리, 토리 헤이든, 이희재 역)
- 특수교사, 수업을 유리하다! 학급경영 편
  (교육과학사, 정명철)
- 나는 특수교사다(교육과학사, 한경화)
- 특수교사119(에듀니티, 원재연)
- 에밀(생각정거장, 장자크 루소, 문경자)
- 격려하는 선생님(학지사, 이해중)
- 딥스(샘터, 버지니아 M. 액슬린, 주정일 역)
- 자폐 부모교육2(학지사, 김붕년)
- 정의란 무엇인가(와이즈베리, 마이클 샌델, 김명철 역)
- 특수교육교사를 위한 교직실무(하지사, 간한욱)
- 느린 학습자를 위한 문해력(학교도서관저널, 박찬선)
- 언어치료사가 말하는 자폐, ADHD 부모상담서
  (율도, 이명은)
- 인지행동놀이치료 워크북 125가지 활동
  (학지사, Lisa Weed Phifer 외)
- 자폐 완벽 지침서(서울의학서적, 앨런 로젠블라트 외)
- 말소리장애(시그마프레스, 김수진 외)
- 특별한 소통법 서포트북(마음책, 다카하시 미카와)
- 발달장애 아동을 위한 미술치료 가이드
  (피와이메이트, 박성혜 외)
- 문제행동 한방에 마스터하기(팔성문화사, 한윤선 외)

학과 주요 교과목은?

기초 과목	교육학개론, 교육사회학, 교육심리학, 생리학개론, 심리학개론, 사회복지학개론, 언어발달과 지도 등
심화 과목	시각장애아교육, 정신지체아교육, 정서장애아교육, 중증중복장애아교육, 학습장애아교육, 특수교육과 철학, 물리작업치료, 특수아행동수정, 중도중복장애교육, 장애 아부모교육및상담, 의사소통장애학생교육, 장애인직업 재활 등

졸업 후 진출 분야는?

기업체	특수 교육 관련 기관, 병원 부설 치료실 및 상담실, 장애인 단체, 지역이 직업 재활 센터, 장애인 보호 작업장 등
연구소	특수 교육 관련 연구 기관, 특수 교육 지원 센터, 장애인 권익문제연구소, 한국발달장애인가족연구소, 발달장애 교육치료연구소, 한국장애인개발원, 한국뇌발달연구소, 재활공학연구소 등
정부 및 공공 기관	교육행정직 공무원, 장학사, 장학관, 한국장애인고용공단, 한국장애인복지시설협회, 한국장애인단체총연합회, 종합 사회 복지관, 장애인 복지관 등
교육계	대학교수, 특수교사 등

🔍 전공 관련 선택 과목은?

▶ 국어, 영어 교과는 모든 학문의 기초적인 성격을 가진 도구교과로 모든 학과에 이수가 필요하여 생략함.

수능 필수	화법과 언어, 독서와 작문, 문학, 대수, 미적분 I, 확률과 통계, 영어 I, 영어 II, 한국사, 통합사회, 통합과학, 성공적인 직업생활(직업)		
교과군	선택 과목		
	일반 선택	진로 선택	융합 선택
수학, 사회, 과학	사회와 문화, 현대사회와 윤리	윤리와 사상, 인문학과 윤리	사회문제 탐구, 윤리문제 탐구, 기후변화와 지속가능한 세계
체육·예술	체육1, 체육2, 음악, 미술, 연극	운동과 건강, 스포츠 문화, 음악 연주와 창작, 미술 창작	스포츠 생활1, 스포츠 생활2
기술·가정/정보			생애 설계와 자립, 아동발달과 부모
제2외국어/한문			
교양		인간과 철학, 인간과 심리, 교육의 이해, 보건	논술

학교생활기록부 관리는?

출결 사항	• 미인정(무단) 출결 사항이 없도록 관리하세요. 미인정(무단) 결석 등이 있으면 학교생활 충실도나 인성, 성실성 영역에서 부정적인 평가를 받을 가능성이 높아요.
자율·자치활동	• 대부분의 학교 활동에 참여하고, 참여 후 느낀 점이 학교생활기록부에 기록되도록 하세요. • 교내외 다양한 활동을 통해 공감 능력, 책임감, 창의력이 드러나도록 하세요. • 학급 활동에서 발생하는 다양한 갈등상황에 적극적으로 개입하여 문제를 해결하는 역량을 보여주세요.
동아리활동	• 멘토링과 같은 교육 봉사 동아리를 결성하여 활동하면 도움이 됩니다. • 교육 관련 주제 토론, 수업 시연, 교육 관련 독서 토론, 장애인과 함께하는 프로그램 등에 참여하면서 자신의 활동에 대한 느낀 점을 기록하세요. • 학교 교육계획에 의해 실시하는 봉사활동에 적극적으로 참여하고 이 과정에서 공동체 역량을 함양하도록 하세요.
진로 활동	• 특수교육학과는 학교급별(유치원, 초등, 중등 등), 심신 장애별(시·청각 장애, 지체 부자유 등)로 구분되는데, 중등 특수교사의 경우 담당 과목에 따라 자격이 구분되니 자신의 관심과 적성 등을 확인해 보세요. • 장애인과 자주 어울리면서 함께하는 일이 적성에 맞는지 경험해 보고, 자신이 왜 특수교사가 되어야 하는지 고민해 보세요.
교과학습 발달상황	• 주요 교과뿐만 아니라 비교과 활동에도 적극적으로 참여하세요. • 교과에 대한 이해를 바탕으로 자신이 이해한 내용을 발표하고, 멘토링하는 활동에 적극 참여하세요. • 수업 참여 활동과 그로 인해 자신의 변화된 사항이 나타나도록 해야 해요.
독서 활동	• 특수교육, 교육과 관련된 책을 꾸준히 읽어 배경지식을 쌓도록 노력하세요. • 전공 관련 서적 외에 인문학, 미술, 음악, 체육과 같은 다양한 분야의 책도 꾸준히 읽으세요.
행동 발달 특성 및 종합 의견	• 자신의 주변에서 발생하는 문제를 인식하고, 이를 해결하는 다양한 활동을 해 보세요. • 학교생활을 하면서 책임감, 성실성, 의사소통 능력 및 갈등 관리 능력 등이 학교생활기록부에 기록될 수 있도록 하세요.

한자 교육의 필요성과 유래는 무엇일까?

➡ 인터넷과 SNS 등이 많이 발달한 요즘, 학생들에게 한자란 어렵고 고리타분한 글자일 수 있어요. 그러나 우리나라는 과거 중국의 영향을 받아 한자를 오랫동안 사용해왔고, 지금 또한 일상 생활 속에서 한자를 쉽게 접하게 됩니다. 그렇다 보니 한자의 의미를 몰라 문장을 이해하지 못하는 경우가 생겨요.

➡ 특히 한자는 우리 한글 속에 존재하고 있기에, 한글만을 공부하게 되면 문장의 속뜻을 이해하는데 어려울 수 있어요. 반대로 우리말에 담겨있는 한자를 읽고 그 뜻을 알고 있다면 글의 의미를 파악하는데 큰 도움이 될 수 있어요.

➡ 한자문화권에서 사는 인구가 전 세계의 약 50% 내외로 만국 공용어인 영어보다 한자를 사용하는 인구가 더 많다고 집계되고 있는 현재, 한자를 중국의 문자로만 보는 인식을 벗어나서 범아시아, 동양문화권의 기반이 되는 문자로 이해해야 해요. 또한 아시아 국가들의 경제 활동과 규모가 커질수록 이들 나라와의 교류를 위해서라도 한자 교육은 반드시 필요한 교육일 것이에요.

➡ 한자의 기원과 관련해 우리가 익숙하게 알고 있는 단어는 갑골문자일 것이에요. 기원전 14세기~11세기쯤의 유물로 보이는 금문과 갑골문, 그리고 6,800년 전 사용된 도문 등이 있는데, 일반적으로 갑골문을 한자의 기원으로 보고 있어요. 짐승의 발자국을 본떠 만든 것이 한자라고 이야기할 수도 있지만, 그것은 확실히 단정 지을 수는 없어요. 이처럼 한자의 기원과 유래는 매우 오래 되었고, 다양하다고 할 수 있어요.

한문교사란?

우리말과 글을 제대로 이해하고 활용하기 위해서는 한자교육이 필요하다는 지적이 오랜 전부터 대두되었습니다. 현재 우리가 사용하는 낱말의 75%가 한자·한문에 뿌리를 두고 있고, 여러 교과서에 나오는 핵심용어들은 대부분 한자어로 되어 있어 한자를 알면 교과의 핵심 용어들을 쉽게 이해할 수 있게 됩니다. 그러면서 한자 학습의 연령도 점점 낮아지고 있습니다. 최근 들어 방과 후 학교 프로그램 등을 이용해 한자를 가르치는 초등학교도 늘고 있고, 취학 전에 한자를 배우려는 어린이도 점차 늘고 있는 이유입니다.

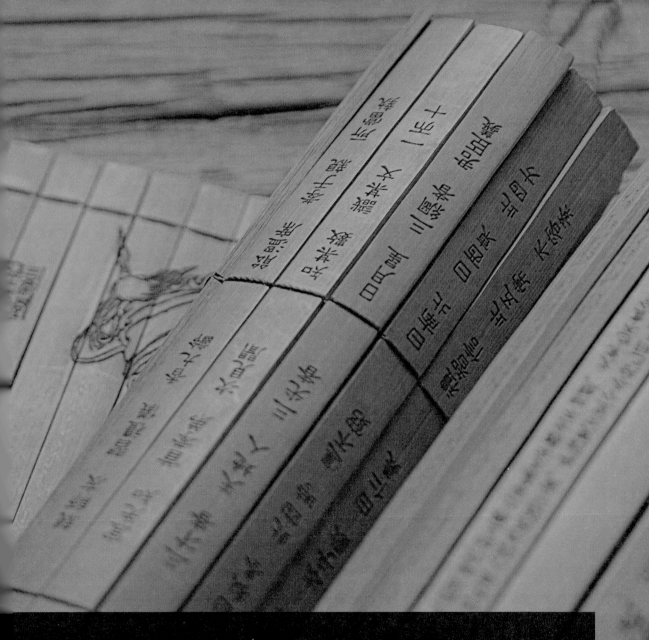

한문교사
한문교육과

한문교사는 중·고등학교에서 학생들에게 한문을 익혀 언어생활에 활용하게 하고, 한문 문장의 독해 능력을 높이기 위해 한문, 한문 고전 및 관련 과목을 전문으로 교육합니다. 대게 중학교에서 한문을 담당하거나 고등학교에서 한문Ⅰ과 한문Ⅱ 과목을 가르칩니다. 한문교사는 각종 한문 기록과 고사성어, 격언, 속담 및 한글 속에 들어있는 한자 등을 통해 한자 문화권의 언어와 문화를 가르치는 역할을 수행합니다. 최근에는 글을 읽고 이해하는 능력인 문해력에 대한 사회적 관심이 증가하고 있고, 한글의 많은 부분이 한자로 되어 있어 한자교육이 다시금 주목받고 있습니다.

한문교사가 하는 일은?

한국인의 오랜 관습과 사상, 습성, 기질은 모두 한자로 기록되어 있고, 우리 전통문화의 80%는 한자로 이루어져 있기 때문에 우리의 전통문화를 제대로 이해하기 위해서는 한자교육이 필수적입니다. 따라서 한문교사는 효과적인 한자 학습을 위해 각종 한문기록과 고사성어, 격언, 속담, 명언, 명구 등을 활용하여 한자 문화권의 언어와 문화를 보다 알기 쉽게 가르칩니다.

교과 내용은 한자, 한자어, 한문으로 구성되며 각종 한문 기록과 고사성어, 격언, 속담, 명언·명구 등을 통해 한자 문화권의 다양한 언어와 문화로 구성합니다. 수업을 설계·운영한 후 과제를 낸 후 결과를 검토 및 지도하고, 수행평가와 시험 문제 출제 후 학생의 성적을 평가합니다. 이를 위한 교과서 및 시청각 자료 등 다양한 학습 자료를 활용합니다. 학생의 생활 태도와 진로 선택을 지도하며, 이 과정을 취합하여 학교생활기록부에 기록하는 중등교사로서의 역할도 수행합니다.

마지막으로 한문교사는 한자교육을 통해 낮아진 문해력을 높이고, 단절된 세대 간의 소통을 위해서 체계적이면서도 지속적인 한자 기초 교육을 강화할 수 있는 방법 모색에도 힘써야 합니다.

> » 수업을 설계·운영한 후 과제를 낸 후 결과를 검토 및 지도하고, 수행평가와 시험 문제 출제 후 학생의 성적을 평가합니다.
> » 학생의 생활 태도와 진로 선택을 지도하며, 이 과정을 취합하여 학교생활기록부에 기록합니다.
> » 한자 교육을 통해 낮아진 문해력을 높이고, 단절된 세대 간의 소통을 위해서 체계적이면서도 지속적인 한자 기초 교육을 강화하도록 노력합니다.
> » 학생의 사고를 촉진하는 다양한 발문을 통해 상호작용이 활발한 학습 환경을 구축하고, 학생이 능동적으로 수업에 참여할 수 있도록 합니다.

Jump Up

한자, 한문, 한자어의 차이는 무엇일까요?

흔히 학생들은 한자, 한문, 한자어를 혼용하여 사용하고 있어요. 그러나 그 개념은 서로 차이가 있으며, 상황에 따라 적절하게 사용해야 해요. 우선 '한자'(漢字)는 말 그대로 중국이 사용하는 문자 체계를 말합니다. 우리글을 '한글'이라고 부르는 것과 같이 중국의 문자가 '한자'인 것이에요.

그리고 '한문'(漢文)은 이러한 한자로 지은 문장을 뜻해요. 우리글인 한글로 여러 개의 단어를 이어 우리말 문장을 만드는 것과 같이 같은 뜻글자인 한자를 이용하여 문장을 만들게 되면 그것이 바로 한문이에요.

마지막으로 '한자어'(漢字語)는 이러한 단어들과 혼용하여 쓰기도 하는데 한자어는 '한자'를 쓰던 중국으로부터 우리말에 유입된 단어를 이르는 말이에요.

따라서 일반인들은 한문보다는 한자를 배우는 것이 우리말 사용에 유리할 것이에요. 그러나 한자(漢字)만 배우고 한문(漢文)을 배우지 않는다면 '나무를 그리되 가지만 그리고 줄기를 그리지 않는 것'과 같다고 표현할 수 있으며, 또 한문이 지니고 있는 정서 함양 및 자기 수양 그리고 전통 문화를 계승하고 발전시켜 나갈 수 없어요. 또한 선인들의 삶의 철학, 사상, 역사성 등도 올바르게 깨우치고 이해하지 못할 수 있어요.

한문교사

커리어맵

관련기관
- 교육부 www.moe.go.kr
- 창의인성교육넷 www.crezone.net
- 에듀넷 www.edunet.net
- 학교 알리미 www.schoolinfo.go.kr
- 교육과정평가원 www.kice.re.kr
- 한국교육개발원 www.kedi.re.kr
- 한국한문교육학회 www.hanmunedu.or.kr
- 한국한문교사중앙연수원 www.seodang.net

준비방법
- 대인관계 능력 키우기
- 교육관련 멘토링 활동
- 생활 속 한자 및 문해력을 향상하기 위한 학급 활동 기획
- 한문 교육 관련 학과 탐방
- 한문 교육 관련 직업 체험 활동
- 고전 및 인문학 관련 독서 활동

적성과 흥미
- 공감 능력
- 배려와 나눔
- 외국어 활용 능력
- 고전에 대한 관심
- 분석적 사고
- 의사소통 능력
- 상황대처 능력
- 갈등관리 능력

관련학과
- 한문교육과
- 한문학과
- 고고학과
- 교육학과

한문교사

흥미유형
- 사회형
- 탐구형
- 관습형

관련교과
- 국어
- 사회
- 한문

관련자격
- 중등학교 1급·2급 정교사
- 한자지도사
- 한자능력검정시험

관련직업
- 장학사
- 초중고등학교교사
- 교육행정사무원
- 교재 및 교구 개발자
- 입학사정관
- 교육기관 연구원

195

적성과 흥미는?

한문 기록과 고사성어, 격언, 속담, 명언 등 한문에 관한 지식을 가지고 있고, 다양한 방법으로 가르칠 수 있는 교수 학습 방법에 대해 관심이 많으면 효과적입니다. 한자 및 한문, 중국어 등에 대한 깊은 관심과 동양 전근대의 문학, 역사, 철학을 아우르는 동아시아적 학문의 기초적 소양에 대한 이해와 관심이 필요합니다. 한문을 기반으로 하는 한자문화권의 문화 및 인문 고전에 대한 폭넓은 이해와 지식이 필수적으로 요구됩니다. 더불어 학생들과 함께 생활하며 발생할 수 있는 다양한 문제를 해결하기 위한 성실성, 의사소통 능력, 공감 능력, 문제 해결 능력, 상황대처 능력이 요구됩니다. 한편 청소년기 학생들을 대하므로 솔직하고 도덕적인 성격을 지니고, 다른 사람들과 즐거운 관계를 유지하며, 협조적인 태도를 갖추는 것이 필요합니다. 또한 학생들의 욕구나 느낌에 민감하게 반응하고, 이들을 이해하고 도와주는 등 타인에 대한 배려심을 갖추어 질풍노도의 시기인 청소년 학생들을 올바른 길로 이끌고, 바람직한 삶의 자세를 일깨워주기 위해서는 책임감과 리더십도 필수적입니다.

한문교사 커리어맵

관련 학과 및 자격증은?

➡ 관련 학과 : 한문교육과, 한문학과, 고고학과, 교육학과 등

➡ 관련 자격증 : 중등학교 1·2급 정교사, 평생교육사, 한자 지도사, 한자능력급수자격증 등

관련 직업은?

중등학교 한문교사, 장학사, 교육행정직 공무원, 교재 및 교구 개발원, 입학사정관, 대학교 교직원, 동양서전문 번역자, 인문사회계열 교수, 한문고전 리라이터, 교육기관 연구원, 신문기자, 방송작가, 출판 관련 직업, 시인, 작가 등

진출 방법은?

중등교사가 되려면 우선 2급 정교사 자격증을 취득해야 합니다. 1단계로 '교직 이수'를 해야 하는데, 교직 이수에는 크게 세 가지 방법(사범대학 졸업, 일반 대학에서 교직 과정 이수, 교육대학원 졸업)이 있습니다.

한문교육 2급 정교사가 되기 위해서는 대학교 진학 후 한문교육을 전공해서 한문교육일반, 한문학일반, 한문학심화 등을 공부한 후 중등교사 2급 정교사 자격을 취득해야 합니다. 혹은 교직이수가 가능한 대학교에서 한문학을 전공하고 교직과정을 이수해서 2급 정교사 자격을 취득하거나, 대학원 진학 후 한문교육 관련 석사 이상의 학위를 취득하여 2급 정교사 자격증을 취득하여야 합니다. 2급 정교사 자격은 공립학교와 사립학교를 막론하고 교사로서 임용될 수 있는 최소한의 자격이 됩니다.

중등교사의 경우, 임용고시를 통과할 경우 공립 및 사립, 어디서든 근무할 수 있고, 사립 중·고등학교 교사로 종사하길 원한다면, 사립 중·고등학교의 재단이 정한 일정 절차(서류전형, 면접, 시범 수업 등)를 거쳐 임용될 수 있습니다.

미래 전망은?

중고등학교에서의 한문교사는 학교마다 1명 정도 있거나 아예 없는 경우도 있습니다. 한문은 학교 선택과목으로 편성되기 때문에 학교에서 선택을 해야만 교육이 가능합니다. 중학교에서 한문과 정보 교과는 선택과목으로 많은 비중을 차지했으나 정보가 필수과목으로 지정됨에 따라 기존의 정보 수업 시수를 한문이 가져가는 경우도 있습니다. 고등학교에서는 학교의 지정과목으로 한문을 필수적으로 배우거나 다른 교과가 채택되어 한문이 편성되지 않는 경우도 있습니다. 따라서 한문교사의 고용은 현 수준을 유지하거나 다소 감소할 전망입니다. '2019-2029 중장기 인력수급전망'(한국고용정보원, 2020)에 따르면, 중·고등학교 교사는 2019년 약 226천 명에서 2029년 약 218천 명으로 향후 10년간 -8천명(연평균 -0.3%) 정도 미미하게 감소할 것으로 전망됩니다.

중등교사의 고용에 영향을 미치는 요인으로는 학생 수 감소와 같은 인구구조의 변화와 교육정책의 변화 등을 꼽을 수 있는데 긍정적인 요소와 부정적인 요소가 공존할 것으로 보입니다. 먼저 긍정적인 요인으로 교육부는 공교육의 내실화를 목표로 교원 1인당 담당 학생 수를 줄이기 위한 노력을 지속하고 있다는 것입니다. 또한 베이비부머 세대들의 퇴직이 시작되고 있고, 육아휴직을 하는 교사들이 증가하고 있는데, 이는 신규 일자리 창출에 긍정적인 영향을 미칠 것으로 보입니다. 또한 4차 산업혁명으로 인한 고용변화가 교육 직종에 미치는 영향은 제한적이라고 볼 수 있습니다. 일자리 감소 추세가 교육 직종에도 영향을 미치겠으나, 중등교사는 사람과 직접 대면하는 일을 업으로 삼고 있기 때문에 크지 않을 것으로 보입니다. 그러나 부정적인 요인으로 저출산 현상으로 인하여 학령인구가 점차 줄어들고 있고, 이는 향후 중등교사 수 감소에 매우 큰 영향을 미칠 것으로 전망되고 있습니다. 또한 휴직 교원이나 결원 교원에 대한 대책으로 신규 임용보다는 기간제 교사로 보충하는 경향이 증가하고 있고, 사범계열 대학 등 중등교원 양성기관을 통해 매년 배출되는 인력들은 증가하는 데 비해 신규채용 예정 교원 수는 제한되어 있다는 점도 부정적 영향입니다. 교사에 지원하는 사람은 많고, 선발 인원은 제한되어 있어 중등교사로 취업하는 데 경쟁이 매우 치열할 것으로 예상됩니다.

Jump Up

한자성어, 고사성어와 사자성어의 차이는 무엇일까요?

한자성어는 비유적인 내용을 담은 함축된 글자로 상황, 감정, 사람의 심리 등을 묘사한 말로 일상생활이나 글에 많이 사용하며 이를 한문성어라고도 해요. 그런데 흔히 한자성어를 사자성어라고 하는데 그것은 주로 4글자로 구성된 것이 많기 때문이에요.

하지만 기우 [杞憂], 배수진[背水陣] 등 4글자가 아닌 한자성어도 있어요. 그러므로 고사성어가 곧 한자성어는 아닌 것이에요.

또 한자성어를 고사성어(故事成語)라고 부르는 경우도 많아요. 그 까닭은 많은 한자성어가 중국의 고사에서 유래하였기 때문이에요. 여기서 고사(故事)란 옛부터 전해져 내려오는 내력 있는 일이라는 뜻이에요. 결국 고사성어란 예로부터 전해지는 말로, 옛사람들의 일화에서 생겨난 성어라는 뜻이에요. 따라서 고사성어는 재미있는 옛이야기와 함께 참된 지혜를 일깨워주는 말이라고 할 수 있어요. 그러나 한자성어 모두가 고사성어는 아니에요. 우리나라 속담이 한자성어로 도 쓰이는 경우도 있어요. 그 예로 '제 논에 물 대기'가 아전인수(我田引水)로 쓰이는 것이 있어요. 고사 말고도 격언, 속담, 명언 등도 한자성어로 쓰이는 경우도 많기 때문에 고사성어, 사자성어는 한자성어의 대표적인 형태일 뿐 그 자체는 아니에요.

한문교육과
한문교사 전공 분석

어떤 학과인가?

한문 과목은 한문에 대한 기초적인 지식을 익혀 언어생활과 한문 독해에 활용하며, 한문 자료를 비판적으로 이해하고 심미적으로 향유할 수 있는 능력을 기르는 교과입니다. 또한 선인들의 삶과 지혜, 사상과 감정을 이해하고 자아 정체성과 공동체의 가치를 바탕으로 미래 사회에 필요한 인성을 함양하고 전통문화를 창조적으로 계승·발전시킬 수 있는 능력을 기를 수 있는 교과입니다. 아울러 한자 문화권의 문화를 이해하여 교류 증진에 참여할 수 있는 능력을 키우는 데에 도움이 됩니다.

이에 한문교육과는 한문과목을 이수한 중등학교 한문 담당교사의 배출과 우리 고전의 연구 개발을 위한 전문학자의 양성을 목적으로 개설된 학과입니다. 21세기를 맞아 한국학이나 현재의 동양학에 대한 관심의 증대와 동아시아 문화권 경제의 급격한 성장은 이를 위한 인문학적인 뒷받침을 해줄 수 있는 한문학과 현대적 감각을 두루 갖춘 인재를 요구하고 있고, 그 역할이 중요해지고 있습니다.

한문교육과는 한문교육에 관한 전반적인 지식과 이론 체계를 폭넓게 전달하고 한문 고전의 올바른 이해를 위한 학문을 연구합니다. 한문교육과는 중·고등학교는 물론 초등학교와 대학교, 더 나아가서 사회 각계의 한문교육을 담당하는 전문성을 갖춘 한문교사의 양성에 교육목표를 두고 있습니다.

교육 목표와 교육 내용은?

한자, 한자어, 한문을 언어생활에서 바르게 사용할 수 있는 기초기능을 익혀 선인들의 삶과 지혜를 이해하고, 건전한 가치관과 바람직한 인성을 함양하게 하여 전통 문화를 이해하고 계승·발전시킬 수 있는 한문과교육 전문가 양성에 목표를 두고 있습니다. 지와 덕을 겸비한 유능한 교사로서의 자격과 자질 함양하고, 인류의 영원한 스승인 공자와 맹자의 사상을 비롯하여 중국과 한국의 역대 시문과 역사서를 학습함으로써 참 지식을 얻고 이를 교수학습에 적용할 수 있는 방법을 연구합니다. 한문교육의 이론과 실제를 겸비한 미래지향적인 교사, 바람직한 인성을 갖추어 선인들의 지혜와 사상을 이해하고 건전한 가치관과 바람직한 인성을 가르칠 수 있는 교사를 양성합니다. 풍부한 전문지식과 현대적 안목을 가진 인재, 한문학과 전통문화를 현대적으로 재조명하고 새롭게 해석하는 인재, 한문학 분야 전문 연구 인재를 발굴하고, 학문에 대한 탐구와 학문의 실천에 대한 끊임없는 노력을 기울일 수 있는 교사로써의 성장을 돕습니다.

한문교과와 경전교육을 중점적으로 연구함으로써 전통적 정신문화유산의 창조적 계승을 모색하는 한편, 우리사회와 교육현장에서 올바른 가치관과 인생관을 정립하여 실천할 수 있는 한문학과 현대적 감각을 두루 갖춘 교육인 양성에 중점을 두고 있습니다.

» 한국 한문학의 이해와 한자 문화권의 전통 문화를 탐구할 수 있는 인재를 양성합니다.
» 바람직한 중등학교 한문과 교재 및 그 지도법을 연구함으로써 현장 감각을 갖춘 교사를 양성합니다.
» 한문을 토대로 선인들의 삶과 지혜를 이해하고, 건전한 가치관과 바람직한 인성을 함양하여 사회 여러 분야에서 활약할 수 있는 인재를 양성합니다

학과에 적합한 인재상은?

한자 및 한문, 중국어 등에 대한 깊은 관심과 동양 전근대의 문학, 역사, 철학을 아우르는 동아시아적 학문의 기초적 소양에 대한 이해와 관심, 한문을 기반으로 하는 한자문화권의 문화 및 인문 고전에 대한 폭넓은 탐구심을 필요로 합니다. 폭넓은 독서로 사고하는 힘을 가지고 있고, 동양 고전을 통해 인류의 오랜 지혜를 배우고자 하는 학생에게 유리합니다. 중국어나 일본어에도 관심이 많고, 한문 고전에 대해 체계적인 교육을 받음으로써 한문 고전을 과학적으로 정리하고, 창의적으로 활용하는 전문인이 되고 싶은 학생이라면 도전해 볼 수 있습니다.

또한 사람을 가르치는 일을 하므로 상대방에 대한 배려와 공감, 이해 능력이 높으면 도움이 됩니다. 교사가 꿈인 학생, 한문학과 한자에 대한 관심과 흥미가 많은 학생, 작가, 웹문화 콘텐츠, 한문학 관련 연구직 등의 미래를 꿈꾸는 학생 분만 아니라 교육 계열 공무원을 진로로 생각하는 학생도 관심을 가져볼 만 합니다.

관련 학과는?

한문학과, 국어교육과, 교육학과 등

주요 교육 목표

한문교사로서의 전문지식과 교수학습능력, 인격을 갖춘 인재 양성

지도자로서의 인격·사명감과 존경받는 교사의 자질을 갖춘 인재 양성

동아시아 전통문화를 계승할 글로벌한 인재 양성

한문학과 전통문화를 현대적으로 재조명하고 새롭게 해석하는 인재 양성

전통문화와 민족정신의 창조적 계승과 올바른 가치관

중등학교 한문과 교재 및 지도법을 연구함으로써 현장 감각을 갖춘 교사 양성

진출 직업은?

교사, 교수, 장학사, 독서 및 논술지도사, 사회 및 기업교육자, 문화예술계종사자, 시인, 소설가, 전통문화·예술인, 문화·문명 비평가, 방송·언론인, 출판·편집인, 홍보·광고제작자, 외국어학원 강사, 교육행정직 공무원, 방송기사, 번역가, 평론가, 한문문헌전문연구원, 한적전문사서, 동양서전문번역자 등

 ### 취득 가능 자격증은?

☑ 중등학교 2급 정교사
☑ 한자지도사
☑ 한자능력검정시험
☑ 평생교육사 등

추천 도서는?

- 이이화의 한문 공부(역사비평사, 이이화)
- 이조한문단편집(창비, 이우성)
- 한자로 이해하는 문화인류학
  (여문책, 장이칭, 김태성 역)
- 강의 : 나의 동양고전 독법(돌베개, 신영복)
- 삶의 지혜 한문 공부(해드림출판사, 한원식)
- 한번은 한문 공부(부키, 정춘수)
- 한문 독해 기본 패턴(전통문화연구회,
  동양고전정보화연구소 고전 교육연구실)
- 한문을 바로 알자(지혜의 나무, 천명일)
- 한문 해석 사전(휴머니스트, 김원중)
- 생활과 한문(북스힐, 남기택)
- 고전으로 읽는 고사성어 인문학
  (비움과소통, 최종준)
- 청소년을 위한 이야기 동양사상
  (바다출판사, 김경일)
- 공자 평전(연암서가, 쾅야밍, 장세후 역)
- 생활 속의 고사성어(브라운힐, 생활한자교육회)
- 중용(지식여향, 자사, 윤지산 역)
- 부모가 함께읽는 사자소학(도반, 이민형)
- 학예연구사가 알려주는 한문 해석의 비밀: 중용 편
  (좋은땅, 우승하)
- 삶의 지혜 한문 공부(해드림출판사, 한원식)
- 알고 쓰는 한자어 알·쓰·한(박영사, 박원길 외)

학과 주요 교과목은?

기초 과목	한문교육론, 한국한문학사, 한문고전의 이해, 한학연구 입문, 동양고전의 이해, 초급한문강독, 한문문학, 한문 교육과 미디어, 한문학개론, 중국명시감상, 한문소설 등
심화 과목	어문정책과 한문교육, 한국한시특강, 한자의 역사, 경전 강독, 중국역사서선독, 한문교재의 역사, 한시론, 한문학 비평, 한문소설, 한국한문학특강, 경전강독, 한문학습 지도 등

졸업 후 진출 분야는?

기업체	방송국, 출판사, 신문사, 광고 회사, 문화콘텐츠 관련 회사, 대기업 및 공기업, 방송국, 학습지 관련 업체 등
연구소	각 시도교육청, 교육부, 외교부, 해외문화홍보원, 출입 국심사관, 한국학중앙연구원, 한국고전번역원, 세종 대왕기념관, 태동고전연구소, 한국국학진흥원 등
정부 및 공공 기관	대학교, 중고등학교, 정부부처 및 공공기관, 국사편찬 위원회, 한국교육개발원, 한국교육과정평가원, 언어학 연구원 등

🔍 전공 관련 선택 과목은?

▶ 국어, 영어 교과는 모든 학문의 기초적인 성격을 가진 도구교과로 모든 학과에 이수가 필요하여 생략함.

수능 필수	화법과 언어, 독서와 작문, 문학, 대수, 미적분Ⅰ, 확률과 통계, 영어Ⅰ, 영어Ⅱ, 한국사, 통합사회, 통합과학, 성공적인 직업생활(직업)		
교과군	선택 과목		
	일반 선택	진로 선택	융합 선택
수학, 사회, 과학	사회와 문화, 현대사회와 윤리	동아시아 역사 기행, 윤리와 사상, 인문학과 윤리	역사로 탐구하는 현대 세계, 사회문제 탐구, 윤리문제 탐구
체육·예술			
기술·가정/정보			
제2외국어/한문	한문	한문 고전 읽기	언어생활과 한자
교양		인간과 철학, 인간과 심리, 교육의 이해	

학교생활기록부 관리는?

출결 사항	• 미인정 출결 내용이 없도록 관리하세요. 미인정 출결 내용이 있으면 인성, 성실성 영역 등에서 부정적 평가를 받을 가능성이 높아요. • 학교폭력과 관련된 내용이 있을 시 대학 입학에 불이익이 있으니 출결 및 학적사항에 기록되지 않도록 하세요.
자율·자치활동	• 다양한 교내 활동에서 자기주도적 참여를 통해서 언어 및 한문분야에 대한 관심과 흥미, 의사소통 능력, 협업 능력, 발전 가능성 등이 드러나도록 하세요. • 학급 및 학교 활동으로 진행하는 멘토링이 참여하여 자신과 멘토의 학업 역량을 함양하고 이 내용이 학교생활기록부에 기록될 수 있도록 하세요.
동아리활동	• 언어관련 토론 및 교육 관련 동아리 활동 참여를 통해서 한문 교육 관련 전공에 대한 진로 역량을 준비하세요. • 동아리 가입동기, 본인의 역할, 배우고 느낀 점, 한문 교육과 진학을 위해 기울인 활동과 노력이 나타날 수 있도록 참여하세요.
진로 활동	• 한문교육 분야의 직업 정보 탐색 활동을 권장해요. • 관심학과 탐방 및 선배와의 대화 등을 통해 진로 정보를 탐색하세요. • 진로 관련 독서 및 토론활동, 시사 문제에 관심을 가지고 지속적으로 탐색하는 모습이 드러나도록 하세요.
교과학습 발달상황	• 언어 및 한문 관련된 교과 성적은 상위권으로 유지시키고, 관련 교과 수업에서 학업 역량, 진로 역량, 공동체 역량이 발휘될 수 있도록 수업에 적극 참여하세요. • 교과 시간에 배운 내용에 대한 호기심을 교사 및 스스로에게 연계 질문하고 새로운 문제 해결 방법을 학교 프로그램 및 교과 연계 독서를 활용하여 탐구하고 그 내용이 기록되도록 하세요.
독서 활동	• 인문학, 철학, 역사, 교육관련 다양한 분야의 책을 읽으세요. • 문학 및 비문학, 교수학습방법 및 에듀테크 관련 독서 활동을 통해서 한문교육 관련 기본적인 지식을 쌓는 것이 중요해요.
행동 발달 특성 및 종합 의견	• 창의력, 문제 해결 능력, 의사소통 능력, 협업 능력, 리더십, 발전 가능성, 전공 적합성 등이 드러날 수 있도록 하세요. • 자기주도성, 경험의 다양성, 성실성, 나눔과 배려, 학업 태도와 학업 의지에 대한 자신의 장점이 생활기록부에 기록되도록 관리하세요.

환경교육과 환경공학의 차이에 대해 알아볼까요?

➡ 환경교육과 환경공학의 가장 큰 차이는 학과명에서 알 수 있듯이 교육과 공학의 차이에요.

➡ 환경교육의 경우 학생들이 환경의 중요성을 이해하고, 환경 보전과 개선에 참여하기 위해 필요한 지식, 기능, 태도, 가치관을 갖출 수 있도록 교육하여 환경 소양을 갖춘 학생들이 환경 실천을 할 수 있게 하는 것이에요. 즉, 환경이 오염되기 전에 실시하는 사전 예방의 교육을 최우선으로 하고 있어요.

➡ 반면 환경공학은 환경공학에 필요한 수학, 기초과학, 공학지식과 이론을 응용하고, 실무에 필요한 기술적 방법, 첨단 공학 도구를 독자적으로 사용할 수 있는 환경공학 엔지니어 육성을 목표로 해요. 즉, 산업의 발전으로 인해 오염된 환경을 환경공학의 요소, 시스템 및 공정을 통해 후처리로 해결 및 개선하는 엔지니어 양성을 목표로 하고 있어요.

환경교사란?

최근 한국 환경연구원에서 발간한 '2021 국민환경의식조사'에 따르면 우리나라 국민 대부분은 환경에 대해 관심을 가지고 있으며, 친환경 행동 의지도 높은 편이라는 결과가 나왔습니다. 그러나 많은 사람이 기후변화와 같은 환경문제가 사회에 미치는 영향은 심각하다고 생각하면서도, 정작 개인 자신은 직접적인 피해의 주체라는 체감이 적어 상대적으로 덜 심각하게 받아들이는 것으로 나타났습니다.

이러한 문제의 해결책 중 하나로 교육을 들 수 있습니다. 환경교육은 지속가능한 미래 구현과 자연에 대한 책임 있는 가치관 형성에 기반이 되는 교육입니다. 그리고 환경교육은 학생들이 환경의 중요성을 이해하고, 환경 보전과 개선에 참여하기 위해 필요한 지식, 기능,

환경교사
환경교육과

태도, 가치관을 갖출 수 있도록 돕습니다. 환경 소양을 갖춘 학생들은 환경 지식과 환경 정서를 바탕으로 환경 실천에 적극적인 행동으로 적용할 수 있게 됩니다. 그러므로 지구가 처한 기후변화와 전지구적으로 발생하는 인간으로 인한 환경문제에 적응하고 대응하기 위해서는 지역과 사회, 학교에서의 체계적이고 적극적인 환경교육이 절실히 필요합니다.

이러한 환경교육을 위한 환경교사는 중고등학교에서 환경을 가르치는 교사로 환경과 생태에 대한 종합적 지식을 습득하고, 올바른 환경관을 정립하여 지구 환경에 바람직한 실천을 생활화할 수 있는 환경인을 교육하는 역할을 합니다.

환경교사가 하는 일은?

환경교육은 인간 삶의 가치관에 큰 영향을 주고, 기후위기 시대에 환경에 대한 감수성을 키우기 위한 교육이므로 환경교사는 학습자가 환경에 대해 지니고 있는 가치관과 인식 및 태도 등을 파악하여 교육과정을 구성합니다.

체험 위주의 교육 활동과 환경오염의 심각성을 몸소 깨닫고, 환경을 보호할 수 있는 행동들에 함께 참여하는 수업이 진행될 수 있도록 계획합니다. 이를 통해 지구 온난화와 기후변화에 대한 경각심을 느끼고, 환경오염을 방지하기 위해 내가 할 수 있는 일을 함께 고민해 볼 수 있도록 교육합니다.

마지막으로 청소년들이 환경교육 주체가 되어 지역 내에서 학교와 가정 사회의 네트워크를 형성해 환경 시민단체 및 관계 기관 등과 협력해 지속가능한 환경교육을 진행할 수 있도록 중간자로서의 역할을 합니다. 미래 세대가 앞으로 살아가야 할 지구라는 터전을 함께 보호하고 보전하기 위해서는 청소년들을 대상으로 한 질 좋은 환경교육을 위한 다양한 수업방식과 접근법을 계발하고, 환경과 연관된 사회과학 분야를 탐구하고 조사하여 교육하는 환경교사의 노력이 무엇보다도 필요한 시기입니다.

> » 학습자가 환경에 대해 지니고 있는 가치관과 인식 및 태도 등을 파악하여 교육과정을 구성하기 위해 연구합니다.
> » 체험 위주의 교육활동과 환경오염의 심각성을 몸소 깨닫고, 환경을 보호할 수 있는 행동들에 함께 참여하는 수업이 진행될 수 있도록 계획합니다.
> » 기후변화에 대한 경각심을 느끼고, 환경오염을 방지하기 위해 내가 할 수 있는 일을 함께 고민해 볼 수 있도록 교육합니다.
> » 청소년들이 환경교육 주체가 되어 지역 내에서 학교와 가정 사회의 네트워크를 형성해 환경 시민단체 및 관계 기관 등과 협력해 지속가능한 환경교육을 진행할 수 있도록 중간자의 역할을 합니다.

Jump Up

지속가능발전목표(SDGs)란 무엇일까요?

우리가 사는 지구에는 가난한 사람들, 다른 피부색을 가진 사람들에 대한 불공정한 대우, 환경이 파괴되는 일 등 여러 가지 어려운 문제들이 있어요.

이 중 많은 문제들은 개인 또는 한 국가의 힘으로 해결하기가 힘들기 때문에 국제기구인 UN이 2030년까지 모든 나라들이 함께 달성해야 할 17가지 목표를 정하고 이를 '지속가능개발목표' 또는 '지속가능발전목표' 라고 부르기로 했어요. 영어로는 'Sustainable Development Goals'의 줄임말인 'SDGs'라고 해요.

총 17개 목표와 169개 세부 목표로 구성된 SDGs는 사회적 포용, 경제 성장, 지속가능한 환경의 3대 분야를 유기적으로 아우르며 '인간 중심'의 가치 지향을 최우선시 해요. 전지구적인 환경 위기 속에서 우리나라의 환경교육에서도 SDGs 교육은 필수적인 교육 내용이라고 할 수 있어요.

환경교사 커리어맵

관련기관
- 교육부 www.moe.go.kr
- 창의인성교육넷 www.crezone.net
- 에듀넷 www.edunet.net
- 학교 알리미 www.schoolinfo.go.kr
- 교육과정평가원 www.kice.re.kr
- 한국교육개발원 www.kedi.re.kr
- 환경교육학회 kosee.org
- 국가환경교육통합플랫폼 www.keep.go.kr

준비방법
- 해당분야의 지식 및 역량 익히기
- 환경 관련 사회 및 과학 분야 최신 이슈 신문 및 독서 활동
- 타임과 합리적인 의사소통 능력 함양하기
- 환경교육교육 관련 학과 탐방
- 학급 및 학교 멘토링 활동 참여

관련학과
- 환경공학과
- 환경과학과
- 지구환경과학과
- 환경생명공학과
- 환경학과
- 에너지과학과

적성과 흥미
- 환경감수성
- 공감 능력
- 배려심
- 리더십
- 분석적 사고
- 의사소통 능력
- 상황대처 능력
- 논리적 사고 능력
- 합리적 추론 능력

흥미유형
- 사회형
- 탐구형
- 진취형
- 현실형

관련교과
- 사회
- 과학
- 기술·가정
- 정보
- 환경

환경교사

관련자격
- 중등학교 1,2급 정교사
- 평생교육사
- 대기환경기사
- 자연생태복원기사
- 수질환경기사
- 환경기능사
- 온길가스관리기사

관련직업
- 장학사
- 초중고등학교교사
- 교육행정사무원
- 교재 및 교구 개발자
- 입학사정관
- 환경 NGO 운동가

적성과 흥미는?

환경교사는 무엇보다도 환경에 관심이 많아야 하고, 학습자들에게 환경감수성과 환경관, 환경 지식들을 교육해야 하므로 이를 체계적으로 확장하여 교육할 수 있도록 하는 지식과 정보를 체득하고 있어야 합니다. 논리적 사고능력, 공감 능력, 관찰 능력, 비판적 사고 능력 등이 뛰어나면 더 유리합니다. 나와 연관된 주변뿐만 아니라 전지구적인 환경 문제에 관심이 많으면 좋고, 환경문제에 대한 원인과 과정 및 결과에 대해 합리적으로 추론해 볼 수 있는 능력을 갖추는 것도 필요합니다.

이것이 미래 세대의 생존과 직결된 필수적인 미래 교육이므로 현재 우리가 할 수 있는 과제에 대한 성찰이 필수적입니다. 지구온난화와 기후변화는 최근 우리가 직면한 심각한 환경위기이므로 기후위기 대응과 탄소중립 실현을 위한 역량이 요구됩니다. 중등학교 교사로서 학생들에게 자연과 환경에 친해질 수 있도록 돕는 학습 방법을 연구하는 데에 적극적이어야 하고, 다양한 학습 자료를 활용할 수 있는 기능적 방법에 대해 관심이 많으면 좋습니다.

환경교사 커리어맵

관련 학과 및 자격증은?

➜ 관련 학과 : 환경공학과, 환경과학과, 바이오환경과학과, 지구환경과학과, 환경생명공학과, 환경생명과학과, 환경학과, 환경대기과학전공, 환경보건학과, 에너지과학과, 해양환경과학과 등

➜ 관련 자격증 : 중등학교 1·2급 정교사, 평생교육사, 대기환경기사, 자연생태복원기사, 온실가스관리기사, 토양환경기사, 소음진동기사, 폐기물처리기사, 수질환경기사, 환경기능사, 환경위해관리기사 등

관련 직업은?

국공립사립 중등학교 교사, 대학교 교수, 환경부 및 지방 환경청 공무원, 일반 회사 대기, 수질, 소음진동 분야 환경관리인, 관련 분야 엔지니어, 환경영향평가사, 환경컨설턴트, 연구원 등

진출 방법은?

환경교사가 되기 위해서는 대학교나 대학원에서 중등학교 2급 정교사 자격증이 필요합니다. 이를 위해서는 사범계열 환경교육과를 졸업하거나 비사범계열 학과의 경우 환경교육과 관련된 학과에 재학하여 교직과목 이수 또는 졸업 후 교육대학원 진학을 통해 석사 과정을 거쳐 중등교사 2급 자격증을 취득할 수 있습니다.

국공립 중고등학교의 교사가 되려면 2급 정교사 자격증 취득 후 각 시도 교육청에서 시행하는 '국공립 중등학교 교사 임용 시험 후보자 선정 경쟁시험(교원임용 시험)'에 합격해야 합니다. 교원 임용 시험은 매년 11~12월에 시행되며, 시험 내용은 필기, 논술, 면접 등으로 이루어집니다.

사립 중고등학교의 교사가 되려면 2급 정교사 자격증을 취득하되 교원 임용 시험에 합격하지 않아도 됩니다. 결원이 생기면 각 학교별로 채용 공고를 내고, 학교장의 제청에 따라 이사회의 의결을 통해 채용합니다.

한편 환경교육과 학생들에게는 졸업 후 환경교사로의 진출분만 아니라 다른 어떤 학과보다도 더 다양한 진로 선택의 기회가 주어집니다. 정부기관, 국가 연구소, 관련 시민단체, 그리고 기업체 등에서 일할 수 있는 기회가 많다는 특성을 갖고 있습니다. 우선 사회 환경교육 지도사로 그린리더, 청소년 지도사, 자연환경 해설사, 숲 해설가, 문화관광 해설사, 갯벌생태 안내인 등으로 활동을 하는 경우가 있고, 국가·지방직 공무원인 환경보건 분야 공무원으로도 일할 수도 있습니다. 환경 및 생태관련 민간단체 등에 취업할 수도 있고, 국가 연구소 및 위탁기관의 연구원으로 진출도 가능합니다. 대학의 석박사 과정을 진학하여 교수가 되거나, 환경화학 및 바이오 관련 기업의 연구원으로도 취업할 수 있습니다.

미래 전망은?

환경교사의 고용률은 높아지는 지구 환경문제의 심각성과 필요성에 비해 다소 밝지 않아 보입니다. 2022년 기준으로 전국 5631개교 중·고등학교 가운데 '환경과목'을 교과목으로 선택한 학교는 875개교로, 2021년의 731개교보다 144개교가 늘어났지만, 환경교육을 담당하는 환경교사는 49명에 불과했습니다. 그리고 환경과목을 선택한 고등학교에서는 고3 과정에 배치되어 환경교과목으로서의 적극적 교육이 어렵습니다. 그나마 2021년에 미래 세대를 위한 환경 학습권을 보장하기 위해 학교에서도 환경 교육을 의무적으로 교육하는 안을 추진하여 초등학교와 중학교에서는 재량 교육활동과 연계해서 매년 환경교육을 해야 한다는 것이 긍정적 변화이지만 입시 부담 등을 이유로 고등학교는 환경교육 의무화에서 제외가 되었습니다. 게다가 환경 과목을 환경 전공 교사가 가르치는 것이 아니라 인접 학문의 교사나 수업시수가 부족한 교사로 대체하는 경우가 많아 전국 약 50만 명의 교원 중 환경을 전공한 교사는 40여 명에 불과하고, 환경교사의 임용 시험을 통한 신규 임용은 몇 년째 거의 이루어지고 있지 않고 있습니다. 많은 선진국에서 환경교육을 필수로 진행하고 있듯이 우리나라에서도 환경과목을 의무교육으로 실시하여 환경교사의 진출을 늘려야 할 필요가 있습니다.

Jump Up

탄소중립학교는 무엇일까요?

온난화로 인한 기후위기가 심각해지는 만큼 지구의 환경을 위한 탄소중립 실천에 많은 관심이 쏟아지고 있어요. 여기서 탄소중립이란 온난화를 가속시키는 대기 중 온실가스 농도 증가를 막기 위해 인간 활동에 의한 배출량을 감소시키고, 반대로 흡수량을 늘려 순 배출량이 '0'이 되게 하려는 사회·경제·교육적 노력을 말해요.

2021년 5개 학교를 시작으로 운영된 탄소중립 중점학교는 2023년 40개 학교로 늘어났어요. 탄소중립학교는 유아, 청소년 시기를 겪는 미래 세대의 기후 및 환경위기 대응 역량을 기르기 위해 교육부를 포함한 6개 관계 부처(환경부, 해양수산부, 농림축산식품부, 산림청, 기상청)가 전문 분야 협업을 통해 학교 탄소중립 실현을 지원하는 거점 학교에요. 선정된 탄소중립 중점학교는 기후위기, 생태전환 교육을 위한 다양한 프로그램을 운영하며, 각 부처는 전문 분야를 바탕으로 농어촌 인성학교 연계, 해양환경 이동교실, 국산 목재 체험교실, 기후변화 과학 체험 콘텐츠 등 다양한 프로그램을 통해 체계적으로 진행되어 탄소중립을 실천하고 있어요.

환경교육과
환경교사 전공 분석

어떤 학과인가?

최근 들어 지구온난화, 기후변화와 같은 심각한 환경문제가 범지구적 차원의 화두로 대두되면서 19세기 산업혁명 이후 야기된 심각한 환경문제를 해결할 대안으로 환경교육이 떠오르고 있습니다. 그 이유는 환경문제 발생의 중심에 사람이 있었기 때문입니다. 이에 환경교육은 인간으로 인해 발생한 환경문제의 해결에 대해 적극적인 관심과 자발적 실천을 강조하는 학문입니다. 지구상에 발생한 모든 환경문제의 첫걸음은 바로 사람의 의식과 행동 변화가 첫걸음이 되어야 한다는 기초 아래 환경과 연관된 자연과학적, 인문사회과학적인 폭넓은 전공 지식의 습득과 다양한 교수법 함양을 통한 유능한 교육자의 양성을 그 근본 목적으로 합니다. 환경인식의 개선 및 환경보전의 방법 등을 교육하여 국민의 환경의식 고취에 일익을 담당할 수 있는 능력과 환경에 대한 올바른 인식을 갖추게 하고 환경교육이 인류의 생존을 위한 교육임을 인식할 수 있도록 돕습니다.

환경 교육자로서의 환경교육의 질을 높이고 환경보전과 더불어 지속가능한 발전의 토대를 마련하기 위한 전문적인 지식을 갖노록 교육합니다. 자연실습, 현장학습과 디양한 매체 등을 통하여 자연, 인간 그리교 동물을 포함한 모든 생태계와 함께 살아가는 공동체적 환경관을 갖도록 교육합니다. 올바른 학교 환경교육 주체자로서의 창의성을 함양시키고, 올바른 환경의식에 기초한 인격함양 분만 아니라 자연과학 및 다른 학문의 지식과 정보를 통합적으로 접근할 수 있도록 합니다.

지속가능한 환경 교육 프로그램을 개발하여 학습자로 하여금 적극적 환경실천을 할 수 있도록 이끌어주는 환경교육 분야의 인재를 양성합니다.

교육 목표와 교육 내용은?

환경교사와 환경 교육 전문인이 변화하는 미래 사회에 능동적으로 대처할 수 있도록 학교와 사회의 환경 교육 현장에서 요구되는 교육 프로그램의 개발능력, 수업 지도 능력, 정보 통신 활용 능력, 상담 지도 능력 등과 같은 제반 실무 능력의 함양을 교육목표로 하고 있습니다.

환경과 환경문제를 자연과학, 인문학, 사회과학적 관점에서 통합적으로 탐구하고, 공동체 구성원으로서 친환경적 삶의 의미를 이해하며, 지속가능한 사회의 특성과 변화과정을 발견할 수 있도록 돕습니다. 학교 안팎에서 학습자들과 함께 깊이 있고, 흥미로우며, 역동적인 배움을 과정을 설계, 실행할 수 있는 환경교육 전문가를 양성합니다. 생태계에 대한 종합적인 지식을 습득하고 올바른 환경 가치관을 정립하고 글로벌 환경 교육인의 자질을 갖춘 인재를 양성합니다.

환경오염에 관한 자연과학적 전문 지식을 습득하여 환경오염의 예방과 처방에 기여할 수 있는 환경교사 및 환경교육 전문 인력 양성을 위해 노력합니다.

환경교육을 위한 다양한 교재와 교수법 개발 및 연구 능력을 갖추고 환경인식의 개선 및 환경보전의 방법 등을 연구하여 국민의 환경의식 고취에 일익을 담당할 수 있는 인재를 양성합니다.

» 환경과 연관된 자연과학적, 인문사회과학적인 폭넓은 전공 지식의 습득과 다양한 교수법 함양을 통한 유능한 교육자를 양성합니다.

» 환경인식의 개선 및 환경보전의 방법 등을 계몽하여 국민의 환경의식 고취에 일익을 담당할 수 있는 인재를 양성합니다.

» 다양한 환경문제를 인식하여 이를 해결하기 위한 교육적 체험과 활동을 기획하고 적극적으로 적용하여 학교와 사회현장의 문제를 해결할 수 있는 교육자를 양성합니다.

학과에 적합한 인재상은?

무엇보다도 환경과 생태에 관심을 가지고 친해지려고 하는 마음, 즉 환경감수성을 지니는 것이 중요합니다. 생명과 자연의 소중함을 알고, 환경을 접하는 시간이 길면 길수록, 환경에 대해 관심을 가지고 올바른 가치관을 갖출 수 있고, 다양한 환경관에 대한 사고를 확장하려는 노력을 한다면 효과적입니다.

또한 지구가 안고 있는 최근의 환경 이슈에 대해 흥미와 관심을 갖고 지속적으로 알아보며 화학, 물리학 등의 자연과학 분야를 포함하여 응용 범위가 넓은 환경학 전반에 대한 폭넓은 시야를 갖춘 탐구형이 유리합니다. 또한 사회 요소들과 환경의 관계성을 이해하고, 주변의 환경 문제에 관심이 많다면 유리합니다. 학생을 가르치고 발달을 돕는 것에 애정이 있으면 좋습니다. 자연 환경에 대한 분석력과 체계적인 사고 능력을 갖추어 인간과 자연, 인간과 인간 사이의 배려와 상생을 위해 봉사할 수 있는 심성과 지구력을 지닌 학생이 도전해 볼 만 합니다. 마지막으로 정보화시대에 익숙한 세대들에게 환경에 대한 중요성을 다양한 방법으로 일깨워 줄 수 있는 정보활용 능력까지 갖춘다면 많은 도움이 될 것입니다.

관련 학과는?

과학교육학과, 생명환경학부, 환경공학과, 환경과학과, 생물환경과학과, 환경대기과학과, 환경보건과학과, 환경생명공학과, 환경에너지공학과, 환경융합학부, 대기환경과학과, 화학생명환경과학부, 지구환경과학과 등

주요 교육 목표

생태계에 대한 종합적 지식 습득과 올바른 환경 가치관을 정립하는 인재 양성

- -

환경교육을 위한 다양한 교재와 교수법 개발 및 연구 능력을 갖춘 인재 양성

- -

환경문제에 대한 관심과 감수성을 체득하여 환경보전에 적극적으로 참여하는 인재 양성

- -

환경오염 예방에 기여할 수 있는 환경교사 및 환경교육 전문인력 양성

- -

환경오염에 관한 자연과학적 전문지식을 습득하여 문제해결에 기여할 수 있는 인재 양성

- -

지속가능한 사회의 중요성과 변화과정 탐구 및 미래세대에 전달하는 교육인의 양성

취득 가능 자격증은?

- ☑ 중등학교 2급 정교사
- ☑ 평생교육사
- ☑ 자연환경관리기술사
- ☑ 생물분류기사
- ☑ 환경위해관리기사
- ☑ 환경기능사
- ☑ 대기환경기사/산업기사
- ☑ 토양환경기사/산업기사
- ☑ 온실가스관리기사/산업기사
- ☑ 농림토양평가관리산업기사
- ☑ 자연생태복원기사/산업기사
- ☑ 폐기물처리기사/산업기사
- ☑ 소음진동기사/산업기사
- ☑ 수질환경기사/산업기사 등

진출 직업은?

국공립사립 중고등학교 교사, 교수, 학원 강사, 평생교육사, 환경부 및 지방환경청 공무원, 엔지니어, 각 분야 기업체의 환경관리인, 연구원 등

추천 도서는?

- 이산화탄소의 변명(현북스, 김기명)
- 지구를 살리는 업사이클링 환경놀이
  (테크빌교육, Eco STEAM 연구회)
- 메타버스 환경교육 프로젝트 for 에듀테크
  (다빈치북스, 박찬)
- 지금 시작하는 나의 환경수업(테크빌교육, 홍세영)
- 기후위기 시대의 환경교육 : 세 학교 이야기
  (학이시습, 남미자)
- 생태환경교육을 만나고 실천하다(지식터, 조현서)
- 논쟁하는 환경교과서(씨아이알, 김찬미)
- 학교, 생명을 노래하다
  (우리교육, 학교환경교육 사업단)
- 생태시민을 위한 동물지리와
  환경이야기(롤러코스터, 한준호)
- 뜨거운 지구 열차를 멈추기 위해(한울림, 장미정)
- 미래를 위한 새로운 생각
  (나무생각, 마야 괴펠, 김희상)
- 환경인문학과 인류의 미래(나남출판, 김옥동)
- 생태적 전환, 슬기로운 지구 생활을 위하여
  (김영사, 최재천)
- 반다나 시바, 상처받은 지구를 위로해(탐, 최형미)
- 생태환경수업, 어떻게 시작할까
  (푸른칠판, 전국 초등국어교과모임우리말가르침이)

학과 주요 교과목은?

기초 과목	환경철학, 환경학개론, 환경화학 및 실험, 환경위생학, 환경독성학, 수질환경학, 환경교과교육론, 환경생태학, 환경교과교재 연구법, 지구환경론, 자원과 에너지, 환경일반생물학 등
심화 과목	환경화학, 환경교육과교수학습방법, 토양환경학, 대기환경학, 환경사회학, 지속가능발전교육론, 환경보건학, 환경교육평가방법, 환경기본통계, 소음진동학, 대기오염론, 수질오염론, 환경교육지역사례탐구, 지원과 폐기물관리학, 환경분석실험, 환경정책과 법, 사회환경교육현장실습, 해양환경학, 환경영향평가, 환경교육실행연구 등

졸업 후 진출 분야는?

기업체	환경전문 엔지니어링업체, 환경전문 시공업체, 환경오염 물질 분석업체, 폐수 및 폐기물처리 업체, 환경영향평가업체, 학습지 및 교재 개발업체, 교구 개발업체, 학원, 출판사, 언론사, 방송국 등
연구소	국립환경과학원, 한국과학기술연구원, 기업의 환경 분석 연구소 등
정부 및 공공 기관	중고등학교, 대학, 환경부, 한국환경공단, 한국수자원공사, 한국가스공사, 한국수력원자력, 한국전력공사, 국립공원공단, 국립생태원, 한국환경산업기술원, 수도권매립지관리공사, 환경보전협회, 국립생물자원관 등

전공 관련 선택 과목은?

▶ 국어, 영어 교과는 모든 학문의 기초적인 성격을 가진 도구교과로 모든 학과에 이수가 필요하여 생략함.

수능 필수	화법과 언어, 독서와 작문, 문학, 대수, 미적분Ⅰ, 확률과 통계, 영어Ⅰ, 영어Ⅱ, 한국사, 통합사회, 통합과학, 성공적인 직업생활(직업)		
교과군	선택 과목		
	일반 선택	진로 선택	융합 선택
수학, 사회, 과학	세계시민과 지리, 사회와 문화, 현대사회와 윤리, 물리학, 화학, 생명과학, 지구과학	한국지리 탐구, 물질과 에너지, 화학 반응의 세계, 세포와 물질대사, 생물의 유전, 지구시스템 과학	사회문제 탐구, 윤리문제 탐구, 기후변화와 지속가능한 세계, 기후변화와 환경생태, 융합과학탐구
체육·예술			
기술·가정/정보	기술·가정, 정보	생활과학 탐구, 데이터 과학	
제2외국어/한문			
교양	생태와 환경	인간과 철학, 인간과 심리, 교육의 이해	

학교생활기록부 관리는?

출결 사항
- 출결은 학생으로서 당연히 해야 하는 의무를 책임감 있게 수행하고 있는가를 판단하는 중요한 자료입니다. 미인정 출결사항이 있으면 부정적인 평가를 받을 수 있으니 미인정 출결이 없도록 관리하세요.
- 학교폭력과 관련된 내용이 있을 시 대학 입학에 불이익이 있으니 출결 및 학적사항에 기록되지 않도록 하세요.

자율·자치활동
- 다양한 교내 활동에서 자기주도적 참여를 통해서 전공 분야에 대한 학업 역량, 진로 역량 등이 드러나도록 하세요.
- 학교 생활 속에서 환경 관련 불편한 점을 찾아 개선하기 위한 활동에 적극적으로 참여하여 문제를 해결하는 모습을 보여주세요.

동아리활동
- 교육관련 동아리를 만들어 멘토링 및 교육관련 프로젝트를 진행하고, 이를 통해 다양한 지식을 효율적으로 전달할 수 있는 다양한 방법을 탐구하여 적용해 보세요.
- 다양한 에듀테크를 활용한 교수학습방법에 대해 관심을 가지고 이를 동아리 활동에 적극 활용하여 장단점에 대해 발표하고 이를 학교생활기록부에 기록될 수 있도록 하세요.

진로 활동
- 환경교육 관련 직업 정보 및 미래 전망, 관련 자격증에 대해 탐색하고 이를 위해 필요한 역량을 학교 교육과정에서 함양할 수 있도록 노력해 보세요.
- 환경 교육 및 환경문제 관련 최근 이슈가 무엇인지 지속적으로 관심을 가지고 이에 대해 심화 탐구하여 진로 시간에 발표하여 학교생활기록부에 기록될 수 있도록 하세요.요.

교과학습 발달상황
- 사회 및 과학 관련된 교과 성적은 상위권으로 유지시키고, 관련 교과 수업에서 학업 역량, 진로 역량, 공동체 역량이 발휘될 수 있도록 수업에 적극 참여하세요.
- 교과 시간에 배운 내용에 대한 호기심을 교사 및 스스로에게 연계 질문하고 학교 프로그램 및 교과 연계 독서를 활용하여 탐구하고 그 내용이 기록되도록 하세요.

독서 활동
- 인문학, 사회학, 환경 및 교육관련 다양한 분야의 책을 통해 교과시간에 배운 내용을 심화 확장해 보세요.
- 환경교육 및 교수학습방법, 에듀테크 관련 독서 활동을 통해서 환경교육 관련 기본적인 지식을 쌓는 것이 중요해요.

행동 발달 특성 및 종합 의견
- 대인관계 능력과 문제 해결 능력, 의사소통 능력 및 비판적 사고 역량 등이 드러날 수 있도록 해요.
- 환경문제를 해결하기 위해 친구들과 소통하려는 모습과 성실함 그리고 환경 개선을 위해 노력하는 모습이 드러날 수 있도록 해요.

참고 문헌 및 참고 사이트

- "2015 개정 교육과정 시행에 따른 학생부종합전형 준비를 위한 선택교과목 가이드북", 명지대학교, 국민대학교, 서울여자대학교, 숭실대학교(2019).
- "2015 개정 교육과정에 따른 선택 과목 안내서", 교육청교육연구정보원서울특별시(2024).
- "2024 이후 학생부위주전형 모집단위별 인재상 및 권장과목", 부산대학교(2024).
- "2024 진로연계 과목 선택을 위한 학과안내서", 부산광역시교육청(2024).
- "2024학년도 서울대 권장 이수과목 목록", 서울대학교(2024).
- "고등학교 교과목 안내", 충청남도교육청(2019).
- "대학 전공 선택 길라잡이", 전라남도교육청(2024).
- "전공 적성 개발 길라잡이", 세종특별시자치교육청(2024).
- "진로 연계 과목 선택을 위한 학과 안내서", 광주광역시교육정보원(2024).
- "청소년을 사로잡는 진로디자인5", 부산광역시교육청(2024).
- "학생 진로진학과 연계한 과목 선택 가이드북", 교육부(2019).

- 커리어넷 www.career.go.kr
- 메이저맵 www.majormap.net
- 대입정보포털 어디가 www.adiga.kr
- 고용24 www.work24.go.kr
- 전국 각 대학 홈페이지

나만의 진로 가이드북 :
교육계열 (2022 개정 교육과정 적용)

1판 1쇄 찍음   2024년 12월 2일

출판   (주)캠토
저자   김강석·하 희·이남설

총괄기획   민하늘(sky@camtor.co.kr)
책임편집   이사라
디자인   북커북

R&D   오승훈·김예솔·박민아·최미화·강덕우·송지원·국희진·양채림·윤혜원·송나래·황건주
미디어사업 이동준·박지원
교육사업   문태준·박홍수·정훈모·송정민·변민혜
브랜드사업 윤영재·박선경·이경태·신숙진·이동훈·김지수·조용근·김연정
경영지원   김동욱·지재우·임철규·최영혜·이석기·노경희
발행인   안광배

주소   서울시 서초구 강남대로 557(잠원동, 성한빌딩) 9F
출판등록   제2012-000207
구입문의   (02) 333-5966
팩스   (02) 3785-0901
홈페이지   www.campusmentor.co.kr (교구몰)

ISBN 979-11-92382-39-5 (44080)
ISBN 979-11-92382-04-3 (세트)

ⓒ 김강석·하 희·이남설 2024